校勘·標點
定本 與猶堂全書 33

大東水經

財團法人
茶山學術文化財團

定本 與猶堂全書 출간사업
총괄책임: 다산학술문화재단(이사장: 丁海昌)
연구책임: 宋載卲(성균관대학교 한문학과 명예교수)
출간책임: 金泰永(경희대학교 사학과 명예교수)

편집운영위원회
위 원 장: 宋載卲(성균관대학교 한문학과 명예교수)
위   원: 李篪衡(전 성균관대학교 한문학과 교수)
　　　　　金泰永(경희대학교 사학과 명예교수)
　　　　　琴章泰(전 서울대학교 종교학과 교수)
　　　　　李光虎(연세대학교 철학과 교수)
　　　　　金彦鍾(고려대학교 한문학과 교수)
　　　　　丁淳佑(한국학중앙연구원 교육학과 교수)
　　　　　方仁(경북대학교 철학과 교수)
　　　　　趙誠乙(아주대학교 사학과 교수)
　　　　　金文植(단국대학교 사학과 교수)
　　　　　沈慶昊(고려대학교 한문학과 교수)
　　　　　張東宇(연세대학교 국학연구원 연구교수)
　　　　　李柱幸(다산학술문화재단)

《大東水經》
책임연구: 楊普景
감　　수: 趙誠乙

題字: 葦滄 吳世昌

* 이 저서는 2011년도 정부(교육과학기술부)의 재원으로 한국학중앙연구원의 지원을 받아 수행된 연구임.(AKS-2011-CAZ-3101)
* 이 저서는 SBS문화재단의 지원을 받아 출간되었음.

大東水經

丁若鏞

《대동수경》 해제

양보경楊普景
성신여자대학교 지리학과 교수

1. 개설

《대동수경》은 한강 북쪽의 압록강, 두만강, 청천강, 대동강, 예성강, 임진강 등 조선의 중북부 지역의 주요 하천이 발원하여 바다로 들어가기까지의 유로 및 주요 지류의 경로를 경經으로 기록한 후, 그 주注에 하천이 통과하는 곳의 상세한 지명, 역사적 사실, 전설 등을 여러 문헌의 기록을 발췌하여 한눈에 파악할 수 있도록 기술한 하천에 관한 자연지리서이자 역사지리서이다. 현존하는 필사본인 규장각 소장본과 단국대학교 소장본의 표제와 내제는 모두 '조선수경朝鮮水經'으로 되어 있다. 그러나 이 이름은 일제강점기에 필사할 때 붙인 이름으로 추정된다. 다산茶山 정약용丁若鏞이 스스로 편찬한 묘지명과 연보에 '대동수경大東水經'으로 기록되어 있어, 1930년대 신조선사新朝鮮社에서 《여유당전서與猶堂全書》를 간행하면서 원래의 서명인 《대동수경》으로 바로잡았다.

2. 편찬 및 간행

다산의 현손玄孫 정규영丁奎英이 편찬한 《사암선생연보俟菴先生年譜》에 의하면, 《대동수경》은 다산이 유배생활을 하던 1814년(순조 14) 강진에서 완성되었으며, 다산이 찬撰하고 문인門人 이청李晴이 주석을 붙인 것으로 기록되어 있다. 그런데 《대동수경》 내용 중에는 1814년 이후의 사실을 반영하는 내용이 있다. 녹수淥水(압록강)의 유로를 설명하는 가운데 함경도 후주厚州에 대한 주석에서 "지금 임금 임오년(1822)에 처음으로 부府를 설치하고 도호부사를 두었다."는 기록이 보인다. 《대동수경》은 1814년에 일단 완성이 되었으나 그 이후에도 계속 수정되었던 것이 분명하다. 수정 시기의 하한선은 "지금 임금(금상今上)"이라는 표현으로 보아 순조대이며, 따라서 1822년 이후 1834년 사이에 수정이 이루어졌음을 알 수 있다.

다산이 조선의 새로운 지리서와 하천에 관한 저술에 관심을 가진 것은 젊은 시절부터였다. 그는 28세 때인 1789년(정조 13) 정조의 물음에 답한 〈지리책地理策〉에서 지리와 지리학의 중요성을 지적한 후, 기존 지리서에 대한 불만과 새로운 지리서의 필요성과 편찬 구상을 밝혔다. 이 책문은 1789년 윤5월에 실시된 내각內閣 친시親試에서 수석으로 뽑힌 글이다. "강역疆域의 구분을 세밀하게 표시하고

해제

고금의 연혁沿革을 자세하게 기록하며, 산은 그 줄기를 기록하고 강은 원류와 지류를 구분하며, 고사는 모든 전쟁에서의 공격 방어의 사적을 아주 상세히 기록하되, 효자 열녀 등 인물은 뛰어나게 순수하고 정직해서 온 세상에 다 알려진 사람이 아니면 생략하고, 제영題詠에서는 백에 하나 정도를 남김으로써 규례를 엄격히 하여 편찬할 것입니다."(《정조실록》, 권27, 정조 13년 윤5월 경오)라 하여 인물, 시문 중심의 지리서 보다 강역, 역사, 산천, 전쟁 등 사적을 중심으로 한 새로운 지리서를 편찬할 것을 제시하였다. "그리고 다시 박학한 선비를 선발하여 상흠桑欽의 《수경水經》과 역도원酈道元의 《수경주水經註》를 모방하여 《동국수경東國水經》 한 책을 편찬하십시오"라는 건의를 하였다. 이 내용은 다산이 우리나라 하천의 흐름과 자세한 주가 기록된 하천지河川誌를 편찬할 것을 제시한 것으로, 수로水路를 중심으로 한 지리서를 편찬할 구상을 가지고 있었음을 보여 준다. 다산은 이 책을 중국의 지리서인 《대명일통지大明一統志》, 상흠의 《수경》, 역도원의 《수경주》 등을 규범으로 하여 편찬할 것을 주장하였다. 다산은 전국지리지와 《동국수경》을 국가적인 사업으로 편찬하기를 기대했던 것이다. 그러나 정조의 죽음 후 군주 중심의 개혁을 구상했던 초기의 구상이 실현되기 어려움을 느끼자, 다산 스스로 수경水經을 편찬한 것으로 보인다.

《대동수경》 편찬에는 제자 이청이 중요한 역할을 했다. 《대동수경》 각 권 앞에는 "洌水 丁鏞撰, 門人 李晴注"라 명기되어 있어,

이청이 자료 수집과 주석 집필에 참여했음을 보여준다. "선생님이 말씀하시기를(선생왈先生曰)"이라는 표현은 30회 정도 인용되고 있는 반면, "청이 상고하건대(청안晴按)"라는 표현은 150회나 발견된다. 이청은 강진 읍내 아전의 자제로서 매우 뛰어난 제자였다고 알려져 있다. 《악서고존樂書孤存》을 받아쓰고, 1821년 《사대고례산보事大考例刪補》의 편찬을 주로 맡아 했다고 하는 책의 제서題序 기록 등으로 볼 때, 이청의 학문도 매우 높은 수준이었음을 짐작케 한다. 100여 종이 넘는 중국과 조선의 서적을 참고하여 《대동수경》의 주注를 집성한 점도 이를 반영한다. 다산이 그의 형 정약전丁若銓에게 보낸 편지 가운데에 "읍에 있을 때에 아전의 아들로서 나에게 와서 배우는 아이들이 네댓 있었는데, 다 몇 년 지나서 학업을 폐하였습니다. 그런데 한 아이만은 외모가 단정하고 마음이 결백하여 글씨로 말하면 상재上才이고 문장은 중재中才나 되었는데, 꿇어앉아서 성리학을 공부했습니다. 이 아이가 머리를 수그리고 힘써 배우면 청晴이와 서로 엇비슷하게 될 것 같았는데"《여유당전서》, 제1집 시문집, 제20권, 서書, 〈상중씨上仲氏(신미동辛未冬)〉)라는 구절도 이청에 대한 다산의 평가를 보여 준다. 그러나 그의 생애와 다산과의 관계 등은 자세히 알려져 있지 않다.

　1930년대 신조선사에서 《여유당전서》를 활자본으로 간행하면서 제6집 지리집의 제5~8권에 《대동수경》을 포함함에 따라 《대동수경》이 간행되어 일반에 널리 알려지게 되었다. 1962년 문헌편찬위원회가 영인한 《정다산전서丁茶山全書》, 1970년 경인문화사의 영인본 《증보여유당전서增補與猶堂全書》 제6책에 수록되었다.

3. 판본

《대동수경》은 현재 규장각 소장본과 단국대학교 소장본의 2종이 전하며, 모두 필사본이다. 다산은 61세를 맞은 1822년 〈자찬묘지명 自撰墓誌銘〉(집중본集中本)을 저술하여 자신의 생애와 저작에 대하여 스스로 정리하였는데, 이 묘지명에 《대동수경》을 2권으로 기록하였다. 2권으로 구성된 책은 1814년 강진에서 완성된 초고본일 것이다. 그러나 이 초고본은 남아 있지 않아 책의 정확한 구성과 내용을 알 수 없다.

규장각에 소장된 220권 78책의 필사본 《여유당집與猶堂集》(奎11894) 중 제54~57책으로 수록된 《조선수경》(이하 규장각본으로 약칭)은 13권 4책으로 구성되어 있다. 규장각본 《조선수경》은 다산의 초고본에 이청이 집주를 통해 많은 내용을 증보한 수정증보본을 다시 필사한 수정증보본의 전사본으로 보인다. 일제강점기에 조선총독부에서 전사한 것으로 생각되는데, 현전하는 유일한 완질본이다. 또한 규장각본은 신조선사에서 간행한 《여유당전서》(이하 신조선사본으로 약칭)에 수록된 《대동수경》과 거의 일치해서, 간행본의 저본이 되었던 것으로 추정되고 있다. 그러나 규장각본의 저본이 되었던

大東水經

수정증보본은 전하지 않는다. 단국대학교 소장본(이하 단국대본으로 약칭)은 완본이 아닌 3권 1책으로 구성된 낙질본이다. 단국대본에는 "家在雲門山下 鰲山朴淳碩家藏書 盡性齋"라는 인印이 찍혀 있다. 운문산雲門山은 경상북도 청도군에 있고 오산鰲山은 청도의 별칭이므로, 이 책이 청도 운문산 근처에 거주한 박순석 집안 소장본이었음을 보여준다.

4. 구성과 내용

규장각본은 13권 4책으로 구성되어 있다. 규장각 소장《여유당집》각 책의 권수卷首에는 권의 번호가 적혀 있는데, 제54책에 '卷一'·'卷二'·'卷三'·'卷四', 제56책에 '卷十'·'卷十一'·'卷十二', 제57책에 '卷十三'·'卷十四'·'卷十五'라 쓰여 있다. 제55책의 각 권에는 권수에 '卷'이라고만 쓰여 있고 권의 숫자가 적혀 있지 않다. 총13권이지만 권4 이후 번호가 일치하지 않고 권15까지 기재되어 있어 전사시에 착오가 있었던 것으로 보인다.

단국대본은 3권 1책으로 구성되어 있다. '薩水(卽 淸川)', '淀水(卽 大寧水)', '浿水' 부분을 전사한 것으로 규장각본의 제56책 卷十·卷十一·卷十二에 해당한다. 표지에 '朝鮮水經', '單'으로 쓰고, 권의 번호를 卷一·卷二·卷三으로 부여한 것으로 보아 전사할 때부터 단권이었음을 알 수 있다.

해제

신조선사본은 규장각본의 권을 해체하고, 규장각본의 책 단위로 권을 다시 부여해 13권을 4권으로 재구성하고 권수에 '其一'·'其二'·'其三'·'其四'라 붙였다. 또한 원본 편찬자를 명시한 필사본 권수의 "洌水 丁鏞撰, 門人 李晴注"라는 구절을 빼고, "洌水 丁若鏞 美庸 著, 外玄孫 金誠鎭 編, 後學 鄭寅普 安在鴻 同校"라 기록함으로써 원래의 편찬자를 온전하게 밝혀 놓지 않았다.

체재와 관련하여 내용에서 드러나는 가장 큰 특징은 대수帶水(임진강) 이북의 하천만 수록된 점이다. 현존하는 《대동수경》은 권1~6에 녹수淥水(압록강), 권6~7에 만수滿水(두만강), 권8에 살수薩水(청천강), 권9~11에 패수浿水(대동강), 권12에 저수瀦水(예성강), 권13에 대수帶水(임진강)가 수록되어 있다. 압록강에 관한 설명이 전체 내용의 절반에 이를 정도로 많은 분량을 차지하고 있다. 다산이 처음부터 중북부 지역의 하천수계만을 염두에 두고 저술한 것으로 볼 수도 있다. 역사지리적 쟁점이 되는 하천들이 중부 이북 지역, 특히 백두산과 그 주변 지역이기 때문이다. 그러나 《대동수경》이라고 책의 제목을 정한 점과, 〈자찬묘지명〉에서 자신의 저술을 열거하면서 완성하지 못한 책은 미완성임을 표시하였으나 《대동수경》에는 그러한 표시가 없는 것으로 볼 때, 다산이 중부 이북 지역의 하천만을 기술하고 중부 이남 지역을 의도적으로 누락시킨 것으로 보기는 어렵다. 《대동수경》은 책의 제목 그대로 대동大東, 즉 우리나라 전체를 대상으로 한 수경水經이다. 다산의 고향은 한강변이었고,

다산은 한강의 별칭인 열수洌水라는 호號를 즐겨 사용할 정도로 한강에 친숙하였다. 또한 한강의 중요성을 충분히 인식하고 있었다. 따라서 한강 이남의 하천을 서술한 부분이 산일된 것으로 볼 수 있을 것이다.

《대동수경》의 판본별 구성

내 용	규장각본	단국대본	신조선사본
淥水 一 (長白山 發源) 淥水 二 (北靑 三水 厚州) 淥水 三 (江界 渭原 楚山 碧潼 昌城 朔州) 淥水 四 (義州 入海 漲水)	제54책 卷一 卷二 卷三 卷四		제6집 지리집 제5권, 其一
淥水 四 (禿魯水 鹽難水 潼水) 淥水 五 (靉河水 古津水) 滿水 一 滿水 二	제55책 卷 卷 卷 卷		제6권, 其二
薩水(卽 淸川) 淀水(卽 大寧水*) 浿水 一 (瓣說 寧遠 德川 价川 順川 慈山 殷山 江東) 浿水 二 (平壤 中和 江西)	제56책 卷十 卷十一 卷十二	卷一 卷二 卷三	제7권, 其三
浿水 三 瀦水(亦名 禮成江) 帶水	제57책 卷十三 卷十四 卷十五		제8권, 其四

*단국대본에는 '大寧水'가 '大定水'로 기록되어 있음.

5. 의의

다산은 일찍부터 지리학을 매우 중시하고 관심을 가졌다. "지리학은 유자儒者가 반드시 힘써야 할 바이며, 왕자王者가 구할 바"이고, "천하에서 다 궁구할 수 없는 것이 지리地理요, 또 천하에서 밝히지 않으면 안 되는 것도 지리地理보다 더한 것이 없다."《여유당전서》, 제1집 시문집, 제8권, 대책對策, 〈지리책地理策〉)라고 하였다. 이러한 그의 생각은 《아방강역고我邦疆域考》, 《아방비어고我邦備禦考》, 《대동수경》 등 주목할 만한 지리 관계 저술로 정리되었다. 독립된 저술 외에 시문집에 실린 단편적인 글들로 〈지리책地理策〉, 〈문동서남북문東西南北〉, 〈지구도설地毬圖說〉, 〈갑을론甲乙論〉, 〈풍수론風水論〉, 〈고구려론高句麗論〉, 〈백제론百濟論〉, 〈폐사군론廢四郡論〉, 〈요동론遼東論〉, 〈일본론日本論〉, 〈동해무조변東海無潮辯〉, 〈지수화풍地水火風〉 등 다수가 있다. 그중에서도 《대동수경》은 《아방강역고》와 함께 가장 지리학적인 저술로서 국토와 자연에 대한 이해를 체계적으로 보여주는 글이다. 특히 《대동수경》은 조선시대의 지리서 중 다음과 같은 점에서 매우 독특하고 중요한 위치를 차지하는 책이다.

첫째, 지역별로 서술되는 기존의 전통적인 지리서의 체제에서 벗어나 특정한 주제와 대상을 가지고 서술한 자연지리서自然地理書이다. 《대동수경》이라는 이름에서 알 수 있듯이 하천을 중심으로 서술한 조선시대의 유일한 독립된 지리서이며, 그 내용도 매우

大東水經

상세하다. 다산에 앞서 지리학에 남다른 관심과 많은 저술을 남긴 여암旅庵 신경준申景濬이 18세기 후반에《산수고山水考》를, 그리고 《동국문헌비고東國文獻備考》〈여지고輿地考〉관방關防편 등에서 우리나라의 하천과 산지에 관하여 정리한 적이 있다. 그러나 하천만을 대상으로 하여 체계적으로 연구하여 독립된 책으로 남긴 것은 다산이 처음이며, 이후에도 이루어지지 못했다.

둘째, 다산은 우리나라 하천의 이름을 부여하여 하천의 체계를 수립하고자 하였다. 다산이 새로 정한 주요 하천의 이름을 보면, 압록강을 녹수淥水, 두만강을 만수滿水, 청천강을 살수薩水, 대동강을 패수浿水, 예성강을 저수瀦水, 임진강을 대수帶水, 장진강을 창수漲水, 동건강童巾江을 동수潼水, 대정강을 정수淀水 등으로 이름하였다. 이 밖에 주요 하천의 지류들도 '수水'라고 이름 붙였다. 중국에서 북부의 하천을 '하河'로, 남부의 하천을 '강江'이라 불렸던 것과 구별하여 다산은 조선의 물줄기를 '수水'라는 명칭으로 통일하고자 하였다. 이는 다산이 조선의 하천을 중국과 구별하고 독자성을 드러내기 위하여 조선 하천의 독자적인 체계 확립을 시도한 것이다.

셋째, 하천을 설명하면서 특히 역사적 논란이 되어 온 지명을 중국·조선·일본의 문헌을 망라하여 면밀하게 비교 검토한 후, 각 문헌의 잘못된 점들을 지적하고 자신의 견해를 정리하였다. 중국 측의 문헌이 69종, 조선 측의 문헌이 81종에 달한다.《대동수경》은 하천의 자연적 현상을 기록하는데 중점을 두기보다, 하천을 통해

조선의 각 지역과 그 지역 위에서 일어났던 역사의 전개 과정을 살필 수 있도록 구성한 것이다. 따라서 《대동수경》은 자연지리서를 넘어 역사지리서로서의 성격을 뚜렷하게 지닌 책이다. 또한 산천의 대표적인 명칭 외에도 각 문헌 등에서 뽑은 별칭과 이칭을 망라하고 그 근거를 밝혀 놓아, 우리나라 산천의 이름을 파악하는 데 중요한 자료이다. 이에 따라 이 책에는 지리와 역사 연구뿐만 아니라 고고학, 민속학, 서지학, 금석학, 조선과 중국의 고어, 이두, 신화, 전설 등 광범위한 영역에 걸친 실학적 성과가 담겨 있다.

넷째, 《대동수경》에서 다산은 문헌뿐만 아니라 지도地圖를 풍부하게 활용하여 자신의 논거를 증명하였다. 특히 농포자農圃子 정상기鄭尙驥의 아들인 정항령鄭恒齡의 지도와 공재恭齋 윤두서尹斗緒의 지도를 수십 차례 인용하여, 지도에 표시된 강줄기로 보충하여 설명하였다. 그 밖에 《여도輿圖》 또는 《여지도輿地圖》 등의 이름도 보인다. 이러한 지도 활용은 18세기까지 축적된 지리학의 발달, 특히 지도 발달의 토대 위에서 가능한 것이었다. 또한 전국을 풍부하게 답사하지 못한 다산이 지도를 이용하여 지명과 산천을 고증할 정도로 18세기 후반에 정확하고 내용이 상세한 지도가 발달하고 있었음을 반영하는 것이기도 하다.

다섯째, 하천에 대한 정확한 이해를 함으로써 국토의 영토적인 측면뿐만 아니라 국토에 대한 균형적인 관심과 이용으로 나아갔다. 이러한 점은 폐사군廢四郡에 대한 이해에서 잘 드러난다. 세종대에

여연閭延·우예虞芮·무창茂昌·자성慈城 등 사군四郡을 설치하였다가, 세조대에 주민의 보호와 방어 문제 등으로 폐지하여 강계江界에서 관할해 온 이 지역의 군현 복설 논의가 숙종대 이래 있었다. 다산은 적극적으로 폐사군을 복설할 것을 주장하였다.

《대동수경》은 하천이라는 주제를 중심으로 편찬한 계통적系統的 지리서로 조선 후기 지리학 발달의 중요한 측면을 보여주며, 중국과 구별되는 우리나라의 독자적인 하천 체계를 부각시키기 위하여 하천의 이름을 새로 명명하였던 조선 중심의 공간 인식을 반영하고 있다. 또한 역사서와 지리서·시문집 등을 광범위하게 활용한 문헌 고증적 치밀성과 역사지리적 접근의 확대, 지도의 활용, 압록강 두만강 연변을 활용할 것을 주장하는 등의 국토에 대한 균형적 관심 등을 통한 공간 인식의 정확성이 투영된 지리서였다.

다산이 저술한《대동수경》과 그의 보유편이라 할 수 있는〈산수심원기汕水尋源記〉,〈산행일기汕行日記〉 등이 지니는 보다 주목할 만한 의의는, 강江을 중심으로 하여 국토의 공간 구조를 파악하였던 지리적 사고이다. 다산은 역사의 무대, 국민들의 삶의 터전이 하천 중심으로 이루어졌던 측면을 논리적으로 체계화하고 집대성한 것이다. 이러한 국토에 대한 지리인식과 그 결과로서의 저술은 18세기 이후 상공업의 발달과 유통경제의 확대, 지역 간의 교류 증대 등 사회경제적인 변화를 반영한 것이며, 사회구조와 공간구조가 상호 연관성을 지니고 있음을 파악한 것으로 볼 수 있다. 청담淸潭 이중환

해제

李重煥이 《택리지擇里志》에서 지적하였듯이 우리나라는 산지가 많은 지형적 조건 때문에 육로 교통보다 수로 교통이 유리하였다. 조선 후기 사회의 경제적인 성장과 지역 간의 유통 증대는 도로나 교통망의 확대를 기반으로 한 것이었으며, 특히 하천의 수로 교통 기능을 풍부하게 활용함으로써 가능하였다. 하천 중심의 자연 인식과 그것의 정리 작업은 당시 사회에서 하천이 중요한 교통로이며 지역 간 교류의 통로로 기능하였음을 인식하고 그를 학문적으로 정리한 것으로 볼 수 있다는 점에서 실학적인 지리학의 중요한 성과이다.

범례

Ⅰ. 교감 범례

1. 저본底本과 대교본對校本

1) 저본

《大東水經》:《與猶堂全書》地理集, 1934~1938, 新朝鮮社(약칭 新朝本)

2) 대교본

《朝鮮水經》: 필사본, 15卷 4冊(與猶堂集 54-57冊), 규장각, 奎11894(약칭 奎章本)

2. 교감 참고 서목

1) 사서史書

① 중국

《史記》·《漢書》·《隋書》·《唐書》·《北史》·《遼史》·《金史》 등 二十四史 출전의 인용문 교감에는《二十四史縮印本》(北京: 中華書局, 1997.)을 사용하였다.

《資治通鑑綱目》·《明史紀事本末》·《通鑑輯覽》·《戰國策》·《史記正義》 등 출전의 인용문 교감에는《文淵閣四庫全書》(臺北: 臺灣商務印書館, 民國 72[1983].)를 사용하였다.

② 일본

《日本書記》(坂本太郞 等 校注, 東京: 岩波書店, 1979)

범례

《古事記·日本書紀》(日本文學研究資料刊行會 編, 東京: 有精堂, 1986)
③ 한국
《三國史記》(韓國精神文化硏究院 校勘本, 1996)
《三國遺事》(民族文化推進會 影印本, 1973)
《高麗史》(동아대 고전연구실 편역, 동아대출판부, 1965)
《東國通鑑》(세종대왕기념사업회 편역, 세종대왕기념사업회, 1996)
《國朝寶鑑》(영인본, 세종대왕기념사업회, 1976)
《東史綱目》(安鼎福 著, 민족문화추진회 고전번역총서, 1977~1980)

2) 지리서地理書
① 중국
《水經注》·《盛京通志》·《大淸一統志》·《明一統志》·《水道提綱》 등 출전의 인용문 교감에는 《文淵閣四庫全書》(臺北: 臺灣商務印書館, 民國72[1983].)를 사용하였다.
《括地志》(孫星衍 輯, 北京: 中華書局, 1991)
② 한국
《朝鮮水經》(필사본, 線裝3卷 1冊, 단국대학교 퇴계기념중앙도서관 연민기념관, 연민,고181.58 정516가)
《大東水經》(역주본, 여강출판사, 2001)
《新增東國輿地勝覽》(민족문화추진회 고전국역총서)
《擇里志》(李重煥 著, 이익성 역, 을유문화사, 1993)

3) 경전經傳
《詩經》·《尙書》 등 經傳 출전의 인용문 교감에는 《文淵閣四庫全書》(臺北: 臺灣商務印書館, 民國72[1983].)와 《十三經注疏整理本》(李學勤 主編, 北京: 北京大學, 2000.)을 함께 사용하였다.

4) 문집文集

① 중국

《朱子全書》(朱熹 撰, 上海: 上海古籍出版社, 2002)

② 한국

《藥泉集》(南九萬)·《三淵集》(金昌翕)·《順菴集》(安鼎福)·《訥齋集》(梁誠之)·《紫巖集》(李民寏) 등 출전의 인용문 교감에는 한국고전번역원 한국문집총간본을 사용하였다.

《記言》(許穆)·《星湖僿說》(李瀷)·《熱河日記》(朴趾源) 등 출전의 인용문 교감에는 민족문화추진회 고전번역총서본을 사용하였다.

《(國譯)栗谷全書》(李珥 著, 이진영 등 역, 한국학중앙연구원, 2007)

《(국역정본)懲毖錄》(柳成龍 著, 이재호 역, 역사의아침, 2007)

5) 기타

① 중국

《山海經》·《楚辭集注》·《高麗圖經》·《大淸會典》·《文獻通考》·《通典》·《朝鮮賦》·《皇淸開國方略》 등 출전의 인용문 교감에는 《文淵閣四庫全書》(臺北: 臺灣商務印書館, 民國72[1983].)를 사용하였다.

《三才圖會》([明]王圻 編, 영인본, 서울: 민속원, 2004)

② 일본

《和漢三才圖會》(寺島良安 編, 島田勇雄·竹島淳夫·樋口元巳 譯注, 東京: 平凡社, 1985~1991)

③ 한국

《增補文獻備考》(세종대왕기념사업회 편역, 세종대왕기념사업회, 1978~1996)

《同文彙考》(영인본, 국사편찬위원회, 1978)

《通文館志》(세종대왕기념사업회 편역, 세종대왕기념사업회, 1998)

《攷事撮要》(영인본, 경인문화사, 1989)

범례

3. 교감 규정

- 저본의 오류가 명백하고 대교본이 옳다고 판단되면 범례에서 제시한 대교본에 따라 바로잡거나 보충·생략하였다. 교감주에서는 저본의 내용만 밝혀주고 각각의 대교본의 내용은 생략하였다.
- 저본과 대교본의 정오正誤를 명백하게 판단할 수 없으면 저본을 따르고 교감주에서 대교본의 내용을 제시하였다.
- 저본과 대교본이 모두 명백한 오류로 판단되면 저본을 따르고 교감주에서 옳게 판단되는 의견을 제시하였다.
- 저본에서 인용한 원전의 내용이 명백한 오류로 판단되면 바로 잡고 그 근거를 제시하였다. 단, 다산이 원전을 부연하거나 축약한 것으로 판단되면 저본을 따르고 교감주에서 출전과 본래의 내용을 제시하였다.
- 서명, 편명, 인명, 지명 등 고유명사가 명백한 오류로 판단되면 바로잡았다.
- 이체자異體字나 이형자異形字는 한국고전번역원 이체자검색시스템을 준거로 대표자로 통일하였다. 단, 의도적으로 쓴 고자古字나 피휘자避諱字는 그대로 두었다.
- 필사 과정에서 흔히 발생하는 오자나 유사한 부수를 통용하는 관행에서 기인하는 오자는 문맥에 맞는 자로 수정하고 필요에 따라서는 교감주에서 의견을 제시하였다.
- 저본과 대교본이 훼손되어 판독이 어렵거나 누락되어 빈칸으로 남겨져 있는 경우 □로 표시하였다. 글자 수가 확실하면 글자 수만큼 □로 표시하였고, 글자 수가 확실하지 않으면 ⑺로 표시하였다.

大東水經

Ⅱ. 표점 범례

본서에서는 13개의 표점 부호를 사용하였다. 표점 부호의 사용법은 다음과 같다.

1. 고리점(。): 서술문 및 어조가 약한 명령문이 완료되는 곳에 썼다.
2. 반점(,): 문장 안에서 구나 절의 구분이 필요한 곳에 썼다.
3. 인용 부호(" ", ' ', 「 」): 대화, 인용, 강조 등을 나타내는 데 썼다.
4. 서명·편명 부호(《 》〈 〉): 서명·편명을 나타내는 데 썼다.
5. 고유명사 부호(＿): 인명, 지명, 왕조명, 건물명 등 고유명사를 나타내는 데 썼다.
6. 감탄 부호(!): 감탄문, 강한 어조의 명령문의 끝에 썼다.
7. 의문 부호(?): 의문문의 끝에 썼다.
8. 가운뎃점(·): 동등한 지위를 가진 명사의 병렬, 구의 병렬에 썼다. 서명 부호 안에서 서명과 편명을 구분하는 데 썼다.
9. 원주 부호(【 】): 원주를 나타내는 데 썼다.
10. 쌍점(:): 1차 인용문을 표시할 때 썼다. 뒤에 나올 내용을 제시하는 말의 뒤에 썼다.

범례

Ⅲ. 기타

본서는 저본인 신조본의 편집체제를 따르고 있으나 다음의 경우는 예외로 두었다.

1. 저본과 대교본에 일관된 목차가 없기 때문에 전체 목차를 새로 구성하였다.
2. 목차의 일관성과 내용 구분을 위해 본문의 일부 소제목을 수정하거나 보충하고 별주로 처리하였다.
3. 저본의 매 권에 있는 '洌水丁若鏞美鏞 著'와 '外玄孫 金誠鎭 編 後學 鄭寅普 安在鴻 同校'의 기록은 생략하였다.
4. 다산의 주요 의견을 나타내거나 편집체제 상 강조해야 할 필요가 있는 '補曰', '案', '質疑', '引證', '考訂', '御問', '答曰' 등의 용어는 진하게 표시하였다.
5. 격자隔字, 이행移行, 대두擡頭 등은 반영하지 않았다.

목차

大東水經 其一
  淥水 一 ……………………………………………… 26
  淥水 二 ……………………………………………… 67

大東水經 其二
  淥水 三 ……………………………………………… 114
    禿魯水 …………………………………………… 114
    鹽難水 …………………………………………… 120
    潼水 ……………………………………………… 131
    �河水 ………………………………………… 133
    古津水 …………………………………………… 142
  滿水 一 ……………………………………………… 145
  滿水 二 ……………………………………………… 165

大東水經 其三
  薩水淀水 …………………………………………… 192
  浿水 一 ……………………………………………… 215
  浿水 二 ……………………………………………… 238

大東水經 其四
  浿水 三 ……………………………………………… 250
    降仙水 …………………………………………… 264
    瀧水 ……………………………………………… 271
    潩水 ……………………………………………… 279
    帶水 ……………………………………………… 299

與猶堂全書 第六集 第五卷
地理集

大東水經 其一

淶水 一
【<u>長白山</u>, <u>發源</u>, <u>北青</u>, <u>三水</u>, <u>厚洲</u>】

<u>長白山</u>在<u>神州</u>東北。

山有八名, 曰<u>不咸</u>, 曰<u>蓋馬</u>, 曰<u>徒太</u>, 曰<u>太白</u>, 曰<u>長白</u>, 曰<u>白山</u>, 曰<u>白頭</u>, 曰<u>歌爾民商堅</u>。古今方譯之殊也。
《山海經》曰:"大荒之中有山, 名曰<u>不咸</u>, 有<u>肅愼氏</u>之國。"
【有蜚蛭, 四翼。有蟲, 獸首蛇身, 名曰琴蟲。有人, 名曰大人。有大人之國, 釐姓, 黍食。有大蛇, 黃頭, 食麈】○《晉書‧東夷傳》云: "<u>肅愼氏</u>, 一名挹婁, 在<u>不咸</u>山北。"○《後漢書‧東夷傳》云: "<u>東沃沮</u>在<u>高句驪 蓋馬</u>大山之東, 東濱大海, 北與挹婁接。"【《魏志》同】 ○ **鏞案** <u>高麗</u>兵馬鈐錯林彥〈九城記〉曰: "<u>女眞</u>本<u>句麗</u>之部落, 聚居于<u>蓋馬</u>山東。"又曰: "東至于大海, 西北介于<u>蓋馬</u>山, 南接于<u>長</u>‧<u>定</u>二州。"【出《高麗史》】 <u>磻溪</u> 柳馨遠《輿地考》曰: "今<u>咸鏡</u>‧<u>平安</u>兩道之間, 嶺脊連亘數百里者, 卽<u>蓋馬</u>山。"據此, 則<u>蓋馬</u>之爲<u>白山</u>, 明矣, 而<u>白山</u>大幹, 亦可通稱也。乃《後漢書》注稱'<u>蓋馬</u>大山在平壤城西',《明統志》因而從之。《輿地勝覽》稱謂'<u>句麗</u>盛時, 跨有<u>遼河</u>, 此山在其境內', 俱非其實也。【或

曰: "蓋音盍, 我國方¹⁾言。"】

《魏書·勿吉傳》云: "國有徒太山, 魏言太白, 有虎豹羆狼, 不害人。人不得上山溲汙, 行遶山者, 皆以物盛去。"○《北史·勿吉傳》云: "國有徒太山, 華言太皇, 俗甚敬畏之。"○《新唐書·黑水靺鞨傳》云: "粟末部居最南, 抵太白山。亦曰徒太山, 與高麗接, 粟末之東曰白山部。"【又〈渤海傳〉云: "乞乞仲象東走度遼水, 保太白山之東北。又俗謂'貴者曰太白山之菟, 南海之昆布'。"】○《括地志》云: "靺鞨國, 古肅愼也。其南有白山, 鳥獸草木皆白。"○《遼志》云:【元葉隆禮著】"長白山在冷山東南千餘里。蓋白衣觀音所居, 其山內禽獸皆白, 人不敢入, 恐穢其間, 以致蛇虺之害。"○《金史·高麗傳》云: "黑水靺鞨居古肅愼地, 有山曰白山, 蓋長白山, 金國之所起焉。"又〈禮志〉云: "大定十二年, 封長白山神爲興國靈應王, 卽其山北地, 建廟宇。明昌四年, 復冊爲開天弘聖帝。"【金世宗封長白山, 勅曰: "厥惟長白, 載我金德, 仰止其高, 實惟我舊邦之鎭。"】○《三才圖會》云: "女眞在長白山之下‧鴨淥²⁾水之源, 古肅愼之地也。"○《盛京通志》云: "長白山卽歌爾民商堅阿鄰。【方言, 歌爾民, 長也, 商堅, 白也, 阿鄰, 山也】山顚不生他樹, 草多白花。南麓

---

1) 蓋音盍我國方: 新朝本에는 '音盍蓋國方我'으로 되어 있다.
2) 淥: 奎章本에는 '綠'으로 되어 있다. 新朝本과 奎章本에서 '淥'과 '綠'이 혼용되고 있는데, 본서에서는 新朝本의 글자 그대로 따른다.

蜿蜒磅礴, 分爲兩幹, 其一西南指者, 東界鴨綠江, 西界通加江, 麓盡處, 兩江會焉, 其一遶山而北亘數百里。"○《和漢三才圖會》云: "朝鮮北韃靼南境有大山, 名白頭山, 自然生人葠爲最上, 其葉花與和人葠相似, 而實異。"○《輿地勝覽》云: "白頭山卽長白山。"○晴案〈漠北行程錄〉: "自同州四十餘日, 至肅州, 東望大山。金人云, '此新羅山, 其中産人葠·白附子, 與高麗接界。'"【文止此】其云新羅山者, 亦長白山之謂也。 ○又3)《明一統志》云: "重樓·金線, 長白山出。"4)

去我漢陽二千一百四十里。

此山盤據我咸鏡道之北, 而八道諸山, 皆由此起, 寔東方嶽麓之大祖也。《盛京通志》: "長白山在奉天府 永吉州東南一千三百餘里。又寧古塔將軍所轄疆5)域, 南至長白山一千三百餘里朝鮮界。"《大淸一統志》: "長白山在吉林 烏喇城東南。"【節】《通志》謂: "在船廠東南一千三百餘里。" 今考, 此山實在州東南六百里。《輿地勝覽》: "白頭山在會寧府西七八日程。"《文獻備考》: "自甲山府北至白頭山三百三十里, 自茂山府西至白頭山三百里。"【自

---

3) 又: 新朝本에는 이 뒤에 '案'이 있다.
4) 又明一統志~長白山出: 奎章本에는 원주로 되어 있다.
5) 疆: 新朝本에는 '彊'으로 되어 있다.

茂山至漢陽一千八百四十里】今計自此山, 東北距寧古塔, 當爲八百餘里, 西距興京邊門, 當爲九百餘里也。

其高二百里, 東方之崑崙也。

《大明一統志》云:"長白山在故會寧府南六十里。【指金之會寧府也】橫亘千里, 高二百里。"《吾學編》亦云:"長白山, 橫亘千里, 高二百里。"】○《勝覽》云:"山凡三層, 高二百里。"○先生云:"《淮南子》稱'崑崙之高萬一千里百一十四步二尺六寸', 桑欽著《水經》稱'崑崙高一千里', 斯皆不曉天地高下之度者也。地毬正圓, 山水相錯, 小有坳突。山高十餘里, 其頂已薄冷天, 春夏有雪。山高三十里者, 世且無有, 安得高萬里哉? 長白山之高, 亦於平地不過湧數十里。特自甲山以北, 崇山峻嶺, 層疊繚繞, 露宿數日, 而後始至其頂, 說者夸矜, 遂云高二百里耳。彼西方崑崙, 亦當如此, 其扶輿磅礴之勢, 無以踰長白山。余故曰'長白者, 東崑崙也'。"○先生又云:"崑崙山之脈, 東條東入中國, 而其西條西出星宿海之南, 遂繞黃河[6]之源。東迤北走, 從沙漠之南·黃河之北, 自坤而艮繞, 出長城之北, 爲蒙古之漠南諸部。東北至虎坤堆,【在烏喇西三百里】始入烏喇之界, 乃轉而南爲吉林峰。【卽自北京赴烏喇之大嶺

---

6) 河: 新朝本에는 '海'로 되어 있다.

又東南爲額黑峰,【在烏喇西南】 又東南爲庫魯訥窩集,【方言, 巨山多樹林曰窩集】 又南爲歌爾民朱敦,【方言, 歌爾民, 長也, 朱敦, 嶺也】 又南爲納綠窩集,【今在7)興京東北三百里】 又東南爲長白山, 此大幹龍也。大幹之東, 古之靺鞨七部也。【今寧古塔地】 大幹之西, 古夫餘‧鮮卑‧句麗之地也。【今盛京‧興京等地】"

〈泰山龍脈論〉曰: "古今論九州山脈, 但言'華山爲虎, 泰山爲龍', 地理家亦僅云'泰山特起東方, 張左右翼爲障', 總未根究泰山之龍於何處發脈。 朕細考形勢, 深究地絡, 遣人航海測量, 知泰山實發龍於長白山也。長白縣亘烏喇之南, 山之四圍, 百泉奔注, 爲松花‧鴨淥‧土門三大江之源。其南麓分爲二幹。一幹西南指者, 東至鴨淥, 西至通加, 大抵高麗諸山, 皆其支裔也。其一幹自西而北至納綠窩集, 復分二支。北支至盛京, 爲天柱隆業山, 折而西爲醫巫閭山。西支入興京門, 爲開運山, 蜿蜒而南, 磅礴起頓, 巒嶺重疊, 至金州 旅順口之鐵山。而龍脊時俯時現, 海中皇成‧鼉磯諸島, 皆其發露處也。接而爲山東 登州之福山‧丹厓山。海中伏龍於是乎陸起, 西南行八百餘里, 結而爲泰山, 穹崇盤屈, 爲五岳首。" 此論雖古人所未及, 而形理有確然可據者。今風水家, 有過峽,

---

7) 今在: 新朝本에는 '在今'으로 되어 있다.

有界水。渤海者，泰山之大過峽爾。〇《皇淸開國方略》注云：" 長白山爲扶輿靈氣所鍾，其南麓一幹分二支。西支入興京門，爲開運山，南至旅順口，而龍脊時伏時現，於海中陸起，行八百餘里，結爲泰山。" 〇《岱覽》云：【淸唐仲冕著】"岱山之脈，形家言'自崑崙來，爲中幹龍所聚'，我朝康熙中，遣官航海測量，得其東祖長白山。" 〇晴案 臨川吳氏謂："天下之山脈，起於崑崙。" 蔡牧堂〈發微論〉亦云："凡山皆祖崑崙。" 〈禹貢〉李光地注云："岱爲嶽宗，自營州跨海而來。" 丘濬《山東通志・總論》："岱脈由遼左旅順口，渡海入蓬萊縣境。" 此皆傳述新論者也。

淥水。

此卽鴨淥江也。經特定名曰淥水。〇案 江河之目，古今異稱，水出崑崙曰河，水出岷山曰江。考諸古經，不相混稱。《詩》曰'河水洋洋'，又曰'江之永矣'，〈禹貢〉曰'九河旣道'，又曰'三江旣入'，可驗也。《楚詞・九歌》有〈河伯篇〉，其詞曰："與女游兮九河。" 林雲銘云："河不在楚境內，不敢越祭。" 此乃設一預想之詞，則屈原之時，河猶不混也。漢・晉以後，通稱北方之水曰河，南方之水曰江。故《晉書・輿服志》，汾水曰汾河，《唐書・明皇紀》，汴水曰汴河，《宋史・河渠志》，漳水曰漳河，鮑照〈石帆銘〉，淮水曰淮河,《大明一統志》, 西安府有渭河·漆河, 平陽府有沁河·澮河, 濟南府之漯河·汶河, 大同府之桑乾河·嘔夷河之等, 皆在北方。朱子〈關雎傳〉所稱'河, 北方流水之通名'者, 是也。《皇輿考》, 明州有盤龍江,《元和郡國志》, 蜀州有郫8)江,《山海經》, 以沔水爲沔江, 韓愈詩, 指湘水爲湘江,《明統志》, 杭州有浙江, 蘇州有白鶴江, 以至松江·桐江·嘉陵江·潯陽江之類, 皆在南方。孔穎達〈禹貢〉疏所稱'江以南, 水無大小, 皆呼爲江', 是也。故陳霆之言曰: "長·淮爲南北大限。自淮以北爲北條, 凡水皆宗大河, 未有以江名者。自淮以南爲南條, 凡水皆宗大江, 未有以河名者。"【出《兩山墨談》】此南北之限也。雖然,《五代史·南唐世家》, 楚州有老鸛河,《舊唐書·地理志》, 鬱林有牂牁河9),《明統志》, 楊州有獅子河·鳳凰河, 常州有綱頭河·惠明河, 應天府滁河·蘇州府運河之屬, 皆在南方。是南方之水, 亦皆通稱曰河也。惟江之名, 不通於北方, 歷考諸書, 絶無影響, 而唐時長安鑿隍洲爲曲江, 則此名在於北方。然曲江之稱, 以其曲折似嘉陵江, 故借而名之, 非其實矣。此中國所稱江河之別也。其在外國, 不分南北, 混同稱之。《南史》, 中天竺國臨大江, 源出崑

---

8) 郫: 新朝本에는 '潯'으로 되어 있다.
9) 河: 新朝本에는 빠져 있다.

崙, 分爲五江,《水經》注, 西域有恒河·熙連河,《明統志》, 安南國 富良江·來蘇江, 女眞地松花江·金水河,《盛京通志》, 吉林之混同江·易屯河, 寧古塔之烏蘇哩江·虎兒哈河之等, 皆錯雜稱謂, 都無分別。我邦之人, 無論南北, 皆名爲江, 而如江界·江東·江西之名, 在於北方, 清河·河東·河陽之號, 在於南方, 一與中國所稱相反。又如臨津江·東津江·達川江·淸川江·新淵江·沙湖江之稱, 架疊甚矣。故今先生於《水經》, 皆拈其舊稱, 錫爲定名, 卽以鴨淥江爲淥水, 豆滿江爲滿水。域中之水, 皆用此例也。
《漢書·地理志》'玄菟郡西蓋馬縣', 自注云: "馬訾水西北入鹽難水, 西南至西安平入海。過郡二, 行二千一百里。"〇《通典》云: "馬訾水, 一名鴨淥水, 源出東北靺鞨 白山, 色似鴨頭, 故名之。去遼東五百里, 經國內城南, 又西與一水合, 卽鹽難水也。二水合流, 西南流至安平城入海。高麗之中, 此水最大波瀾淸澈。所經津濟, 皆貯大船, 其國恃此爲天塹, 水闊三百步。"【高麗條】〇《唐書·地理志》云: "馬訾水出白山, 色若鴨頭, 號鴨淥水, 今鴨淥江也。"又〈高麗傳〉云: "馬訾水出靺鞨之白山, 色若鴨頭, 號鴨淥水, 歷國內城, 西與鹽難水合, 又西南至安市,【案, 安市當作安平】入于海, 而平壤在鴨淥東南, 以巨艦濟人, 因恃以爲塹。"〇《明一統志》云: "鴨淥江, 一名馬訾水, 源出靺鞨之長白山。"【朝鮮山川條】○晴案 鴨淥之名,本起於義州之九龍淵,【詳下義州條】故諸書言鴨淥,皆據義州之下流也。○又按《三才圖會》,遼陽東踰鴨陸江,而控朝鮮。蓋陸・綠音本相通,鴨陸者,鴨綠也。《高麗史・地理志》云:"義州有鴨淥江,一云馬訾水,一云青河。"○《勝覽》云:"鴨淥江,一云馬訾水,又名青河,又名龍灣。"【見義州】○順菴 安鼎福曰:"〈高句麗記〉,朱蒙母柳花曰'解慕漱誘我熊心山下鴨淥邊室中,私之',《應制詩註》引古記云'扶餘城北有青河。河伯女,柳花。青河,今鴨淥江',非也。《麗・志》《勝覽》皆襲謬而然矣。青河既云在扶餘城北,則與今鴨淥,南北截然矣。《盛京志》,今開原,古扶餘界,有青河,西流入遼河。疑此水猶存古名也。"○晴案 淥水非青河,順菴說,是也。今開原城北有占泥・葉赫兩河,合為扣河,南流與阿鹿河會,至開原城南,為清河,西入于遼水,疑或古之青河也。○又案 淥水又有浿水之名,【詳見浿水第一條】又有靉江之名,【見下義州】竝詳于下。《皇輿考》云:"天下有三大水,黃河・長江・鴨淥江。"○《類纂》云:"黃河與鴨淥夾北幹龍,盡於遼海。"又云:"天下有三處大水,曰黃河,曰長江,曰鴨淥。"○徐善繼云:"黃河與長江夾中條,盡於東海,黃河與鴨淥江夾北條,盡於遼海。此則自其水源極遠處言之耳。按鴨淥江,近

淥水 一

世使朝鮮諸臣, 至其地, 見之回謂 '甚短淺, 必別有一水, 夾送北幹, 然荒漠莫之能考'."【出《人子須知書》】○《莊渠遺書》云: "大地之脈, 咸祖崑崙, 而南北二絡最大。北絡極于幽燕, 大河至此入海, 與鴨淥江會, 東有下沙, 此山水一大交會也。" ○朱子曰: "天下惟三大水最大, 江·河與混同江。混同江不知其出。虜舊巢【謂金人古都】正臨此江, 邪迤東南流入海。其下爲遼海, 遼東·遼西指此水而分也。"【《語類·禹貢說》】又曰: "女眞起處有鴨淥江。" ○芝峰 李睟光云: "鴨淥江自白頭山走數千里, 分派爲三江, 西南入于海, 其發源甚遠, 故謂之大水。" ○豐山 洪萬宗云: "《類纂》所謂鴨淥, 似是發源於中國之西北, 抵於東北。且我國鴨淥, 其大不可與黃河·長江比幷, 則恐非《類纂》所謂鴨淥。" ○順庵 安鼎福曰: "古者東北之水, 多以鴨淥名之。今東北諸水皆入黑龍江, 注于東海, 其大無比, 朱子所稱鴨淥, 疑指此也。鴨淥之名出於中國者, 自隋·唐用兵始。" ○晴案 朱子所論混同江, 以前段觀之, 似指黑龍江, 以後段觀之, 又似指遼水, 未可知也。但古人或以混同江爲鴨淥。孔平仲《談苑》云: "鴨淥水出牛魚, 鰾製爲魚形, 婦人以綴面花。"【《明一統志》, 牛魚出混同江, 大者長丈餘】《資治通鑑音注》云: "高麗王王建有國, 限混同江而守之, 混同江之西不能有也。混同江卽鴨淥水。"

【見後唐 明宗 天成元年】《博物典彙》云: "建州産珠及蔘, 界鴨淥江而居。珠, 江出也。"【案, 此卽所謂東珠也, 今産於混同江, 其品最貴】凡此皆以混同江稱鴨淥者也。又《三國遺事》云: "遼水, 一名鴨淥江, 今云安民江。"則遼水又冒鴨淥之名, 余所未曉。《類纂》似以黃河·鴨淥皆入遼海, 其所指卽我綠水也。然淥水不可與江·河參也。〇又按 鴨淥之名, 始起於隋·唐。故《隋書·于仲文傳》云'軍次烏骨城, 旣而至鴨淥水',〈宇文述傳〉云'述與九軍至鴨淥水。糧盡, 議班師',《唐書·地理志》云'自鴨淥江口, 舟行至泊灼口',〈高麗傳〉云'程名振游兵鴨淥上',【多不能悉指】斯可驗也。乃金富軾《三國史》, 已自兩漢之時, 早有鴨淥之名, 扶餘 曷思王奔于鴨綠之谷,【漢 王莽之時】句麗 乙巴素居於鴨淥之村。【後漢 獻帝 初平時】今不可詳也。

《日本書紀》云: "鴨淥江在三韓。"觀《性理大全》, 黃河·長江·鴨淥, 天下三大水之其一也。〇〈異稱日本傳〉云: "鴨淥江卽所謂阿利那禮河, 是也。"〇**鏞案** 日本 神功皇后之伐新羅也, 羅王請和於船前, 其盟詞曰'非東日更出西, 且阿利那禮河之逆流, 而殊闕春秋之朝, 天地神祇共討之',【出〈異稱傳〉】則神功天皇之伐, 當新羅 婆娑尼師今之時。此時疆10)界未嘗及於鴨淥, 不可指以爲誓, 見

---

10) 疆: 新朝本에는 '彊'으로 되어 있다.

林之說, 非也。所謂阿利那禮河, 當在今慶尙道界者也。

出其西南陬。

此山出九大水。出其東南陬者, 曰滿水, 此卽豆滿河也。出其正東陬者, 曰分界河, 此合于滿水者也。【見滿水】出其東北陬者, 曰娘木娘庫河, 曰克通[11]吉河, 此二河北流, 合而爲一, 復折而西者也。出其正北陬者, 曰大土拉庫[12]河, 曰[13]土[14]拉庫河, 此二河出於□□□[15]北流, 合娘木·克通[16]二河, 卽爲松花江者也。出其西北陬者, 曰賽因訥因河, 曰額黑訥因河, 此二河流而爲一, 復折而東北, 入於松花江。凡此六河旣合, □□□□□□□者也[17]。出其[18]西南陬者, 曰鴨淥河, 卽此綠水也。酈道元稱'崑崙出六大水', 今白山出九大水, 東崑崙之名, 信不誣矣。《金志》云:【元[19] 宇文懋昭著】"金國世居長白山下, 其山乃鴨淥水源, 南隣高麗。" ○《資治通鑑音注》云:"鴨淥水

---

11) 克通: 奎章本에는 '□□'으로 되어 있다.
12) 土拉庫: 奎章本에는 '□□□'으로 되어 있다.
13) 曰: 新朝本에는 '□'으로 되어 있다.
14) 土: 문맥상 이 앞에 '小'가 보충되어야 옳은 듯하다.
15) □□□: 奎章本에는 '□門□□'으로 되어 있다.
16) 克通: 奎章本에는 '□□'으로 되어 있다.
17) 也: 奎章本에는 이 뒤에 '【竝詳下混同江條】'가 있다.
18) 出其: 新朝本에는 '其出'로 되어 있다.
19) 元: 新朝本에는 '天'으로 되어 있다.

發源契丹東北長白山。鴨淥水之源,蓋古肅愼氏之地。"
○《今水經》云:【黃宗義】"鴨淥江源出長白山。其山去金故會寧府南六十里,其顚有潭,周八十里。北流爲混同江,東流爲阿也苦[20]河,南流爲鴨淥江,去三萬衛東北千餘里。"○《鴻書》云:【劉仲達】"女眞國有長白山,其巓有潭,周八十里,南流至遼東 朝鮮國,爲鴨淥江,南入於海,北流爲女眞 混同江,經金 會寧府,達五國頭城,北東入海。"○《明一統志》云:"長白山,高二百里,其巓有潭,周八十里,南流爲鴨淥江,北流爲混同江,東流爲阿也苦河。"○晴案 大澤之水,未必三派流出卽成三江,且其云周八十里者,未核之言也。

《盛京通志》云:"長白山在奉天府 永吉州東南一千三百餘里,其巓有潭。【節】西南流入海者,爲鴨淥江,東南流入海者,爲土門江,北流遶州城東南出,邊受諾尼江東注,北受黑龍江,南受烏蘇哩江,曲折入海者,爲混同江。【節】國朝尊爲長白山之神,春秋兩祭,寧古塔將軍副都統主之,在城西南九里,溫德恒山望祭。康熙十七年,奉旨遣大臣覺羅吳木訥等,登山相視,見山麓一所,四周密林叢翳,其中圜平,草木不生,出林里許,香樹行列,黃花紛郁,山半雲垂霧冪。諸大臣跪宣勅旨畢,雲霧條廓,山

---

20) 苦: 新朝本에는 '舌'로 되어 있다.

形瞭然, 有徑可登。山腰見石砌平臺, 登望山巔, 作圓形, 積雪皚然。及陟其上, 五峰環峙如俯, 南一峰稍下如門。中潭窈杳, 周可四十餘里, 山之四圍, 百泉奔注, 卽三大江所由發源也。二十三年, 奉旨遣駐防協領勒出等, 復周圍相山形勢, 廣袤綿亘, 略如《一統志》所云。"○《大淸一統志》云: "長白山在吉林 烏喇城東南, 橫亘千餘里, 東自寧古塔, 西至奉天府, 諸山皆發脈於此。【吳木訥及勒出事所記, 與《盛京通志》恰同】山之靈異, 自昔稱名, 而神聖發祥, 於今爲盛, 萬禩洪基, 與山無極矣。"○方象瑛〈封長白山記〉云: "康熙十有六年, 上以長白山發祥要地, 特命內大臣覺羅武某, 到兀喇抵訥陰。【節】黎明, 聞鶴鳴六七聲, 雲霧迷漫, 不復見山。乃從鶴鳴處, 覓徑得鹿蹊, 循之以進, 則山麓矣。始至一處, 樹木環密, 中頗坦而圓, 有草無木。前臨水林盡處, 有白樺木, 宛如栽植, 香木叢生, 黃花爛漫。衆前誦綸音, 禮甫畢, 雲披霧捲, 歷歷可覩, 遂攀躋而上, 有勝地平敞如臺。遙望山形長闊, 近視頗圓, 所見白光, 皆氷雪也。山高約百21)里, 五峯環繞, 憑水而立, 頂有池, 約三四十里, 無草木, 碧水澄淸, 波文蕩漾, 繞池諸峰, 望之搖搖若墜, 觀者駭焉。南一峰稍低, 宛然如門, 池水不流。山間22)則處處有水, 左流爲

---

21) 百: 新朝本에는 '五'로 되어 있다.

松阿里兀喇河, 右流爲大小訥陰河。"【王士禛亦有記, 與此文大同】○鏞案 此諸文, 山間諸水合爲江源, 未必大池之水直流爲二江也。○又按 康熙二十三年, 駐防協領勒楚奉旨, 繪畫輿地山川, 巡審長白·鴨淥。據《同文彙考》, 是年勒楚至三道溝, 有我人越江殺害官役, 以此生事, 竟有罰銀三[23]萬兩之擧, 可以知也。

《同文彙考》: "康熙三十年, 禮部移咨於我國曰, '今纂修《一統志》, 所載城池山河, 盛京將軍來文與寧古塔將軍來冊, 互相舛錯者甚多。發祥之地, 關係甚大。今差散秩大臣查山等五人將文冊帶去, 前往寧古塔 烏喇等地方, 詳閱定奪。而義州江至土門江地方, 南岸一帶, 俱係朝鮮國接壤。朝鮮國必有熟諳道路之人, 應將驛站, 俱行預備, 俟大臣往着時, 令伊國人指引可也。'【節】我國回咨曰, '自義州江從南岸至滿浦, 其間道路猶可艱難得通, 自滿浦至義州江發源惠山地境, 計十數日程。岡山相續, 荒絶無人, 牛馬不通, 曾無驛站。況惠山地界, 與大國接壤處, 則山勢叢積, 蜂壑阻絶, 自古以來, 原無從南岸通土門江之路。【謂自惠山無直通頭滿江之路】茲將形勢馳報。'【節】禮部奉聖旨云, '前駐防協領勒楚亦奏地方險

---

22) 間: 新朝本에는 '門'으로 되어 있다.
23) 三: 奎章本에는 '二'로 되어 있다.

洌水 一

阻, 大臣不必由朝鮮地方前去, 可也.'" ○晴案 後此, 康熙五十年, 烏喇總管穆克登至渭原江北, 審查殺人之事, 欲自渭原從鴨淥南岸, 取路於我, 以至長白山. 其時, 朝議以爲我國之路, 雖自江界穿雪寒嶺, 以達三水・甲山等地, 然不可以開此路, 遂嚴辭拒之.【詳見〈司譯院啓辭錄〉】明年, 乃自頭道溝造舟泝江, 以至白山. 蓋必時24)欲借路於我, 以達寧古塔也. 前後二次, 皆爲我拒, 終不開路, 我之所慮, 亦深矣夫.【互見下渭原郡】

《全韻詩》曰: "天造皇淸, 發揮大東. 山曰長白, 江曰混同. 峻極襟帶, 福萃靈鍾. 山頂有潭, 闥門名揚."【又《開國方略》聯句云: "白山五岳靈攸仰・黑水・三江澤孔長, 源自闥門潭以下, 地開布庫哩之旁."】注云: "長白山, 高二百餘里, 綿亘千餘里, 山之上有潭, 曰闥門, 周八十里. 源深流廣, 鴨淥・混同・愛滹三江出焉." ○吳兆騫〈長白山賦〉曰:【康熙時】"爾其混同之本・鴨淥之源, 谺爲神池, 以宅乎其間, 會瀾廣潒, 靈液淪漣, 乍風披以激灩, 倏霞蒸而漬泚. 沿靈源于千頃, 淪神委于二江." ○張潮〈長白山記題辭〉曰: "惟茲長白之山, 實屬大淸之望, 五岳而外, 特立稱雄. 三代以前, 獨25)尊無偶. 北混同而南鴨淥, 兩江自有淵源, 左

---

24) 必時: 新朝本에는 □□으로 되어 있다.
25) 前獨: 新朝本에는 '獨前'으로 되어 있다.

兀喇而右訥陰，萬壑咸滋孕育。"○晴案《金史》'溫敦蒲剌始居長白山阿不幸河'，今未可詳也。

《通文館志》云："肅宗三十八年壬辰，烏喇總管穆克登奉旨查邊境。【節】由興京邊開道。造十小舟，出頭道溝，入鴨淥江，水陸竝進，溯行十日，而至厚州。又四日而至惠山，捨舟登山，行九十餘里，道益峻險，使其副侍衛布蘇倫等及我國接伴使以下由徑路，期會於茂山。自率通官·筆帖式等，齎十五日糧，又行二百餘里，窮江源。至白頭山頂潭水邊，刻石立碑曰，'烏喇總管穆克登奉旨查邊，至此審視，西爲鴨淥，東爲土門，故於分水嶺上勒石爲記。康熙五十一年五月十五日，筆帖式蘇爾昌，通官二哥，朝鮮軍官李義復·趙台相，差使官許樑·朴道常，通官金應瀗·金慶門。'【句】仍從土門水道以下，約行三百里，到茂山，又造四小舟，水陸從流下，至慶興海口，還至慶源，越江由厚春乃去。"○《軍旅大成》云："烏喇總管穆克登與侍衛布蘇倫·主事鄂世以定界，至白頭山下。我國遣接伴使朴權·咸鏡道巡察使李善溥·譯官金慶門等，接應克登。以權與善溥年老，不許偕行，率慶門等，上白頭山，從岡脊下，始得鴨淥之源，有泉從山穴中出。又東踰一岡，得一泉西流。別出二派，其一派與西泉合，一派東流。又東踰一岡，有泉東流，中泉之歧，而東者來合焉。克登坐中泉叉水間曰,'此可名分水嶺。'以定界,伐石立碑。"○柳下 洪世泰云:"穆克登來定界,至三水府之蓮淵,但與譯官金應瀗·金慶門同上山。自挂弓亭下,沿五時川,川自鏡城之長白山,西至此,與江水合。其外皆荒磧無人居,北度柏德七十里,劎川二十五里,昆長隅十五里,有大山當前。乃西渡江水,斬木緣岸,行五六里,路斷。復從山坡,名樺皮德,視柏德尤峻。行八十餘里,有一小澤,又東行三十餘里,登韓德立支當,行數十里,樹漸疏,山漸露,自此山皆純骨,色蒼白。東望一峰挿天,卽小白山也。迤過山趾,西十餘里,至山頂,尙有二三十里。稍東有山[26]嶺,小白之支也。陟其上脊,望見白頭山,雄峙千里一蒼頂,如覆白瓮于高俎。從嶺底行數里,山皆童濯,行五六里,山忽中陷成壍,橫如帶,深無底,廣僅二尺。或躍過,或接手,以度四五里又有壍,劈木作架以渡。稍西數百步,至山頂,有池如頤穴。周可二三十里,深不可測,四壁削立,若糊丹塓坏。其北數尺,水溢出爲黑龍江源。【指混同江也】東有石獅,色黃,尾鬣欲動,中國人謂之望天吼云。從岡脊,下三四里,始得鴨淥之源,有泉從山穴出,其流汩減漂疾。不數十百步,峽坼爲大壑,中注之。又東行踰一短岡,得一泉西流。三四十步,別出

---

[26] 山: 奎章本에는 '小'로 되어 있다.

二派, 其一派流與西泉合, 一則東下, 而其流甚細。又東踰一岡, 則有泉東流, 可百餘步, 中泉之歧, 而東者來合。克登坐中泉汊水間曰, '此可名分水嶺。' 立碑定界。而土門源流間斷, 伏行地中, 疆界不明, 乃豎碑書焉。"【卽〈白頭山記〉】 ○《萬機要覽》云: "《輿地圖》, 分界江在土門江之北, 江名分界, 則定界碑當豎於此。且碑文旣曰'東爲土門', 則亦當豎於土門之源。識者歎其無一人爭辨, 坐失數百里疆土云。"

《國朝寶鑑》云: "英宗四十三年, 命秩祀白頭山於北嶽。初國朝五嶽之祀, 以定平之鼻白山爲北嶽。至是左議政韓翼謩言, '白頭山乃是我國之祖宗山, 而北道又爲國朝發祥之地, 北嶽之祀, 今宜移設於白頭山。' 上從之, 命咸鏡道臣, 擇地於甲山府八十里雲寵堡 北望德坪, 建閣望祀。" ○晴案 淸朝白山之祀, 自康熙十六年始, 在寧古塔 溫德恒山而望祭, 我朝則自乾隆三十二年始。【卽英宗四十三年】

《禮部則例》云: "祭長白山神·松花江神於吉林 烏拉。"【告祭條】 ○《皇朝通志》云: "康熙十六年, 封長白山之神, 照五嶽例, 春秋致祭, 遇有慶典亦一例, 於烏喇地方望祭。"【出《禮略》】 ○晴案 康熙·乾隆之時, 凡有巡幸盛京, 亦皆望秩於長白山, 蓋所以重其發祥之地也。

淥水 一

《勝覽》云:"白頭山, 其巓有潭, 周八十里, 南流爲鴨淥江, 北流爲松花江, 爲混同江, 東北流爲蘇下江, 爲速平江, 東流爲豆滿江。"○《備考》云:"鴨淥江源出白頭山之大澤, 伏流南出爲惠山江。"○晴案 松花·混同是一江也。蘇下·速平, 今未聞也。白頭[27]北麓之水, 有娘木·阿脊·昂邦三河。

直南出百餘里, 左合惠山以北諸谷之水。

《盛京通志》云:"長白南諸泉, 南注爲大江。"《勝覽》云:"大水出白頭山下馬竹洞, 經惠山鎮。"《備考》云:"惠山江右過臨連·自可·飛劒·吳氏之川。"【案, 右過當作左過】今白山大幹, 南走爲臙脂峯, 爲虛項嶺, 又爲寶多嶺【卽甫多會山】·沙峯【卽沙伊峰也】·綏項·魚隱·圓山等嶺。凡在此大幹之西者, 其水總西流入于淥水。考鄭掌令 恒齡地圖, 有臨連川【或作臨淵川】·自作川【卽《備考》自可川】·龍飛川·劒川【《備考》合稱飛劒】·吳氏川。【或作吾時川】 尹恭齋 斗緖地圖, 有朴達串水·自介水·申大信水【或作辛多信川】等諸水, 皆出於大幹之西, 入于淥水[28]。其所迤近地, 有金峯支當【句】·西水[29]羅德【句】·奉天臺之名, 此皆左合淥水者

---

27) 白頭: 奎章本에는 '白山'으로 되어 있다.
28) 淥水: 奎章本에는 '鴨綠'으로 되어 있다.
29) 水: 新朝本에는 '出'로 되어 있다.

也。若其右合之水，又有致付水·九五水·東突川·乾天水·池港水等諸名，而皆界外之地也。

淥水又南逕惠山堡西南。

惠山堡者，惠山鎮僉節制使城守之處也。本稱惠山鎮，嫌與郡縣之鎮，混而無分，故經稱惠山堡。下凡言堡，皆此例也。堡者，小城也。惠山堡在甲山府北九十五里，其城周二千三百二十尺也。

其一源出北青府西北厚治嶺，直北流百餘里，左合香嶺以北諸谷之水，北逕甲山府西，爲虛川，又西迤北折，至惠山堡西南，與白山水合。

北青府本元之三撒也。高麗置安北千戶所于此，後改今名，陞爲都護府。府北一百里，有厚治嶺，【或作厚致嶺，又作厚峙】白山南走之大幹也。山有石穴，名曰觀音窟，南源水出於窟而北流，《勝覽》所稱'山北坡川源出厚致峴'，是也。【川在北青府北百十八里】南源又北流逕泥穀社，左合香嶺之水。香嶺者，厚治嶺之北麓也。其山出三條水，曰黃水，東流逕黃水院來合之，其色黃故名，《勝覽》所稱黃水坡，【在北青北百二十三里】卽其岸也。曰伐成水，東流逕馬騰嶺而來合之，《勝覽》所稱伐成浦，【在北青北百三十八里】

涷水 一

是也。曰禿水, 亦東流來合之,《勝覽》所稱禿山川,【在北青北百六十二里】是也。鄭掌令地圖, 有終浦水, 東流來會, 卽此禿水也。尹恭齋地圖, 有于音津, 卽此南源之始也。○南源又北逕鷹嶺, 東左合熊耳水。水出北青府北太白山, 東流逕小白階山, 至熊耳嶺下, 爲熊耳川,【在甲山府南八十里】又逕鷹嶺之東來合之。《勝覽》曰'熊耳川源出香洞, 經甲山府南青30)州歧, 與亐音水合, 西入虛川', 誤矣。熊耳水是東流之水, 不可曰西入也。○南源又北逕黃土嶺西北, 左合呼麟水。水出熊耳嶺, 東流逕呼麟院來合之也。○南源又北逕虛川驛東, 爲虛川。《勝覽》曰'北靑府之山北川【卽原派】・伐成川・黃水川・禿山川, 合流于甲山府南青州歧, 歷虛川驛, 爲虛川【驛在甲山南四里】', 是也。○南源又北逕甲山府西, 其府本虛川府也。久爲女眞所據, 屢經兵火, 無人居。高麗末, 置甲州萬戶府, 今爲甲山也。○南源又右31)合鎭東水。鄭掌令地圖, 有水出吉州之北雪嶺, 西流與頭里嶺, 斬頭嶺之水會, 逕鎭東堡之南來合之, 卽此鎭東水也。其堡城周一千四百九十五尺,【在甲山北二里】置兵馬萬戶以守之。《勝覽》云'加爾川源出鎭東洞, 入虛川32)', 亦鎭東水之謂也。○南源又西

---

30) 靑: 新朝本에는 '淸'으로 되어 있다.
31) 右: 奎章本에는 '左'로 되어 있다.
32) 川: 新朝本에는 '州'로 되어 있다.

北流, 右合同仁水。水出緩項嶺, 西流逕同仁堡之北來合之。 其堡城周一千三百五十一尺,【在甲山北三十六里】置權管以守之也。咸鏡道觀察使南九萬啓曰:"甲山·三水二邑, 在於重嶺大脊之外, 故來往之路, 只有咸興·北青·端川三處, 而咸興之路, 距三水郡九日程, 北青之路, 距甲山府四日程, 端川之路, 距甲山府五日程, 而峻嶺絶壑, 危棧石路, 又是一國之所無。且三水之西, 則厚州·廢四郡, 皆爲空曠之地, 故不得通路於江界。甲山之東, 則又隔白頭山南支, 故不得通路於吉州。且茲二邑, 風土之寒苦, 甚於六鎭, 五穀不成, 居民鮮少, 而形勢之孤絶又如此, 脫有緩急, 聲援決不可及, 而平居之時, 魚鹽衣被, 亦不能相資於他邑, 誠可悶也。臣聞, 自吉州 西北堡,【在吉州西北四十里】 有獵貂人往來之路, 可通於甲山府。 故使西北堡萬戶吳尙悌·吉州將官許濡往尋其路。樹木叢密, 人馬不能穿出, 五日之後, 始出於甲山 同仁堡。又自同仁堡復尋來路, 則二日半還歸於西北堡, 而中間有二嶺, 皆不甚高峻。今若伐木開道, 使之稍通人馬, 則近可二百餘里, 遠不滿三百里。又頗平易, 大不如端川等路之險惡危絶, 不可著足。今使甲山人開通嶺脊以西之路, 吉州人開通嶺脊以東之路, 則不過數十百人數日之役。且聞, 自西北堡三十里, 有古西北堡廢城,【在今堡西】又四十里, 有李陽春古基, 而皆是人民可居之地, 嶺脊西邊又有甘坪地, 而稍爲開野, 可以耕作云。其間亦宜設置一二鎭堡, 以爲防守譏察之地。若然, 吉州之斜下北【句】・德萬洞【句】, 端川之崇義【句】・吾乙足【句】・雙靑【句】・黃土歧【句】, 甲山之鎭東等堡, 悉爲內地, 皆可罷也。"【文止此】今考, 白山大幹, 蜿蜒磅礴, 南走爲寶多嶺・緩項嶺, 又爲圓山, 西南迤爲黃土・天秀・趙家之嶺, 又西至于厚治・香嶺。太白之山連亘數百里, 而皆大山鉅岳, 雄偉桀特。其在此大幹之西者, 曰甲山府, 在大幹之東者, 曰吉州, 曰端川府, 曰利原縣, 而北靑府當大幹西迤之下。故大幹之西, 有淥水之南源, 直北流注, 而諸谷之水, 皆入于此, 大幹之東水, 皆南流, 自達于海。此其大較也。若其道路, 自北靑沿淥水之南源, 達于甲山, 爲二百五十里也。自北靑至端川・吉州, 爲百餘里也。而甲山・吉州之間, 嶺脊間之, 不能相通, 其勢不得不環, 至北靑曲折通之。故南相國欲鑿嶺脊之路, 然今仍不果也。○南源又西迤逕虛麟驛, 屈而東北, 至雲寵堡西, 右合其堡前之水。堡城周一千四百六十七尺,【在甲山北七十里】置兵馬萬戶以守之。其水出寶多嶺, 西流而來合之也。○南源又至惠山堡西, 與白山水會。《備考》曰'虛川源出北靑 厚致嶺之觀音窟, 北流逕泥穀社, 爲黃水,【案, 此誤言之】至鷹嶺, 過熊耳川, 經甲山府西, 過鎭東·同仁之川, 經虛麟, 至雲寵鎭, 過前川, 入惠山江', 是也.

淥水又屈轉西北流, 至三水府北, 南合其叉流之水.

三水府本甲山之三水堡也. 明 英宗 正統六年,【我世宗二十三年】始置萬戶以扼賊路, 後轉陞爲都護府, 以白山水【卽綠水】·香嶺水【卽綠水南源】·長津水皆會于府界, 故取目焉.【自府北至綠水十五里】初新羅之末, 三國分爭, 北界丘墟, 女眞乘間, 據有鴨淥江內外之地, 出沒搶掠, 邊民苦之. 至宋 太宗 淳化二年, 高麗 成宗【其十年】遣兵逐出, 白頭山外居之.【出《高麗史》】洪萬宗謂: "此鴨淥卽三水郡北之江, 非義州之鴨淥也."【出《東國總目》】余按, 高麗之初, 三水·甲山等地屬於金人, 故高麗 成宗遣兵逐之. 然其後復爲金人之有, 終得疆理. 據《金史·太宗本紀》: "天會九年, 以徒門水以西渾瞳·星顯·僣蠢三水以北閒田, 給曷懶路諸謀克." 又〈高麗傳〉: "康宗元年, 遣石適歡, 以星顯·統門之兵往, 至乙離骨嶺, 益募兵, 趨活涅水, 徇地曷懶甸, 收叛亡七城. 二年, 康宗使斜葛經正疆33)界, 至乙離骨水, 斜葛不能聽訟, 康宗召斜葛還, 而遣石適歡往, 石適歡立幕府于三潺水."【文止此】三潺水者, 今

---

33) 疆: 新朝本에는 '彊'으로 되어 있다.

之三水府也。 渾瞳·星顯·傽蠢三水者, 卽白山水·香嶺水·長津水之異稱也。據此, 則三甲等地之屬於金人, 可知也。又《金史·列傳》:"烏延胡里改, 曷懶路 星顯水人。烏延蒲豁奴, 速頻路 星顯河人。"余按, 曷懶者, 今之咸興也, 速頻者, 今之三水等地也。星顯之水, 或屬咸興, 或屬三水, 而今兩邑之間有長津水, 此似星顯河也。○《勝覽》云:"仁遮川源出積生洞, 北流入惠山江。"《備考》曰:"三水前川源出三水 白階山, 北流爲沙川, 經三水府, 東至仁遮堡, 入鴨江。"鄭掌令地圖, 有水一出小白階山, 北流爲沙水, 一出白嶺東, 北流由銀洞而來, 合于三水府之東, 北入于淥水。經所云叉流之水, 卽指此也。

淥水又西北逕仁遮·羅暖之堡, 北合一水。

仁遮外堡在三水府北二十里, 城周三百六十三尺。舊屬甲山, 置權管。明 孝宗 弘治十五年, 我燕山君【八年也】移屬三水, 陞萬戶也。羅暖堡在三水府西北五十里, 城周三千三百六十尺。燕山君六年, 置萬戶也。○其北合之水源發界外,【卽白山之西南麓】南流由崔天己洞, 入于淥水。《勝覽》云:"大水出白頭山下馬竹洞,【卽綠水】經惠山鎭, 曁仁遮外, 與崔天己洞水合流也。"余按, 界外之地, 上自白山沿淥水, 而下至義州, 今皆爲船廠將軍之所管轄, 而地僻人稀, 山巒層疊, 不可以周知。考諸輿圖, 自惠山至羅暖, 沿淥水以北界外, 有<u>車軍萬洞</u>·<u>藥水洞</u>·<u>泡石洞</u>·<u>白塔洞</u>【有磚塔】·<u>虎橋洞</u>·<u>朴龍洞</u>·<u>尹水洞</u>·<u>三可洞</u>·<u>蘆洞</u>·<u>深洞</u>·<u>禾洞</u>及<u>回山寨</u>·<u>葛山</u>·<u>黑山</u>等諸名, 而所未[34]詳也。

淥水又西北逕小農·葛坡堡之北。

<u>小農堡</u>在<u>羅暖堡</u>之西北二十里, 城周一千三百尺。我<u>燕山君</u>六年, 置權管, 屬于<u>三水府</u>也。<u>葛坡堡</u>,《備考》稱<u>茄坡堡</u>,【亦稱加乙波知堡】 在<u>小農</u>西二十五里, 城周三千五百尺。<u>燕山君</u>六年, 始築, 置權管, 後陞爲同僉節制使, 亦屬于<u>三水府</u>也。<u>小農</u>·<u>葛坡</u>之間, 有<u>甘長遷</u>石路。

漲水從西南來注之。【漲音長, 平聲】

《備考》云:"經<u>惠山鎭</u>, 左會<u>虛川</u>,【卽南源】折而西北流, 至<u>仁遮堡</u>, 左過<u>三水川</u>, 經<u>羅暖</u>·<u>小農</u>·<u>新舊茄坡</u>之堡, 左會<u>長津江</u>。" 經所稱<u>漲水</u>, 卽此<u>長津水</u>也。

淥水又逕葛坡舊堡北。

<u>葛坡舊堡</u>在<u>三水府</u>西北一百五里, 城周一千五百七十

---

34) 未: 新朝本에는 '末'로 되어 있다.

尺。本爲僉使之守, 後移僉使於新堡, 降置權管也。○淥水又逕兎遷北。古者, 方言謂水厓石路曰遷, 今稱別路也。《備考》云'經兎遷‧四松之坪', 是也。

至厚州故地,【句】南合其州前之水。

州之沿革未聞。東至葛坡舊堡九十里, 西至古茂昌一百三十三里。舊無防守, 今始設堡, 置僉節制使焉。今上壬午,【我純祖二十二年】始設府, 置都護府使。按《三水府志》:"府北二百里, 有三十里大野, 中有二大澤, 澤邊有臺, 高數百丈。西有35)十八峰, 東則鴨淥江, 山水秀麗, 土品甚沃。" 此指厚州也。今自淥水發源至厚州, 地屬於咸鏡南道, 厚州以下入平安道, 地屬廢四郡, 爲江界府之管轄。荒廢旣久, 絶無居人也。○其州前之水, 卽所謂厚州江, 源出葱田嶺之喜塞峰, 北流由五萬洞, 至大小厚州地。左與懷德嶺之水合流, 逕束沙洞‧韏項德【句】‧大板幕及文柱【文柱非】‧五統【句】‧冬應【冬乙應】‧板幕【句】‧加馬【加馬都郞】‧煮芝【句】‧古邑之洞, 至厚州堡前, 入于淥水。自發源至入江, 爲二百餘里。水之西爲茂昌界, 東爲三水界。《備考》云'厚州江源出葱田嶺, 北流由板幕洞, 至厚州北, 入于鴨淥江', 卽此也。但其云'出於葱田嶺'者, 疏

---

35) 有: 新朝本에는 '流'로 되어 있다.

矣。○淥水又南合羅信水。水出江界府境懷德嶺, 北流遒側三【卽側三巨里】·子甲【卽東邊者甲】·牛踄·水砧之坪, 至羅信洞, 入于淥水。自發源至入江, 爲七十餘里也。厚州以下, 淥水之濱, 有厚州下把【長十里, 廣五里】·厚州礱項【長五里, 廣五里】·朴鐵上曲【長十里, 廣五里】·下曲【長七里, 有水厓】等坪, 接羅信水入江之處。

咸鏡道觀察使南九萬疏曰: "自三水沿鴨江, 而下七十里, 有厚州古地。未知設於何年, 廢於何年, 而其地在江之南, 自是吾地。郊野之廣闊, 田土之肥沃, 大異於三·甲之崎嶇瘠薄, 霜降最晚, 五穀皆熟, 誠可居之地也。自我國廢棄之後, 曾爲彼人之窟穴。其地距葛坡知旣是接鄰, 而距別害亦不滿二百里, 中間只隔鳥蔓一嶺, 彼人鳴鏑之聲, 朝夕相聞。且當時朝廷旣廢四郡及厚州, 以與彼人, 以長津江爲界, 故惟別害·葛坡知二鎭, 置之長津江兩岸, 其餘廟坡·神方·江口·魚面·甘坡·自作等堡, 皆置於江水之東, 與彼人夾江而居。其設堡等處, 皆在急流絶峽重山疊嶂之中, 道路險惡, 人不堪通行, 又無可耕之田, 非人民可居之地也。今若更置郡邑於厚州故地, 則在三·甲相依爲援, 可無孤絶之憂, 在咸興固其藩籬, 可無疏虞之患。且自咸興至別害·三水界, 幾四百餘里。自三水至別害, 又四百餘里, 而其間人民竄居山谷, 有若鳥獸之難馴。今若復置厚州以爲邊防, 則長津江上下諸堡竝行革罷, 割咸興 黃草嶺以西, 三水 李松嶺以南之地, 合爲一郡, 設邑於別害, 則其在分境治民之道, 實爲合宜。"○晴案 肅宗甲寅, 因南公之疏, 以魚面堡移置於厚州, 而萬戶李尙植陞爲僉節制使以守之。顯宗乙丑, 罷厚州僉使, 還移爲魚面萬戶。正宗丙辰, 復設厚州, 置僉使, 以廢四郡之祥霸坪來屬, 而李健秀始爲僉使以守之。今上壬午,【我純祖二十二年】陞爲府, 置都護使以守之。

淥水又西北逕茂昌古縣北, 左合葡萄36)水。

茂昌廢郡本閭延府之上無路堡也。明 正統元年, 我世宗【十八年】始置萬戶。五年, 以堡去閭延隔遠, 聲援不及, 割閭延府之出哈·孫梁·厚州·甫山等地民戶, 置茂昌縣, 後陞爲郡。至代宗 景泰七年, 我世祖【元年也】空其地, 屬于江界府。自此東至厚州一百三十三里, 北至淥水二里。按《勝覽》, 甫山廢堡【茂昌東八十三里】·時介廢堡,【茂昌東二十二里】皆在茂昌之東。然今竹巖之側, 有舊堡一, 堡邊有大澤也。○葡萄水源出江界 懷德嶺, 北流由側三·中三·初三之坪, 逕莫從嶺之東, 至葡萄洞, 入于淥水。自發源至入江, 爲六十餘里也。其淥水之濱, 自羅信水以下,

---

36) 葡萄: 新朝本에는 '萄葡'로 되어 있다.

有大羅信洞【長五里, 廣七十餘里】·羅信上曲【長十里, 廣六里】·下曲【長十里, 廣三里】·小羅信洞【長五里, 廣十里】·竹巖上曲【長十里, 廣十里】·中曲【長十里, 廣二十里】·下曲【長十里, 廣二十里】·三兄弟洞【長十里, 廣十五里】·小三洞【長十里, 有氷厓】·大茂昌【長八里, 廣二十里】·小茂昌【長五里, 廣三里】·茂昌曲【長七里, 廣四里】·葡萄洞【長五里, 廣七十餘里】等坪, 接于葡萄水入江之處。又有巨石巉巖盤礴, 直壓淥水, 謂之竹巖。【在竹巖曲下茂昌東地也】沿江之道, 不能穿過, 斜避而行也。

右得十二道溝, 從塞外注之。

十二道溝, 竝白山之西南麓及歪頭礦子山東北麓之水也。按鄭掌令地圖, 自厚州至茂昌, 界外有泉洞·三洞·城洞·直洞·門巖洞·北水洞·大巖·小巖·大食鹽洞·小食鹽洞【又有食鹽德】·大水洞·二兄弟洞, 又有二條小水, 南流入淥水。尹恭齋地圖, 有三水洞·古禾洞·下那蘭·上那蘭等名, 而又有三頭溝, 南流入于淥水。凡此皆十二道溝之所近也。然地係於外, 未可周也。《備考》云: "經兔遷·四松之坪, 左過厚州江·羅信之川, 至茂昌古縣, 左過葡萄川, 右過塞外之十二道溝也。"

淥水 又過茂昌嶺。

　　淥水又南得豆芝水。水出於懷德嶺, 北流逕河山·回陽之洞·安道之坪·聾項之嶺, 至豆芝洞, 入于淥水。自發源至入江, 爲一百餘里也。○淥水又南合竹水。水出於竹田嶺, 北流逕泉川河·山雲洞·蘆灘·檜洞等地, 至竹田坪37),入于淥水。自發源至入江, 爲一百餘里也。其淥水之濱, 自葡萄洞以下, 有葡萄上曲【長十里, 有氷厓】·中曲【長七里, 廣三里】·下曲【長十里, 廣五里】·莫從洞【長十里, 廣四十里】·河山【長十里, 廣十七里】·豆芝洞【長五里, 廣百餘里】·豆芝上曲【長六里, 有氷厓】·中曲【長七里, 廣三里】·下曲【長十里, 有氷厓】·吾郞哈洞【長十里, 廣五里】·吾郞哈曲【長五里, 有氷厓】等坪, 接于竹水入江之處, 而馬海堡留防所在豆芝洞上, 楸坡堡留防所在竹田坪上。○淥水又南合金蒼水。水出於江界府 歸厚德, 北流由古城·細竹之洞, 逕淵洞嶺東, 至金蒼坪, 入于淥水。自發源至入江, 爲八十餘里也。○淥水又逕茂昌嶺北。茂昌之地, 至此而界, 故山擅斯目矣。○淥水又左合金東水。水出於歸厚德, 北流逕兄弟洞及聾嶺之東, 至金東坪, 入于淥水。自發源至入江, 爲九十餘里也。其淥水之濱, 自竹水而下, 有竹田坪【長十里, 廣百餘里】·金蒼曲【長十里, 廣五里】·金蒼洞【長十里, 廣七里】·束

---

37) 坪: 新朝本에는 '前'으로 되어 있다.

突上曲【長二里, 有氷厓】・束沙洞【長三里, 有氷厓】・束沙曲【長六里, 有氷厓】・束突下曲【長十里, 廣五里】・淵洞【長十里, 廣五里】・三洞【長十里, 廣三[38]里】・葛田上曲【長五里, 有氷厓】・中曲【長十里, 廣五里】・下曲【長十里, 有氷厓】等坪, 接于金東水入江之處。又自茂昌而西, 有舊堡五, 一在葡萄曲上, 一在豆芝洞上, 一在金蒼洞上, 一在束沙洞上, 一在葛田曲上。按《勝覽》, 奉浦廢堡【茂昌西三十八里】・家洞廢堡, 皆在茂昌之西, 今所存舊堡, 卽其遺也。

至閭延古縣西, 左合中矼・胡芮之水, 屈轉西南流。

閭延廢府本咸吉道 甲山府之閭延村也。明 成祖 永樂十四年, 我太宗【十六年】以距府懸遠, 割小薰豆以西, 爲閭延郡, 屬平安道。至宣宗 宣德十年, 陞爲府, 乃置鎭。【卽我[39]世宗十七年】景泰七年, 空其地, 屬于江界府也。其漾沿之地, 自金東水以下, 有金東坪【長七里, 廣五十里】・楸上曲【長五里, 廣三里】・下曲【長三里, 有氷厓】・上獐項【長十里, 廣六里】・中獐項【長五里, 有氷厓】・下獐項【長五里, 廣三里】・梨坡【長十里, 廣七里】・上立巖【長十里, 廣六里】・下立巖【長五里, 有氷厓】・上氷厓【長七里, 廣五里】・中氷厓【長七里】・下氷厓

---

38) 三: 奎章本에는 '五'로 되어 있다.
39) 我: 新朝本에는 공란으로 되어 있다.

渌水 一

【長十里, 廣十里】等坪, 接于閭延。而下氷厓之傍有巨巖臨水, 謂之項巖, 道不能直過也。○中砬水, 亦云中江, 源出歸厚德, 北流逕大蟻·爐口之洞及禹哥坪, 過車踰嶺東, 又逕泉坪·榛坪·桑木之坪, 入于渌水。自發源至入江, 爲二百餘里也。其渌沿之地, 自閭延而西, 有上德曲【長十里, 廣七里】·下德曲【長十里, 廣五里】·中江坪,【長十里, 廣百餘里】而從浦堡留防所在中砬水入江之處。○胡芮水源出胡芮嶺, 北流逕龍巖·猪額之洞, 又逕摩屹嶺之東蘆田·安道二坪之西, 入于渌水。自發源至入江, 爲一百二十餘里也。其渌沿之地, 自中江以下, 有中江曲【長五里, 廣五里】·乾浦【長十里, 廣五十里】·乾浦獐項【長三里, 有氷厓】·胡芮上曲【長五里, 廣五里】·下曲【長十里, 廣十里】·胡芮洞口【長十里, 廣百二十里】等坪40), 接于胡芮水入江之處。按《勝覽》, 閭延西有下無路廢堡, 虞芮東有楡坡廢堡, 今胡芮洞上有舊堡, 是其遺也。又今胡芮水之西有長城基, 古之關防也。按東史, 明 宣德七年,【我世宗十四年】野人四百餘騎突入閭延, 剽掠人民, 江界節度使朴礎率兵逐之。明年, 建州衛指揮李滿住還我被虜人, 至江界, 委罪於忽刺溫。世宗怒, 乃以崔潤德爲平安道都節制使, 將討之, 遣崔海山造浮橋於鴨渌。朴好問以爲水流甚駛, 不可以橋,

---

40) 坪: 新朝本에는 빠져 있다.

已之。使崔潤德率三軍, 渡江討之。【詳下鹽難水】十年春,【世宗十七年】野人五千七百騎來圍閭延, 郡守金允壽等領兵捍拒, 賊退。遂帥精騎, 逐之及江。秋, 又侵閭延 小薰豆及趙明干地, 都鎭撫張思祐率兵追之。明年, 又侵趙明干口子, 虜掠人畜而去。時野人搆怨, 連年寇掠, 邊郡騷然。乃以李蕆爲平安道都節制使, 領兵渡婆豬江討之。【出徐文重《朝野記聞》】蓋此時李滿住據於建州, 而部落强大。或誘忽刺溫而來掠, 或與林哈刺而入寇。又有吒納奴·列兒哈等諸部, 東史總謂之婆豬江野人。我之所以廢棄四郡, 避此寇也。今長城遺基, 蓋其時所防也。[41]

涤水又南逕虞芮古縣西。

虞芮廢郡本閭延府之虞芮堡也。國初[42]置萬戶。明正統八年, 我世宗【二十五年也】以距府遙隔, 割楡坡·趙明干·小虞芮·泰日等地民戶, 置郡。景泰七年, 空其地, 移屬于江界府也。其涤沿之地, 自胡芮江而下, 有胡芮下邊【長五里, 有氷厓】·摩屹洞【長五里, 廣十里】·早粟上曲【長十里, 廣十里】·中曲【長十里, 廣十五里】·下曲【長十里, 廣十里】·所義德【長五里, 廣十五里】·粟田【長十里, 廣三十里】·伐洞【長五里, 廣

---

41) 我之所以~時所防也: 奎章本에는 '今長城遺基, 蓋其時所防也, 我之所以廢棄四郡, 避此寇也'로 되어 있다.
42) 初: 奎章本에는 '朝'로 되어 있다.

二十里】·蘆洞【長十里, 廣三十里】·乾浦【長十里, 廣三十里】·慈城上曲【長十里, 廣三里】·下曲【長十里, 廣三百餘里】等坪, 接于慈城江入淥之處也。○按 鄭掌令地圖, 自茂昌至虞芮, 界外之地, 有伐草洞·板分洞·朱砂洞·洗南立洞·於用怪洞·會陽洞·古道洞·波蕩洞·三岐峴·削土洞及田尙祿·羅士立河·加應·李順興等接戰洞, 又有軍裏川, 南流入于淥水。【在中矼水來合之下】尹恭齋地圖, 有立巖洞·呼丹洞·羅漢德·元時德·都乙恨洞·家舍洞·大薰豆·小薰豆·那裏川·甘音洞·漏屯洞·黑水林·奉天臺·夫乙毛洞·所弄怪洞·趙明干洞·小甫里等諸名, 而或以界內之地, 謬錄於界外。然地係荒廢, 其詳未得也。

《唐書·渤海傳》云: "高麗故地爲西京, 曰鴨淥府, 領神·桓·豐·正四州。" 又云: "鴨淥, 朝貢道也。" ○又〈地理志〉云: "自鴨淥江口, 舟行百餘里, 乃小舫泝流東北三十里, 至泊汋口,【玉江堡】得渤海之境。又泝流五百里, 至丸都縣城,【皇城坪】故高麗王都。又東北泝流二百里, 至神州。又陸行四百里, 至顯州, 天寶中王所都。" ○《遼史·地理志》云: "淥州本高句麗故國, 渤海號西京鴨淥府。桓州在淥州西南二百里,【桓州卽丸都】 正州在淥州西北三百八十里。" ○安鼎福云: "鴨淥府, 疑今鴨淥上流, 我甲山·三水以下江外等地, 神·桓·豐·正竝未詳。" ○先生云: "神州者, 今虞芮·慈城之北隔水之地也。" ○晴案 渤海 鴨淥府以神州爲治所, 而遼以神州改爲淥州, 故《唐·志》·《遼·志》竝謂'丸都東北二百里, 有神州', 蓋可知也。丸都者, 明是滿浦堡西北隔水之地皇城坪也。【見滿浦下】今自皇城東北二百里, 正得我虞芮廢郡, 其西北隔水之地, 必古之神州也。蓋此鴨淥府之地, 上自閭延·虞芮隔水之地, 沿淥水而下, 盡于玉江堡界外, 而其西北則接于興京邊外也。順菴欲求之於甲山·三水, 則太遠矣。

左受慈城古縣之水。

慈水出江界 茂城嶺之舍郞峯, 西北流爲東水及大小北水, 由加馬·鷹岐·眞木之洞, 至水節里, 右合五家水。水出於五家嶺, 西北流, 由玄鳥·樺田之洞, 來合之也。○慈水又北由大檜洞·舘洞之西竹巖·黃喆德之東, 又遶慈城古縣, 東迤胡芮·柳谷之坪伐洞·楓坪之地, 至慈城洞口, 入于綠水。自發源至入江, 爲三百餘里。而水之東有外怪堡留防所, 西有舊堡一處。《備考》云'慈城江源出茂城嶺, 西北流, 由眞木·土城之洞, 過五胡山川, 至慈城古縣西, 入于鴨江', 卽此也。《輿圖》'慈城江有虎皮橋', 今未聞也。○慈城廢郡本閭延府 時番江之慈作里也。明成祖 永樂末年, 我世宗【六年也】以小甫里等八處居民, 聚

淥水 一

保時番之獐項, 樹柵防戍。宣宗 宣德七年, 婆豬江野人殺掠人口而去, 以其地與閭延·江界相隔, 不及相救。明年, 就兩邑中慈作里, 築城置慈城郡。景泰七年,【我世祖元年】空其地, 屬于江界府也。已上廢郡四, 曰茂昌, 曰閭延, 曰虞芮, 曰慈城。而其地, 上自厚州下界于滿浦, 沿淥水五百六十里, 皆爲江界府之所領。曠廢無人, 樹木梗塞, 謀國之憂也。○淥水又左合三川水。水出於麻田嶺, 北流迳三川坊, 入于淥水。三川坊在廢郡之初境, 與上土·外怪等堡相接, 舊無居人, 正宗朝, 始募民入居也。○淥水又有三江之目, 水自三川坊以後, 西迤而折爲東流, 復折爲西南流, 故曰三江也。其沿水之地, 自慈城江以後, 有慈城洞口【長十里, 廣三百餘里】·李仁洞【長十里, 廣十里】·上西海【長十里, 廣十五里】·下西海【長十里, 廣五里】·摩屹⁴³⁾洞【長三里, 廣二十里】·加木德【長十里, 廣五里】·照牙【長十里, 廣七里】·瓮巖【長十里, 廣五里】·知弄怪【長十里, 廣十五里】·所三坡【長十里·廣二里】·三江上曲【長十里, 廣四里】·中曲【長十里·廣五里】·下曲【長十, 廣五里】·玉洞【長十里, 廣七里】等坪, 接滿浦堡東北把守之處。

《文獻備考補》曰:"肅宗九年, 兵曹判書南九萬請於廢四郡設置四鎮, 議大臣差出四鎮邊將。大司諫柳尙運言

---

43) 屹: 奎章本에는 '訖'로 되어 있다.

其不便曰, '此地橫亘數百里, 樹木叢雜, 道路阻絶。今若置鎭, 則當伐木通道, 開墾田土。新設殘鎭, 旣不足以禦賊, 而反開賊路。且土地闢, 則貂蔘之利絶矣, 其弊必多有犯越之患, 而重峯疊嶂, 四塞不通, 雖欲設烽燧, 其路無由, 此皆不便之端也。' 九萬曰, '北路貂蔘出於三·甲, 而三·甲設邑已累百年, 其利不絶。今雖置四郡, 豈至一朝斷絶乎? 江邊往來之路非一二, 則賊來豈必由四郡乎? 樹木雖可爲防蔽, 亦豈如募入人民乎?'【亦見《國朝寶鑑》】諸臣多以尙運言爲便, 領議政金壽恒請令九萬議于諸大臣。右議政金錫冑主尙運議以爲'窮僻之地, 實難募民, 又難接待官員, 請先置二僉使, 觀勢加設, 爲可', 左議政閔鼎重主九萬議以爲'不可不仍設四鎭', 領議政金壽恒及原任金壽興從錫冑言'以先設二鎭爲便', 命設茂昌·慈城二鎭, 尋還罷。"

先生〈廢四郡議〉曰: "臣竊觀鴨淥河防之勢, 自四郡以西沿河爲邑者, 渭[44]原·楚山等七邑也, 自四郡以東沿河爲邑者, 三水·甲山是也。而鴨淥之水, 自南而北至于閭延, 又折而南流。今論北極出地, 渭原·甲山大抵同帶, 則渭原·甲山爲之弦, 而四郡爲之弧矣。疆域之辨, 宜弧是爭, 藩籬之蔽, 宜弧是固, 而今廢之不顧, 可乎? 率然之蛇, 擊

---

44) 渭: 新朝本에는 '謂'로 되어 있다.

其首則尾至, 擊其尾則首至, 擊其中則首尾俱至, 此兵家之大勢也。今率然之蛇, 首在甲山, 尾抵渭原, 而其腰腹45)皆已朽矣, 尙可以首尾相救乎? 兵之所以勝敗存亡, 勢而已。山戰者, 據峻嶺則勝, 水戰者, 據上流則勝, 勢也。有强人數千, 據四郡之地, 北斷葛坡之路, 西通建州之粟, 南面而號令, 我則七邑亭壁之障, 將土崩瓦解, 而浿水以北, 非復朝鮮之有也。不此之憂, 而謂四郡可廢乎? 防之未成, 蹂者無傷, 防而蹂之, 亂之本也。《詩》云 '折柳樊圃, 狂夫瞿瞿', 道防之不可蹂也。鴨淥之爲防也大矣。今無故而毁之, 使朔野奸細之民, 潛處山林之中, 挈其妻子, 託爲巢窟, 日採金銀銅鐵, 鼓鑄以爲貨, 孩兒之蔘, 貂鼠之皮, 以自肥, 具弓矢戈鋋, 猛火之器, 以自衛。守土之臣匿不以聞, 廟堂之臣知而不言, 亂之旣作, 防於何有? 昔我世宗·世祖命將出師, 經營六鎭, 竭一國之力, 獲而後已焉者, 何以哉? 欲以豆滿爲防也。防之在人, 尙或圖之, 防之在我, 胡自毁之? 臣故曰廢四郡宜復。"
○晴案《國典》曰: "西北沿邊犯越採蔘佃獵者, 首從皆境上斬。" 而淥水割兩國之境, 故人不敢相越定規也。近聞, 界外之人十百爲隊, 乘者皮船, 潛度入四郡之地, 採蔘獵貂, 或廬而居之, 具弓刀以自衛, 漸成巢窟, 而人46)

---

45) 腹: 新朝本에는 '復'으로 되어 있다.

莫敢攖。先生所慮在是也。【廢四郡之議, 又見漲水及禿魯條】

---

46) 人: 新朝本에는 '入'으로 되어 있다.

淥水 二

【江界, 渭原, 楚山, 碧潼, 昌成, 朔州, 義州[47], 入海[48], 漲水[49]】

淥水又西南過江界府地, 至滿浦堡北。

江界府, 古稱禿魯江萬戶, 高麗末, 改今名, 設鎭邊·鎭成·鎭安·鎭寧四軍, 差上副千戶管之。【恭愍王時事】明 建文三年, 我太宗【元年也】以立石等地合之, 稱石州, 後罷之, 改爲都護府也。○滿浦堡在江界西北一百四十五里, 城周三千一百七十二尺, 置僉節制使以守之也。

《明史·朝鮮傳》云:"成化十五年, 命王出兵, 夾擊建州女眞, 王遂遣右贊成魚有沼, 率兵至滿浦江, 以冰泮後期。後遣左議政尹弼商·節度使金嶠等, 渡江進勦。"○晴案 此我成宗十年事也。建州者, 今之興京等處也。當時女眞酋長董山·李滿住等據於建州, 而太監汪直請討之, 故帝命我夾擊之。不特此也, 我師之前後進勦者甚多。然其出師之路, 或由滿浦堡, 或由山羊堡, 或由楚山府, 或由昌城府。其後深河之役, 出自昌城, 來由滿浦。

---

47) 義州: 奎章本에는 빠져 있다.
48) 入海: 奎章本에는 빠져 있다.
49) 漲水: 奎章本에는 빠져 있다.

大東水經 其一

今計, 自滿浦西至興京, 爲四百四十餘里, 而中有鹽難水,【佟家江】未有兩國之來往也。

《句麗史》云:"太武神王五年,【新莽之末年】伐扶餘, 殺其王帶素。帶素之弟知國將亡, 與從者百餘人, 至鴨淥谷。見海頭王出獵, 遂殺之, 取其百姓, 建都於曷思水濱, 立國稱王。國祖王十六年,【漢明帝永平十一年】曷思王孫都頭以國來降。"○洪萬宗云:"曷思水疑在鴨淥北。"○《備考》云:"曷思國似在鴨淥江近地。"○睛案 鴨淥谷似是今滿浦堡之地,【見下節】則曷思國亦滿浦之近界也。

《句麗史》云:"東川王二十年,【魏主芳正始七年】魏幽州刺史母[50]丘儉來侵, 王以一千騎, 奔鴨淥原。儉攻陷丸都城, 遣王頎追王, 王奔南沃沮, 至于竹嶺。東部密友獨赴敵力戰, 下部劉屋句負密友而至。王復國論功, 賜密友巨谷·靑木谷, 賜屋句鴨淥·杜訥河原, 以爲食邑。"○睛案 此時句麗都於丸都。丸都者, 今之皇城坪, 卽滿浦堡隔水之地也。【詳下文】南沃沮者, 今之咸興也。今欲自皇城而至咸興, 則路必由滿浦矣。古之鴨淥原當是今滿浦堡[51]也。

《句麗史》云:"烽上王疑其弟咄固有異心, 殺之。【晉惠帝

---

50) 母: 新朝本에는 '母'로 되어 있다. 이하 '母丘儉'의 '母'는 모두 이와 같다.
51) 堡: 新朝本에는 빠져 있다.

元康三年】子乙弗畏害,出遁販鹽,乘舟抵鴨淥。將鹽下寄江東思收村人家,其家老嫗請鹽,不與。其嫗恨恚,潛以屨置之鹽中。乙弗不知,負而上道,嫗追索[52]之,誣以廋屨,告鴨淥宰,決笞之,不知其爲王孫也。"【晉 惠帝 永康元年, 國人弑烽上王, 迎立乙弗, 是爲美川王】 〇晴案 前此, 故國川王時, 有處士乙巴素者, 隱居於鴨淥谷 左勿村, 王遣使迎之, 拜中畏大夫, 仍爲國相。【漢 獻帝 初平時】 所謂左勿村, 亦是滿浦堡之近地。蓋鴨淥谷居句麗國都之傍, 儼爲保鄣, 故有守宰, 有屬村也。

又逕丸都故城南。

丸都城者,高句麗之故都,今滿浦堡隔水之地皇城坪,是也。

《魏志·東夷傳》云:"高句麗都丸都之下,多大山深谷,無原澤。"【《梁書》·《南史》同】又云:"伯固死,【新大王】有二子,長子拔奇不肖,國人共立伊夷模爲王,【山上王】拔奇詣康降,【公孫康】還住沸流水,伊夷模更作新國,今日所在,是也。【謂丸都】"〇《句麗史》云:"山上王二年【漢 獻帝 建安三年】春,築丸都城。十三年冬,王移都丸都。"【〈山上王本紀〉】〇晴案 前此,國祖王九十年,【漢 順帝末年】丸都地震,

---

52) 索: 新朝本에는 '素'로 되어 있다.

史特書之, 其有城邑, 久矣。但其移都, 自山上王始也。
【自國內城移都之】

《唐書·地理志》云:"登州東北海行,【節】自鴨淥江口, 舟行百餘里, 乃小舫泝流, 東北三十里, 至泊灼口,【卽安平城, 見下玉江下】得渤海之境。又泝流五百里, 至丸都縣城, 故高麗王都。"○先生云:"丸都在今滿浦堡北隔水之地高山之上。"又云:"自鴨淥口, 舟行百餘里者, 今義州之玉江堡也。又自玉江乘小舫, 東北泝五百三十里者, 今江界之滿浦堡也。滿浦北岸爲夲本之巽方, 今興京東南四百餘里之地也。今佟家江之東, 有歪頭磯子·紅石磯子二山, 所謂丸都, 疑在紅石之山頂也。"

《魏志·母丘儉傳》云:"正始五年, 儉【時爲幽州刺史】出玄菟, 討句麗, 束馬縣車, 以登丸都, 屠句麗所都。六年, 復征之, 宮遂奔買溝。【東川王奔北沃沮】儉遣玄菟太守王頎追之, 過沃沮千有餘里, 至肅愼氏南界。【卽豆滿河邊】刻石紀功, 刊丸都之山, 銘不耐之城。"○《梁書》云:"宮敗走, 儉追至賴峴, 懸車束馬, 登丸都山, 屠其所都。"【《北史》同】○《句麗史》云:"東川王二十年,【魏 正始七年】母丘儉來侵, 王奔鴨淥原,【今滿浦】又奔南沃沮,【向咸興】至于竹嶺,【雪寒嶺】逃至海濱。【至咸興】二十一年, 王以丸都城經亂, 不可復都, 築平壤城, 移民及廟社。"○先生云:"東

淥水 二

川王之東奔也, 蹂淥水, 歷江界, 穿薛罕嶺, 到咸興府, 又折而北走, 至豆滿河邊。此所謂'過沃沮千餘里, 至肅愼南界'者也。丸都城之在江界之北, 審矣。楨峴者, 今之紅石磏子也。蓋此丸都之地, 左據淥水, 右阻婆豬, 背負太山, 二水交襟于前畿, 誠四塞之地也。"

《晉書・慕容皝載記》云: "咸康七年, 皝入自南陝, 以伐高句麗, 翰【皝庶兄】與釗【句麗 故國原王也】戰于木底, 大敗之, 乘勝遂入丸都, 掘釗父墓, 載其尸, 毀丸都而還。"【《魏書》・《北史》大同】〇《句麗史》云: "故國原王十二年【晉 成帝 咸康八年】春, 修葺丸都城, 秋, 移居丸都城, 冬, 燕王皝毀丸都城。十三年秋, 移居平壤東黃城。" 〇晴案 東川王二十一年, 既築平壤城, 仍以移都, 故至故國原王, 修丸都而移居, 旋爲慕容皝之所毀, 復還平壤也。〇又案 移居平壤之後, 丸都遂爲舊京。故至陽原王四年,【梁 武帝末年】丸都進嘉禾。十三年,【陳 高祖元年】丸都城干【城主也】朱理叛而伏誅, 軾《史》詳記之也。

《遼史・地理志》云: "桓州在淥州西南二百里。高麗王釗創立宮闕, 晉時爲慕容皝所焚蕩。" 〇《明一統志》云: "丸都山在朝鮮 國城東北。 漢時高句麗王伊夷模都此, 至晉爲慕容皝所敗。" 〇安鼎福云: "桓州卽丸都。" 〇晴案 淥州在今虞芮郡隔水之地, 而虞芮西南二百里, 爲滿

浦堡外地也。【伊夷模都此,後爲毋丘儉所敗,至王釗,復爲慕容皝所毀矣。《一統志》甚疏】

金富軾云:"丸都山與國內城相接。"【本出《括地志》】○洪萬宗云:"丸都在國內城近地,通謂之國內。蓋城闕雖異,實一處也。"○晴案 國內城者,今山羊堡西北隔水之地,【見鹽難水】則與53)丸都地相連也。

《海東古記》云:"五國城有二, 一在江界 伐登堡外越江邊,有方城形址。"【又詳見滿水條】○《勝覽》云:"皇城坪距滿浦三十里,金國所都。中有皇帝墓,世傳金皇帝墓。礱石爲之,高可十丈。內有三寢。又有皇后・皇子等墓。"○鄭恒齡地圖,滿浦堡西北界外,有安子嶺・別外坪・巨柴項・棘項・五國城・衆累塚。○尹斗緒地圖,滿浦西北界外,有皇帝陵・皇城坪 金古都。○晴案 五國城卽今會寧府西雲頭城也。安得尋之於滿浦堡外乎?《古記》之說,謬矣。【見滿水條中】且金人所都,厥有四京。其西京卽漢上谷郡地,今之撫州也。【屬順天府】其北京卽遼之中京,今廣寧縣西北義州邊外,是其地也。 其東京卽秦 遼東郡,今之遼陽州也。其上京卽肅愼故地,今混同江以東,寧古塔之地也。外此四者,更無京都,安得滿浦堡外,又有金都乎?《勝覽》說,亦謬矣。余謂,皇城坪明是丸都城

---

53) 與: 新朝本에는 빠져 있다.

之故址。其累累諸塚，是句麗王之所葬及王子·王妃之葬也。

金富軾云：“安市城，一名丸都城。”○先生云：“苟如是也，母丘儉之來侵也，東川王當逆戰於楊柳河邊，【在今海城南】何以逆戰於沸流水上乎？丸都非安市也。何況句麗之得遼東在於陳·隋之際，安得漢獻帝之時已有安市乎？丸都非安市也。”○晴案 安市城在今蓋平縣東北七十里，此與丸都何干？丸都者，今皇城坪也。

《海東古記》云：“寧遠郡劍山，古丸都。俗謂劍爲丸都。”○李睟光云：“丸都城今不詳其處，或言寧遠劍山是也。”○安鼎福云：“金富軾以安市爲丸都，非矣。母丘儉自玄菟出兵，渡沸流水，登丸都山，沸流似今爲婆豬江，則其地在今江界·理山等江北之地矣。芝峯臆料而爲之說也。”○晴案 苟如《古記》，則載寧郡之劍山，加平郡之劍山，皆可曰古之丸都乎？孟浪甚矣。丸都城者，今皇城坪也。

淶水又逕伐登堡，至高山堡南，禿魯水自東來注之。

伐登堡在江界西北一百六十里，城周六百五十五尺，置兵馬萬戶以守之。高山里堡在江界西一百五十里，城周一千一百六尺，置兵馬僉使以守之也。

《備考》云:"經閭延古縣,西折而南流,左過中江 湖芮之川,經虞芮古縣,左會慈城江。又西南流經滿浦·伐登·高山之鎭,禿魯江自東來會也。"

渌水又逕吾老梁。

方言,水道謂之梁,梁亦謂之突。崔致遠云:"辰韓本燕人避之者,故取渿水之名,稱所居邑里,云沙渿·漸渿。"《備考》云:"新羅方言,讀渿音爲道,故今或作沙梁,梁亦稱道。道今傳譌稱道乙。"先生云:"渿字不見字書,疑涿字之譌。涿一音牘,正與道音相近。蓋方言,水道曰涿,而譌爲道乙,【亦稱突】 書之謂梁也。吾老梁在渭原郡北二十里,而恭齋地圖作五論石。蓋俗音,五論與吾老相近,而孫穆《雞林類事》,稱石曰突,故因以爲目也。"

至渭原郡西北,【句】受渭原之水。

郡本楚山府之都乙漢堡也。明正統八年,我世宗【二十五年也】以堡四方遼絶,卒有急警,應援爲難,乃割江界·楚山之地,而置郡也。○渭水出江界府 杜邑嶺,【或稱豆邑古介】西流逕渭原之社倉·北倉,至渭面,左合鷹歧水。水出古楚山,【在今郡南百三里】北流入渭水也。渭水又西北流逕渭倉,至渭原郡西北,入于渌水。《勝覽》稱'南大川在

渌水 二

渭原南', 而鄭氏地圖, 有水出江界之箭川嶺, 北流至渭原南, 右與獨山水合, 左與廣大山水合, 北入于渌水, 皆指此渭水也。《通文館志》: "肅宗三十七年, 渭原郡人李萬枝等居在江邊, 與上國人結幕採蔘者, 冒禁潛通, 至於負債, 每每來督, 萬枝等與同黨八人越江, 殺二人投江。上國派烏喇打牲總管穆克登來查, 我國遣刑曹參議宋正明參覈。克登自鳳凰城從江北岸, 正明從義州, 俱至渭原, 同審殺人地方, 克登仍溯江岸以上, 至廢郡界。"○《同文彙考》: "康熙五十年,【卽肅宗三十七年】穆克登移咨於我曰,【在渭原】'欽奉上諭。被殺之人, 無非匪類。其沿江一帶, 不免更有偷越之路, 爾等亦行查明, 欽此遵行。'【節】我國揭帖云, '沿邊巡審, 出自皇旨, 但自西抵北, 道途隔閡, 中間廢四郡地方, 自是窮荒, 重巒疊嶺, 不通人烟。況自惠山以後, 山脚橫截, 元無從南岸通土門江之路, 茲將形勢, 布于大人座下。'【節】又移咨禮部曰, '欽差查使, 自渭原前進, 過滿浦, 分水陸作行, 到㳖洞, 而灘瀨悍急, 舟不得泝上, 江岸陡絕, 人不能着足。'【節】又五十一年, 禮部移咨於我曰, '穆克登等, 頃自鳳城至長白山, 查我邊境, 因路遠水大而止。俟春氷泮, 自義州江泝流而上, 若舟不能前進, 卽由陸路, 至土門江。倘中途有阻, 令朝鮮國照管。'"【是年, 至長白山定界】

大東水經 其一

由直洞·葛軒之堡, 左合楚山之水。

> 直洞堡,【或稱直叱洞】城周一千尺,【在渭原西五十里】葛軒堡,【或稱茄軒, 又稱加乙罕】城周五百四十尺。【在渭原西七十里】俱屬於渭原郡, 置權管以守之也。○楚水出楚山府之薪嶺, 西北流至央土之口, 入于淥水。《勝覽》稱'理山 南川源出薪洞', 是也。《備考》稱'理山 南川源出府東薪嶺, 入渭水', 誤矣。

淥水又遅楚山府西北。

> 府本女眞之豆木里也。高麗 恭愍王時, 人物漸實, 至明 建文四年, 我太宗【二年也】始置理州, 後改理山, 徙治于央土里, 正宗初, 改今名也。○案 鄭氏地圖, 自伐登堡至楚山府界外, 有加也之洞·仇郎哈洞【或作九郎介洞】·中連洞·照蹂嶺·東蹂德·古道水洞【或作古刀水】·大會洞·小會洞【亦云檜洞】·多會坪【亦作多回坪】·幹屯洞·也屯洞·楸洞·長洞·屯浦穴·巖鴨足等名。尹氏地圖, 又有用怪洞·非屯洞·非兒里等名, 若其南流小水, 凡有五條也。

淥水至阿耳堡西, 又南潼水入焉。

> 阿耳堡在楚山府西南五十五里, 城周九千七百八十四

漊水 二

尺, 置僉使以守之。潼水今稱童巾江也。《備考》云:"經吾老及炭嶺, 左過渭水, 由直洞·茄軒, 左過理山之南川, 至山羊會, 會塞外之佟家江, 至阿耳之鎭, 左會童巾江也。"

至山羊堡北, 右與鹽難水合。

山羊會堡在楚山府西南二十三里, 城周九百十四尺, 置兵馬萬戶也。鹽難水今稱佟家江也。按, 明 太祖 洪武五年【高麗 恭愍王二十一年】正月, 東寧府餘黨胡拔都等, 潛入波兒口子,【今之坡兒堡】殺守禦官金天奇等。二月, 又突入山羊會口子, 守禦官張元呂等擊逐之。又有僉院曹家兒·萬戶高鐵頭等, 引兵[54)]潛入陰潼口子,【今碧潼】守禦官金光富等又擊之, 過江陷沒幾盡也。【《高麗史》】[55)]

逕廣平堡·大小坡·行城之西。

漊水又西南逕非兒舊堡西。 堡城周九百尺。【在碧潼北七十里】舊制, 夏則阿耳萬戶出戍于此, 冬則空堡, 今廢。尹氏地圖, 以非兒里屬於界外, 誤矣。○漊水又逕廣平堡西。堡在碧潼郡北五十五里, 城周五十五尺, 有權管

---

54) 兵: 新朝本에는 '軍'으로 되어 있다.
55) 至山羊堡北~高麗史: 奎章本에는 앞의 綱目 앞에 있다.

以守之也。〇淥水又逕坡兒堡西。其小坡兒堡,城周四百八十尺,【在碧潼北四十里】大坡兒堡,城周亦四百八十尺,【在小堡西南二十里】俱置權管守之,兩堡之間有行城。蓋上自甲山府下至義州,沿水之地,皆有行城,或連或斷。今閱《勝覽》·《備考》列之也。

甲山府 虛川口行城,長二千八百尺,【高九尺】三水府 鴨淥口行城,【在府北一里】長一千五百十七尺,【高五尺】江界府 鴨淥口行城,其長不著,【廢四郡無考】渭原郡凡有二處,洞口行城,長一千一百七十二尺,【高四尺】茄軒洞行城,長八百七十四尺。【高四尺】楚山府亦有二處,在赤灘者,長二千八百七十三尺,【高七尺】在南門外者,長四百四十一尺。【高五尺】碧潼郡凡有三處,在郡北者,長一百九十尺,【高四尺】在郡西者,長一萬三千三十二尺,【高四尺】在大小坡兒間者,長二萬四千二十五尺。【高四尺】昌城府凡有八處,古行城,長二萬一千五百七十三尺,【高十尺】自古林城至失號里洞口二處者,長三百尺,【高未聞】自昌洲堡至於汀灘洞口五處者,長一千尺。【高不著】朔州 鴨淥行城,【在仇寧口子東西洞口】 長二千二百三十一尺。【高八尺】義州有二處,在玉江北者,長三百二尺,【州之東北】在九龍淵北者,長四百十一尺。【州之北】〇晴案 淥水之爲天塹,久矣。自句麗亡後,遼東判爲異境。自此以

後, 每以淥水爲界。高麗之時, 與遼·金分疆, 互相爭奪,
以至今日, 南北天限。故歷代於沿水之地, 多築長城, 其
城址或存或頹, 時斷時續, 然於江防爲要也。

至碧潼郡北, 左受郡前之水。

郡本女眞所居林土·碧團之地也。元 順帝 至正十七年,
高麗 恭愍王【六年也】遣泥城萬戶金進等, 擊女眞走之,
改林土爲陰潼, 以碧團隸焉。我太宗三年, 改爲碧潼郡
也。〇《備考》云: "碧潼川源出郡南甫里嶺, 北流經林倉
隘口及鶴倉, 北至大德山, 合九階嶺之南川, 經碧潼郡
西, 入鴨淥。" 經所擧郡前之水, 卽指此也。《勝覽》云:
"邑川在碧潼南一里, 源出達覺山, 入于鴨淥。【卽指碧潼
川】新洞川在碧潼南九十里, 源出夫界峴, 北流入邑川。
【卽指九階山之南川】"

淥水又西南逕楸曲·碧團·大小吉號·昌洲之堡, 左得自潺水。

淥水又西南逕麻洞舊堡西。【或云麻田洞】 城周一千一百
二十尺, 今廢也。〇淥水又逕楸曲堡西。【在碧潼西二十里】
方言, 曲曰仇非, 故亦云楸仇非堡。城周四百尺, 置權管
也。〇淥水又逕碧團堡西。其城周一千七百五十四尺,
置僉節制使以守之也。【在碧潼西五十里】〇淥水又左合中

奄水。水出達覺山, 西北流逕碧潼郡西, 入于淥水也。○小吉號里堡在碧潼西六十里, 城周二百五十四尺,【或作小失號里】 大吉號里堡在小堡西南十里,【昌城北五十三里】城周七百尺, 俱置權管以守之也。○昌洲堡在昌城府北四十五里, 城周一千八百六十尺, 有兵馬僉節制使守之也。○自潺水出昌城府 綏項嶺, 西北流至昌洲堡西, 入于淥水。《勝覽》云:"昌洲川在其鎮南, 源出昌城東於頂洞, 入于鴨淥。"指自潺水而言也。

淥水又逕於汀·廟洞之堡, 至昌城府北。

於汀灘在昌城北二十里, 傍有堡, 城周三百四十七尺, 其下十里, 有廟洞堡,【昌城北十里】城周百十尺, 俱有權管以守之。○昌城府本高麗之長靜縣也。宋 仁宗 景祐二年, 高麗 靖宗【元年也】置昌州。至明 建文四年, 我太宗【二年也】以泥城合于昌州, 爲昌城郡, 後陞都護府也。○案 鄭氏地圖, 自楚山至碧潼界外, 有琵瑟【句】·毛土洞·大淸交洞·小淸交洞·車戎洞·草徐洞·金洞【或作金伊洞】·司倉洞,【或作沙倉浦洞】而有五條小水, 南流入于淥水。自碧潼至昌城界外, 有岱洞·門嵒洞·胡照里洞·向己洞·突弘洞·後巨里洞·北豆里洞·倭峴洞·大小瓦防洞·大小兒波洞, 而有七條小水, 南流入于淥水。尹氏地圖, 碧潼至昌城

淶水 二

界外, 有余時山·石乙恨洞·馬郎耳洞·雲豆里洞, 而昌城府隔水之地, 有井嶺, 有水出於此, 爲驢上灘, 南入淶水。然今不可詳也。

又逕雲頭堡西, 屈而南流, 左會甲巖水。

雲頭里山堡在昌城西十三里, 城周三百四十一尺, 置權管居之也。○甲巖水出昌城南小防墻峴, 西流入于淶水, 而下流水底, 有聖人橋, 水淺則可見也。傍有甲巖堡,【在昌城西南十里】城周四百十六尺, 有權管守56)之也。

淶水又南逕朔州西,【句】受其州北之水。

州本高麗之寧塞縣也。宋 眞宗 天禧二年, 改爲朔州,【高麗 顯宗九年也】我朝因之, 徙治于小朔州也。○三歧水源出有三。一出洗井山,【朔州南三十里】而北流爲溫水, 以其側有溫井也。一出蓋幕山,【朔州西二十里】而西流爲板幕水。一出黑山,【朔州東二十里】而西流逕界畔山, 爲界畔水。三水總合于朔州之北十里, 西入于淶水, 經云州北之水, 指此也。

《備考》云: "經廣坪·大小坡兒, 左過碧潼川, 經楸仇·碧團, 左過中奄川, 經大小吉號, 至昌洲之鎭, 左過自潺川,

---

56) 守: 奎章本에는 '居'로 되어 있다.

經於汀·廟洞·雲頭之鎮·昌城之府, 左過甲巖川, 經鵂巖, 左過三歧川。"【案, 此先雲頭而後昌城, 誤矣】

又西南逕仇寧·青水·玉江之堡。

仇寧堡在朔州西三十五里, 城周二千八百十七尺, 有萬戶以領之。青水堡在仇寧西南十里,【義州東北九十里】城周一千六百八十六尺, 亦有萬戶以領之也。明 洪武二十一年,【高麗 辛昌時】 鴨淥池西草賊寇義州 青水口子,【《高麗史》】指此也。傍有小水, 西流入于淥水。○淥水又逕清城堡西, 城周百十尺, 置僉節制使以守之也。堡南五里又有姑姥城舊基,《勝覽》稱姑未城。【義州東北八十七里】○淥水又逕方山堡西, 城周八千七百八十二尺, 有萬戶以守之也。【義州東北六十里】○淥水又逕玉江堡西, 城周七百四十四尺, 置萬戶以守之也。【義州東北五十里】

左受玉江之水。

其水有二源, 一出義州之天磨山, 一出呂子山, 西流至山羊遷會, 又西流五十里, 入于淥水。水中產淡青玉, 故目之。東岸有古城, 四面皆絕壁, 中有池, 周六百二十尺也。○案 自昌城至玉江, 其界外之地, 有三寨洞·狄田巖·九王洞·黃撥洞·白波洞·河田洞·白嵒山·老兔洞【或

淥水 二

作老土洞】·奇落洞·莊洞·家戎田洞·麻田洞·萬站洞·金丹洞【已上鄭氏圖】·甘昌洞·孫梁洞·沙五郎山·金昌洞·馬子山·申胡水洞,【亦云辛俊水 ○出尹氏地圖】而又有四條小水,南入淥水也。

淥水逕安平古城, 南至水口堡西。

安平城卽句麗泊灼城, 今玉江堡西隔水之地也。水口堡在義州北二十八里, 城周二千四百七十三尺。舊置權管守禦, 冬則疊入本道, 今置萬戶也。○淥水又逕乾川堡西, 堡城周百十尺, 在水口南十里, 置權管以守之也。《漢書·地理志》'遼東郡屬縣有西安平', 莽曰: "北安平。"【《後漢書·郡國志》'遼東郡有西安平'】又'西蓋馬縣', 自注云: "馬訾水西南至西安平入海。"《通典》云: "至安平城入海。"○全文竝見上】○《唐書·地理志》云: "營州東八十里, 至燕郡, 又渡遼水, 至安東都護府五百里, 故漢襄平城也。【卽遼東郡治】東南至平壤城八百里, 南至鴨淥江北泊灼城七百里, 故安平縣也。"○鏞案 此二文, 知安平在鴨淥北至近之地, 爲句麗之泊灼城也。○又案《後漢書》云: "質·桓之間, 句麗犯遼東西安平。"《魏志》云: "正始三年, 句麗寇西安平。"【《北史》·《魏書》竝作遼西安平,《梁書》作安西嘉平, 皆非也】又云: "西安平縣有小水, 南流入海,句麗別種依小水作國."【〈東夷傳〉】 蓋西安平初屬於遼東, 後入於句麗, 爲泊灼城57)也.

《唐書·地理志》云: "自鴨淥江口, 舟行百餘里, 乃小舫泝流東北三十里, 至泊灼口, 得渤海之境." ○又〈高麗傳〉云: "貞觀二十二年, 詔右武衛大將軍薛萬徹爲靑丘道行軍大總管, 自海道入. 部將古神感與虜戰曷山, 破之, 萬徹度鴨淥, 次泊灼城,【案, 泊灼城在鴨綠北, 當云度海入鴨綠】拒四十里而舍, 虜懼皆棄邑居. 大酋所夫孫拒戰, 萬徹擊斬之, 乃還."【〈太宗紀〉云: "及高麗戰于泊灼城, 敗之."】○《句麗史》云: "寶臧王七年, 薛萬徹等來伐, 渡海入鴨淥, 至泊灼城南四十里止營, 右將軍裴行方進兵圍之. 泊灼城因山設險阻, 鴨淥水以爲固, 攻之不拔." ○晴案《唐·志》'自鴨淥口至泊灼城, 爲一百三十里'. 今自鴨淥口, 泝流東北一百三十餘里, 正得玉江之堡, 則泊灼城宜在玉江堡之近地也. 《唐·志》又云'在鴨淥江北',【見上節】則宜在玉江堡隔水之地也. 《句麗史》云'城阻鴨淥水以爲固', 則宜在玉江堡外淥水濱也. 今鳳凰城東邊外二百餘里之地, 有永奠·寬奠等廢堡, 近於玉江堡之界外, 此古泊灼城之地也.

《盛京志》云: "《晉書》有安平縣, 隸遼東郡. 末年, 高麗

---

57) 灼城: 新朝本에는 '城灼'으로 되어 있다.

淥水 二

更置州。今遼陽州東六十里有屯,名安平。"○晴案《前漢·地理志》·《後漢·郡國志》皆有西安平一縣,屬於遼東郡而已,又有新安平,屬於遼西,【《前漢·志》】外此更無安平,而西安平或單稱安平。故《通典》云'馬訾水至安平城入海',【見上淥水下】《唐·志》云'泊灼城, 古安平縣', 斯可知也。乃《晉書·地理志》忽有安平·西安平二縣,屬於遼東國。此絕無所據,不可理會。然則安平似是安市之譌。《盛京志》又以遼陽之安平屯當之,亦非矣。名稱偶同,何必勒合?

《遼史·地理志》云:"濠州本西安平故地,在顯州東北二百二十里。"○安鼎福云:"顯州今廣寧界,則《遼史》誤。"○晴案《遼史》·順菴之說,俱誤。

《清一統志》云:"故婆娑府在鳳凰城東, 金置婆速路統軍司,元譌速爲婆[58),初爲婆娑府路,至元十七年,改隸東京總管府。"《明統志》:"婆娑府在都司城東四百七十里。" 按, 唐時高麗 泊灼城在鴨淥江北, 卽金·元 婆速府地。婆速音與泊灼相近,疑亦沿唐舊名,而字稍異耳。○《四郡志》曰:【柳得恭所著】"鴨淥江流至安平城入海, 唐稱泊灼口, 遼曰曷蘇館, 金曰婆速路, 元曰婆娑府, 音轉也。蓋卽鳳凰城以東, 我義州府等處。"○晴案 華語婆

---

58) 婆: 新朝本에는 빠져 있다.

速與曷蘇相似, 蓋一城也。《金史·高麗傳》'天會四年, 循遼舊, 仍取保州路。八年, 高麗十人捕魚, 大風漂其船抵海岸, 曷蘇館人獲之, 詔還其國', 則曷蘇與高麗接界也。又《遼史》: "開泰二年, 詳穩 張馬留曰, '若大軍行由前路, 取曷蘇館 女眞[59]北, 直渡鴨淥江, 竝大河而上至郭州,【今郭山】與大路會, 高麗可取而有也。'" 據此, 則曷蘇館在淥水之傍[60]矣,《四郡志》說, 是也。又《金史·世紀》: "天會二年, 命南路軍帥闍母, 以甲士千人, 益合蘇館 孛堇·完顏阿實賚以備高麗。" 所稱合蘇館, 卽曷蘇館也。

淥水又至義州西北。

州本高麗 龍灣縣也, 亦名和義。初高麗與契丹接境, 契丹欲過淥水爲界, 置城於淥水之東岸, 稱保州。宋 仁宗時,【契丹 道宗, 高麗 文宗時】契丹又設弓口門, 稱抱州。【一云把州】徽宗 重和元年,【高麗 睿宗十二年】遼刺史常孝孫與都統耶律寧等避金兵, 汎海而遁, 移文于高麗 寧德城, 以來遠城及抱州歸之。高麗兵入其城, 收拾兵仗錢穀, 遂改爲義州, 刷南界人戶以實之。於是, 復以淥水爲界, 置關防, 金亦以州歸之。至我朝, 又以靜州及威[61]遠

---

59) 眞: 新朝本에는 '直'으로 되어 있다.
60) 傍: 奎章本에는 '旁'으로 되어 있다.
61) 威: 新朝本에는 '咸'으로 되어 있다.

鎭來屬之也。

《淸一統志》云:"義州城在平壤西北四百二十里,其西南爲龍川郡,皆濱鴨淥江。明萬曆二十年,朝鮮王以關白之亂,走義州,請內屬,卽此。又有晏家關,在義州西南,當鴨淥水東岸,舊爲津要。小鐵山在鴨淥江東岸,義州境渡江處也。"

《明會典》云:"朝鮮貢道,由鴨淥江,歷遼陽·廣寧,入山海關,達京師。"〇《田居乙記》云:"景泰中,朝鮮入貢,苦建州遮道,請改道由鴨淥江,下禮部議。周忱言,'朝鮮舊貢道,自鴉鶻關,由遼陽,經廣寧,過前屯衛,入山海,迂回三四大城戍,祖宗有微意。若自鴨淥江抵前屯,山海路太徑,恐遺他日憂,不可從。'遂止。"【《明史·劉大夏傳》亦與此大同】〇《明史·朝鮮傳》云:"萬曆四十七年,楊鎬·劉綎等出師,爲淸兵所敗。十一月,兵部覆,朝鮮入貢之道,宜添兵防守,設鎭江等處兵將。"〇晴案 鴉鶻關者,今之連山關也。今之貢道,自我義州渡62)淥水63),西北至鳳凰城,【自義州至此,爲一百二十里】又逕雪裏站【自鳳城至此,爲七十里】·通遠堡,【自雪裏至此,爲五十里】至連山關,【自通遠至此,爲六十里】通爲三百里以抵遼陽。此卽鴉鶻關貢道

---

62) 渡: 新朝本에는 빠져 있다.
63) 水: 新朝本에는 이 뒤에 '水'가 있다.

也. 當時鴉鶻關爲遼·瀋之要衝, 建州之役, 一道從鴉鶻關而入, 一道從寬奠堡而入, 斯可驗也. 故欲於此地添兵防守, 擬與朝鮮越淥水而相通, 共爲掎角, 以保遼東也.

爲龍灣三派, 於赤洲在其中焉.

淥水至義州西北, 有小渚, 曰銅渚. 又至統軍亭下, 分爲三派. 西北路烽燧, 始起於此亭. 權達手詩云'水作三叉闊', 曹偉詩[64]云'三島耕犁外', 麟坪大君云'鴨淥江至馬耳山下[65], 分派三流'者, 是也. ○其南派爲九龍淵, 此卽鴨淥水也. 水自惠山堡以後至于入海, 通稱鴨淥. 然九龍淵水獨主其名, 以渟滀深碧, 色若鴨頭, 故目之. 淵南有土城古基, 周六百尺. 舊傳, 元時哈丹·指丹兄弟, 一居是城, 一居義州城. 靜州戶長金裕幹, 欲以計逐之, 詐言'我國於某夜, 欲滅爾等也'. 至其夜, 於山上多設炬火以示之, 哈丹等以爲信然, 遂棄城渡江而去. 然江上無所渡舟楫. 裕幹心異之, 諦視之, 於江北近岸, 沈鐵牛立之, 又以鐵鎖著南岸巖石間, 連亘於牛背, 作浮橋以渡矣. 裕幹卽令破橋, 俾不復濟. 永樂戊子, 築義州城時, 令善泅者取鐵鎖, 爲城門鎖鑰, 其鐵牛淪沒淵沙, 無復尋矣.

---

64) 詩: 新朝本에는 빠져 있다.
65) 下: 新朝本에는 빠져 있다.

淵上又有鴨淥江祠，祀典與長湍 德津及平壤江同爲西瀆，載中祀，春秋降香祝，致祭也。【金克己〈九龍淵詩〉云："神物中藏定可信, 有時白氣生潭心。"】〇其西派爲西江, 亦稱中江, 互市處也。〇其中派爲小西江, 霖則成沱, 否則連。驪興 李重煥云："鴨淥江外二大水, 自彼地東北來會, 至義州之北, 爲三江。每遼水漲溢, 三江合一, 入海中。"【《擇里志》】其所云二大水, 指西江及靉河也。〇於赤洲在叉流之間, 周回十七里。其中平衍, 墾田六十餘頃也。【卽蘭子洲之北】

《攷事撮要》云："明 嘉靖十九年【我中宗三十五年】四月, 遼東人王中等來義州 造山坪耕種, 都司因本國移咨, 令湯站拿治其罪。十月, 遼東人王賢等又來造山坪居住, 都司因移咨, 拿治其罪。二十九年,【我明宗五年】遼東人前來設陷坪耕種居住, 都司因呈文, 令江沿臺堡指揮, 親到設陷坪, 燒其房屋, 及治盜耕之罪。三十九年,【我成宗十五年】九連城人民等來設陷坪稍北石場峴造家耕種, 都司因本國咨文, 治盜耕之罪。四十一年, 江沿臺堡移文于義州。其大要, 許軍民耕種石場谷, 但不許侵占設陷坪等處也。本國移咨都司, '請於石場谷下端小河岸立碑, 使之區別。' 都司卽令立碑。萬曆十年,【我宣祖十五年】遼東軍民前來設陷坪, 打碎禁耕碑, 差通事官白元凱移咨都司, 科斷本犯, 復豎舊碑。十一年, 遼東軍民劉尙德等復來造山坪耕墾, 差通事吳淳移咨都司, 申明禁治, 鑽刻禁革字樣, 立碑於馬耳山下第一通溝。十二年, 遼東軍民復來造山坪耕墾, 移咨於都司, 禁治其人。十三年, 遼東軍民告狀于都御史, 移造山坪禁碑於夾江西岸。"【魚叔權所著】○晴案 造山坪·設陷坪·馬耳山, 皆在淥水西派之傍·靉河之東者也。《元史·世祖紀》云:"中統二年, 巴思答兒乞於高麗, 鴨淥江西立互市, 從之。三年, 罷高麗互市。"○《明典故紀聞》云:【余繼登】"萬曆二十九年, 朝鮮乞罷中江開市, 撫院因移咨朝鮮曰, '近因倭犯朝鮮, 暫議開市, 以濟軍需, 不過一時權宜之計。況今倭已退走, 卽將中江交易, 盡行停止。'"○晴案 中江開市始於萬曆二十一年,【我宣祖二十六年】因我國饑荒, 移咨遼東, 請於鴨淥 中江開市交易。至二十九年, 罷之。三十年, 撫院已許停罷, 而太監高洋移咨請復, 辭極嚴切, 更於義州, 照舊買賣。三十七年,【我光海君元年】我國移咨禮部, 罷之也。

《大淸一統志》云:"舊志, 平壤·黃州西隔大寧江, 東阻大通江, 所謂兩江之中也。本朝康熙三十七年, 朝鮮歲饑, 表請中江開市, 奉旨許以積貯米穀, 水陸共運四萬石, 至中江平糶。"○《淸會典·則例》云:"崇德年間, 定鳳凰城

淥水 二

等處官兵往義州市易者, 每年定二次。乾隆元年諭, '朝鮮歸順我朝, 恪守藩封之職。向來八旗臺站官兵, 於每年二八月, 攜帶貨物, 前往中江, 與朝鮮貿易。朕思, 旗人皆有看守巡察之責, 無暇貿易, 此亦不諳貿易之事。遠人到邊, 恐致稽遲守候, 自多未便, 嗣後著內地商民, 與朝鮮國人貿易。卽令中江管稅官實力稽察, 務須均平交易, 毋66)得需索滋擾。'"【此時67)欲令中國商民至中江貿易, 因我移68)咨言其不便, 仍令只與旗人貿易】69) ○晴案 順治三年, 中江開市定以三‧九兩月十五日二次交易。四年, 改以二‧八月。聽民照例貿易, 奉勅咨會, 不許私商隨往, 後禁條漸弛, 而私商濫隨, 有中江後市及柵門後市‧團練70)使後71)市名72), 其後竝罷之, 今只有中江開市。○又按 中江者, 鴨淥西派之中江也。《淸統志》, 以大寧‧大通兩江之中, 謂之中江, 誤矣。

《遼史》云: "太祖九年十月戊申, 釣魚于鴨淥江。"○《金史》云: "大定四年, 詔鴨淥江堡戍頗被侵越寇焚毁。"

---

66) 毋: 新朝本에는 '母'로 되어 있다.
67) 時: 新朝本에는 빠져 있다.
68) 移: 新朝本에는 이 뒤에 '時'가 있다.
69) 此時欲令中國~只與旗人貿易: 奎章本에는 본문으로 되어 있다.
70) 團練: 新朝本에는 공란으로 되어 있다.
71) 後: 奎章本에는 '得'으로 되어 있다.
72) 名: 新朝本에는 공란으로 되어 있다.

○⁷³⁾晴案 高麗與遼·金, 終以淥水爲界也。

淥水至黔東洲, 復合爲一, 蘭子洲在其南焉。

> 黔東洲, 亦云黔同島, 又云替子島, 周回十五里。淥水三派, 繞此洲而復合, 中有三氏梁。赴燕使臣之行, 必由洲北。○蘭子洲周回二十五里, 水落則連陸。【威化島之北】倪謙《使朝鮮錄》曰: "蘭子江, 俗名鮎魚江, 卽鴨淥江之支流。" 錦南 崔溥云: "鴨淥及難子二江, 以一而分, 又復合流也。"【難子卽蘭子】
>
> 《攷事撮要》云: "義州 蘭子·替子二島, 每與遼東人相爭。萬曆二十三年,【我宣祖二十八年】分守道楊鎬許令本國人分占耕種, 有孫得春者, 瞞告布政衙門, 不許再行耕種。二十七年, 本國移咨布政司, 請照舊耕種, 張布政將孫得春等擬罪, 咨會本國, 立碑封記, 永爲遵守。二十九年, 鎭江游擊府又禁蘭子·替子二島耕種, 以爲放牧之地, 本國移咨, 布政及鎭江衙門再行踏勘, 許令⁷⁴⁾照舊耕種。三十年, 鎭江游擊祖承訓稱萬軍門分付, 欲於蘭子島上, 立碑爲界, 以爲放牧之處, 本國移咨, 令通事朴仁祥等, 赴遼東爭之。三十二年, 遼東人孫得春等又冒耕蘭子·

---

73) ○: 新朝本에는 공란으로 되어 있다.
74) 令: 新朝本에는 '合'으로 되어 있다.

涑水 二

替子二島, 本國遣通事朴仁祥, 赴巡按衙門爭辨。蒙本院詳允, 治孫得春等罪, 仍將本島議歸朝鮮, 查二[75]十七年原立界限, 排空大壕, 豎立石碑, 永爲遵守。" ○晴案 此時立碑於黔東洲, 其記有云:"左之蘭子島, 右之替子島, 永定疆界也。"

《通典》云:"鴨涑水在平壤城西北四百五十里, 遼水東南四百八十里。" ○《明一統志》云:"鴨涑江在朝鮮國城西北一千四百五十里。" 又云:"在遼東都司東五百六十里。" ○《和漢三才圖會》云:"自平壤至鴨涑江五十六里。"【卽我國之五百六十里】 ○晴案 諸書所記鴨涑江, 皆據義州而言。

《宋史・高麗傳》云:"其國恃鴨涑江以爲固, 江廣三百步。其東所臨海水淸澈, 下視十丈, 東南望明州。水皆碧。"【《通考》亦言之】 ○《盛京志》云:"鴨涑江卽益州江, 或呼靉江。今長白南諸泉, 南注滙爲大江, 西南與佟家江會, 行五百餘里, 繞鳳凰城, 東入海, 江東南爲朝鮮界。"【永吉州山川條】 又云:"自鳳凰城東至靉江一百二十里, 朝鮮界。" ○《淸一統志》云:"鴨涑江在吉林烏喇南九百七十七里, 源出長白山西, 南流與朝鮮分界, 至鳳凰城, 東南入海。" ○晴案 我國與中國相通之路, 只自義州達鳳

---

75) 二: 奎章本에는 '三'으로 되어 있다.

凰城, 而鴨淥界其中。然地係柵門之外, 故《盛京志》, 鴨淥屬於76)吉林也。【詳見上節】77)

《唐書·高麗傳》云:"貞觀十九年, 帝伐高麗, 程名振攻沙卑城, 游兵鴨淥上。"【《明一統志》云:"張亮襲沙卑城拔之, 遣丘孝孫等, 曜兵於鴨綠。"】又〈契苾何力傳〉云:"龍朔初, 復拜遼東道行軍大總管, 率諸蕃三十五軍, 討高麗, 次鴨淥水。蓋蘇文遣男生, 以精兵數萬拒險, 衆莫敢濟, 會氷合, 何力引兵譟而濟, 賊驚遂潰。追奔斬首三萬級, 餘衆降。"【《綱目》云:"龍朔元年, 遣兵部尙書任雅相等, 征高麗, 蓋蘇文遣其子守鴨綠水, 何力至値氷合。"】〇《綱目》云:"乾封二年, 李勣伐高麗, 拔新城, 遂進擊, 十六城皆下之。勣行軍總管元萬頃作檄高麗文曰, '不知守鴨淥之險?' 泉男建報曰, '謹聞命矣。' 卽移兵據之, 唐兵不得渡。上聞之, 流萬頃於嶺外。"【《句麗史》, 載於寶臧王二十六年】〇晴案 前此, 隋 煬帝之伐高麗也, 于仲文·宇文述等, 皆自遼東渡鴨淥而至。【詳見薩水條】蓋魏·晉之時, 句麗都於遼東近界, 故中國之師, 不能闌入。及其移都平壤之後, 中國之師, 始自遼東渡鴨淥而來, 則義州之路, 開通已久矣。

《宋史·高麗傳》云:"大中祥符三年, 契丹大擧來伐, 詢

---

76) 於: 新朝本에는 빠져 있다.
77) 詳見上節: 新朝本에는 빠져 있다.

【高麗 顯宗名】與女眞設奇邀擊, 殺契丹殆盡。又於鴨淥江東築城, 與來遠城相望, 跨江爲橋, 潛兵以固新城。" ○《遼史·高麗傳》云: "開泰三年,【高麗 顯宗五年】詔國舅詳穩蕭敵烈·東京留守耶律團石等, 造浮梁于鴨淥江, 城保·宣·義·定·遠等州。" ○《高麗史》云: "成宗十三年,【宋太宗 淳化五年】以李承乾爲鴨江78)渡句當使。【河拱辰亦爲句當使 ○仁宗, 尹粹彦爲鴨79)江都部署副使】又顯宗六年,【宋 眞宗 大中祥符八年】契丹作橋於鴨淥江東橋, 築東西城, 遣將攻破, 不克。" ○晴案 此時契丹欲過鴨淥以定界, 故築城於江之東也。

《高麗史·池龍壽傳》云: "恭愍王時,【元末也】奇賽因帖木兒與遼·瀋官吏據東寧府, 將寇邊, 王遣龍壽與我太祖往擊之。師至義州, 令萬戶鄭元庇等, 造浮橋於鴨淥江, 可竝三四馬。我太祖先渡, 諸軍以次渡, 士卒爭橋, 有溺死者。凡三日畢濟。" ○明 董越《朝鮮賦》自註云: "義順館在義州 鴨淥江東岸, 江卽華夷界限。" ○《明史本末》云: "萬曆二十年,【我宣祖壬辰倭寇時】 以李如松爲東征提督, 誓師東渡, 由石門度鳳凰山, 馬皆汗血。臨鴨淥江, 天水一色, 望朝鮮, 萬峯出沒雲海, 監軍劉黃裳慷慨誓曰, '此

---

78) 江: 奎章本에는 '淥'으로 되어 있다.
79) 鴨: 奎章本에는 이 뒤에 '淥'이 있다.

汝曹封侯地也.'" ○晴案 萬曆壬辰, 鄧子龍又來援。子
龍初渡鴨淥, 有物觸舟, 取視之, 乃沈香一段。把玩80)良
久曰: "宛似人頭。" 愛護之, 每入夢, 則香木與首, 或對或
合而爲一。至戊戌戰亡, 失其元, 取香木爲首酷肖, 事甚
怪誕也。

淥水至淸水梁, 又分二派, 其西派右與靉河會。

淥水界外有俊81)團山, 卽和七坤木哈連山也。分水嶺南
麓, 西南走歷碧潼·昌城·朔州之江外, 至義州江外宣城
之側, 爲俊團山。俊團之麓, 至淸水梁之越邊而盡, 麓盡
處, 鴨淥·靉河兩水會焉。自麓盡處, 西北距鳳凰城百餘
里, 然地係柵門之外, 故屬於邊外, 爲船廠將軍之所管。
自此北至船廠千餘里也。

《高麗史·安遇慶傳》云: "恭愍王八年,【元 順帝 至正十九年】
紅頭賊來侵。初遇慶令宋芬碩守義州 弓庫門, 金得和候
鴨淥江邊, 夜半報賊到楸島, 時士卒凍餒不能興, 黎明賊
渡江。" ○晴案《備考》: "義州有勝刈島【州北十里, 周十
里】·鳥沒亭島【州西七里】·麻島,【州西二十里】 俱在鴨淥江
中。" 此所謂楸島, 亦在鴨淥水中者也。《唐書·辥萬徹傳》

---

80) 玩: 奎章本에는 '翫'으로 되어 있다.
81) 俊: 新朝本에는 '後'로 되어 있다.

云:"貞觀二十二年, 萬徹以靑丘道行軍總管伐高麗, 次鴨淥水, 以奇兵襲大行城, 斬虜將所夫孫。" ○晴案 大行城今雖未詳所在, 然是切[82]近鴨淥者也。

《高麗史·樂志》:"高句麗有來遠城曲。" 又云:"來遠城在靜州, 卽水中之地。狄人來投, 置之於此, 名其城曰來遠, 歌以紀之。" ○《盛京志》云:"古保州, 高麗置, 領來遠一縣。遼爲保州 宣義軍, 領定遠·懷化二軍, 金俱廢。其地在鴨淥江西北。"

《高麗史·兵志》云:"成宗元年,【宋 太宗 太平興國七年】正匡崔承老上書曰, '西北以馬歇灘爲界, 太祖之志[83]也。鴨江邊, 石城爲界, 大朝之所定也。'" ○又〈金希磾傳〉云: "高宗十三年,【宋 理宗 寶慶二年】希磾爲西北面兵馬副使, 往討石城, 數亐哥下背恩之罪。還至紫布江, 氷已解, 不可渡, 是夜氷合乃渡。" ○晴案 石城亦在鴨淥之濱。

《經筵日記》云:"萬曆二年,【我宣祖七年】中國設堡于長甸子, 距義州二十餘里, 居民將抵鴨淥江。大司諫李珥啓曰, '中朝設鎭, 蔓延開墾, 則將與我國人烟相接, 雞犬相聞。姦細之虞, 紛爭之弊, 必惹起事端, 宜遣使奏聞于天朝, 請止之。' 廷議皆笑之。厥後侵耕漸近, 遂爲平安道

---

82) 切: 新朝本에는 빠져 있다.
83) 志: 新朝本에는 '地'로 되어 있다.

之憂。"【卽《石潭日記》】○晴案 明 長甸堡之地, 今皆荒廢, 屬於鳳凰城邊外, 曠無居人, 爲船廠將軍之所管領也。

其東派南流, 遶威化島, 至麟山堡南, 左與古津水合。

威化島在黔東洲之下, 周回四十里。【義州西二十五里】兩洲之間, 淥水間焉, 稱掘浦。其地沃饒, 民多耕墾。明 英宗 天順五年,【我世祖六年】農民爲建州衛人所虜, 自後官禁耕墾。世宗 嘉靖十年,【我中宗二十六年】遼東人民等來耕威化島, 都司因吳世翰呈文, 移於他處。十二年, 遼東人董禮・朴雄等五百餘名, 復來威化等島耕種, 移咨都司乞禁, 卽將本人等治罪, 撤其家舍。十三年, 遼東人民復來威化島耕種, 卽差官到境, 立禁標石三面。十四年, 遼東人民復來威化島耕種, 本國移咨乞禁, 都司三大人魯鐸親來踏勘, 撤毀其家, 破伐其苗, 盡括還于原籍。神宗 萬曆十五年,【我宣祖二十年】馬耳山軍民等來威化島, 造屋耕種, 差通事李汝謹等往遼東爭辨, 出牌禁約, 驅逐人[84]口。【竝出《攷事撮要》】其後不復侵耕也。按, 明 太祖 洪武二十一年, 高麗廢王禑【十四年】與崔瑩決策攻遼東, 以曹敏修爲左軍都統使, 我太祖爲右[85]軍都統使, 左右

---

84) 人: 新朝本에는 '入'으로 되어 있다.
85) 右: 新朝本에는 '古'로 되어 있다.

淥水 二

軍共五萬餘, 號十萬。五月渡鴨淥江, 屯威化島, 亡卒絡繹於道。左右都統使上言: "臣等乘桴過鴨江, 前有大川, 因雨水漲, 第一灘漂溺者數百, 第二灘益深, 留屯洲中, 徒費糧餉。自此至遼東城, 其間多有巨川, 似難利涉, 請班師。" 禑不聽。太祖遂諭諸將曰: "若犯上國之境, 獲罪天子, 宗社生民之禍立至矣。盍與卿等見王, 親陳禍福, 除君側之惡, 以安生靈乎?" 諸將皆曰: "諾。" 於是回軍, 渡鴨淥江。太祖乘白馬, 御彤弓白羽箭, 立於岸, 遲軍畢渡。軍中望見相謂曰: "眞天人也。" 時霖潦數日, 水猶不漲。及旋師, 師纔及岸, 大水驟至, 全島墊沒。人皆神之也。○麟山堡在義州南三十五里。本高麗 靈蹄縣也, 後爲麟州。【俗號鳥餘, 又名舍仁[86]】我朝廢州爲堡, 置僉使以守之。城周八千二百六尺也。○東派又迳暗林串西。方言謂山角斗入於水曰串也。宋 寧宗 嘉定十年,【高麗 高宗四年】女眞 黃旗子軍, 渡鴨淥江來, 屯麟·龍·靜三州境。高麗 西北面兵馬使趙冲, 與戰于麟州 暗林平, 大敗之。殺虜及溺江死者, 不可勝數, 僅三百騎遁去也。【《高麗史》】○東派又西流至彌勒堂西, 古津水自東來注之, 卽麟山堡南二十里之地也。

---

86) 俗號鳥餘又名舍仁: 新朝本에는 '俗號又鳥餘舍名仁'으로 되어 있다.

漆水復合爲大總江。

以漆水·靉河·古津, 總合爲一, 故名。《明一統志》云: "大蟲江在遼東 都司城東南四百里, 源出龍鳳山, 南流入鴨漆江。"【又云87): "龍鳳山在都司城東南, 大蟲江發源於此。"】《盛京志》云: "今鳳凰城界內有龍鳳臺山,【在鳳城西北八十五里】不聞有大蟲江。南流入鴨漆者, 有佟家江, 或名稱之異也。" 余謂, 華語蟲與總近。大蟲江者, 大總江也。但出於龍鳳山者, 傳譯之譌也。若佟家江與遼東無涉。

逕楊下·彌串之堡, 西南入于海。

楊下堡在麟山堡南三十里, 城周百十尺, 有萬戶以守之。彌串堡在楊88)下南三十里, 龍川郡地也。【郡西五十里】城周百十尺, 舊置僉使以守之, 今移爲薪島鎭89)也。○海卽遼海也。漆水入海之口, 東有彌串堡,【義州之南界, 龍川郡之西界】西有窟窿·塔子·樓子等山, 鳳凰城之南境也。宋 仁宗 明道二年, 高麗 德宗【二年也】命平章事柳韶創築北境關城, 自義州之西海濱鴨漆江入海處, 東跨威遠【義州南二十五里】·興化【義州南五十里】·靜州【義州東南二

---

87) 云: 新朝本에는 '雲'으로 되어 있다.
88) 楊: 新朝本에는 '陽'으로 되어 있다.
89) 鎭: 新朝本에는 '誤'로 되어 있다.

浿水 二

十五里】·寧海【亦屬于義州】·寧德【義州東南四十里】·寧朔【義州東一百二十里】·雲州【今雲山】·安水【今价川】·清塞【今熙川】·平虜【當屬今德川】·寧遠【今因之】·定戎【當屬于寧遠】·孟州【今孟山】·朔州【當在寧遠東】等十四城, 抵耀德【在咸鏡道永興府西一百二十里】·靜邊【永興西六十里】·和州【今永興】等三城, 東傅于定平 都連浦海濱。延袤千餘里, 以石爲城, 高厚各二十五尺, 俗稱萬里長城。蓋是時契丹方彊, 故關防如是。圃隱 鄭夢周[90]詩云:"義州國門戶, 自古重關防。長城何年起, 屈曲隨山岡。浩浩靺鞨水, 西來限封彊。" 亦指此長城也。自此而東則有椵島·薪島·車牛等島, 西則過龍頭河·羊河·畢里河等諸港口。歷金州·鐵山洋及烏胡·三山等島, 達于登州, 水路不過千里。故唐師之伐句麗也, 或自登州濟海, 卽入鴨淥口。《唐書·地理志》:"自登州東北海行,【節】至鴨淥江 唐恩浦口, 乃東南陸行。" 又〈高麗傳〉:"貞觀二十二年, 薛萬徹爲青丘道行軍大總管, 自海道入度鴨淥, 次泊灼城。" 又乾封元年, 詔獨孤卿雲:"由鴨淥道, 伐高麗。" 此其明驗也。明 熹宗 天啓元年,【我光海君十三年】鎮江城陷,【城在鳳凰城東南一百二十里浿水邊】軍門標下毛文龍浮海到龍川地, 招集遼民, 夜襲鎮江城, 殺降將佟養正。明年, 設鎮于椵島,

---

90) 圃隱鄭夢周: 奎章本에는 '鄭圃隱'으로 되어 있다.

稱東江城。【島在龍川海中, 卽淥水入海之口】七年,【我仁祖五年】出陸作亂, 攻陷碧潼諸堡, 標下參將徐孤臣作土窟於昌城, 屯耕自給, 時出兵焚掠江北。毅宗 崇禎二年,【我仁祖七年】經略袁崇煥誅殺文龍。由此觀之, 鴨淥之口, 卽關防之大者也。【椵島卽鴨綠口】《隋書·于仲文傳》云:"遼東之役,【隋 煬帝伐高麗】指樂浪道軍, 次烏骨城, 高麗襲輜重, 仲文廻擊大破之, 至鴨淥水, 高麗將乙支文德詐降。" ○《唐書·高麗傳》云:"帝攻安市未下, 延壽·惠眞謀曰, '烏骨城傉薩【城主也】已耄, 朝攻而夕可下, 烏骨拔則平壤舉矣。'群臣亦以'張亮在沙城,【今海城】召之一昔至。若取烏骨, 度鴨淥, 迫其腹心, 計之善者'。長孫無忌曰, '天子行師, 不徼幸91)。'乃止。"又〈地理志〉云:"登州東北海行,【節】東傍海壖, 過靑泥浦·桃花浦·杏花浦·石人汪·橐駝灣·烏骨江八百里。"○安鼎福云:"烏骨城疑今鳳凰城沿海界也。"○晴案 烏骨城當在鴨淥入海之口。今鳳凰城南界, 近鴨淥, 有窟窿·塔子等山, 當是古烏骨城之地也。塔子山之西, 有龍頭河, 南流入海。《唐書》所稱烏骨江, 或指是與。

《勝覽》云:"鴨淥江源出白頭山, 南流數百里, 經咸鏡92)

---

91) 徼幸: 奎章本에는 '僥倖'으로 되어 있다.
92) 鏡: 新朝本에는 '境'으로 되어 있다.

淥水 二

道 甲山・三水, 過平安道 閭延・茂昌・虞芮・慈城, 至江界・渭源地, 與禿魯江合, 至理山郡 山[93]羊會, 與蒲洲江合, 至阿耳堡, 與童巾江合, 經碧潼・昌城・小朔州, 至義州北於赤島東, 分三派。一南流匯爲九龍淵, 名曰鴨淥江, 水色似鴨綠, 故名之。一西流爲西江。一從中流, 名曰小西江。至黔同島, 復合爲一, 至靑水梁, 又分二派。一西流與狄江合, 一南流爲大江, 繞威化島, 至暗林串。西流至彌勒堂, 復與狄江合, 爲大總江, 入于西海。"○《備考》云:"經仇寧, 左過淸水川, 經淸城・方山・玉江之堡, 左過玉江川, 經水口之鎭, 至義州北於赤島東, 分三派。"【此下與《勝覽》文酷肖, 惟暗林串下云:"西流至彌勒堂, 古津自東來會同[94], 爲大總江, 入于西海。"】又云:"白頭以南, 圓山以西,【指原派所出】厚致【指南源所出】・黃草【漲水所出也】・辭罕・狄踰【禿魯水所出】・牛峴,【潼水源】 至于防墙・天磨・蘆洞・望日【指古津及他小水】以北, 諸山之水, 入此。"○晴案《備考》當添'白頭分水【佟家江之源】・奈磨・桃樹以南'。【靉河之所過】

《漢書》云:"馬訾水行二千一百里。"【詳見上】○《備考・關防篇》云:"鴨淥江沿, 自甲山・惠山江而始, 甲山【一百六十里】・三水【二百三十五里】・廢四郡【五百六十里】 江界【一百

---

93) 山: 新朝本에는 빠져 있다.
94) 同: 新朝本에는 '洞'으로 되어 있다.

大東水經 其一

六十六里】·渭原【一百九十三里】·理山【八十三里】·碧潼【二百二十二里】·昌城【八十六里】·朔州【六十八里】·義州,【二百六十里】總二千三十三里。" 又云: "自惠山至白頭山源出處三百餘里。"○晴案 沿淥水而下, 水路迂屈, 不能詳知。今就陸路, 大略記之也。

沿淥水北源而下, 則自長白山之馬竹洞, 南至惠山堡三百里。○沿南源而下, 則自厚治嶺之觀音窟, 北至甲山二百十里, 甲山北至鎮東十里, 鎮東北至同仁二十五里, 同仁北至雲龍三十五里, 雲龍北至惠山二十五里。○又自惠山西六十里三水,【若自甲山直西北, 則至三水百里】西北二十里仁遮, 西北三十里羅暖, 西北二十五里小農, 西北三十里葛坡, 西北二十里舊葛坡, 西九十里厚州, 西北二十五里獐項戍。西北歷茂昌·閭延, 又西南歷虞芮·慈城, 凡八百五十四里, 至江界府地滿浦北玉洞。西南歷滿浦·伐登·高山, 凡一百六十里, 至兩江口。【此沿水而計也。若其陸路, 自滿浦三十里至伐登, 又三十里至高山, 又四十里至[95)]吾老梁】南三十里渭原, 西南四十里直洞, 西南二十五里葛

---

95) 二十五里獐項戍~又四十里至: 奎章本에는 '一百三十里廢茂昌, 西北一百四十里廢閭延, 西南一百三十里廢虞芮, 西南歷慈城廢郡·及江界府地, 凡一百六十里滿浦,【慈城·江界二邑之治, 遠於淥水。但其北界抵於水濱, 故道自慈城, 直接滿浦。若其道里, 又自虞茂南一百二十里至慈城, 慈城南一百里至江界, 江界西北一百四十五里至滿浦】西南二十五里伐登, 西南二十五里高山, 西南三十里'로 되어 있다.

涤水 二

軒, 西南二十里楚山, 西南二十五里山羊會, 西南三十里阿耳, 西南二十五里廣平, 西南十五里小坡兒, 西南二十里大坡兒, 南二十里碧潼, 西三十里楸曲, 西南十五里碧團, 西南十里小吉號, 西南十五里大吉號, 西南十五里昌洲, 西南十里於汀, 西南十里廟洞, 西南十里昌城, 西北二十里雲頭, 南十五里甲巖, 南十里朔州, 西三十五里仇寧, 西南十五里青水, 西南十里淸城, 西南二十五里方山, 西南十五里玉江, 西南二十里水口, 南十里乾川, 西南二十里義州, 西南六十里麟山, 南三十里楊下, 南四十里彌串。○已上道里, 凡一千八百三十餘里, 此就陸路計之者也。若其水路屈曲, 可爲二千餘里也。其沿水防戌之官通計, 府尹一員‧都護府使七員‧郡守二員‧僉節制使十一員‧同僉節制使一員‧兵馬萬戶十三員‧權管十六員, 而廢四郡不在計中[96]也。

《水道[97]提綱》:"西北自大甸來, 南注之。其南有小水來會, 經宿州城北,【案, 朔州】又西北有小水, 自東南來注之, 又西北阿布河, 西北自鳳凰城來會。折而南流, 愛州城北有小水, 自東來注之。又南流分爲三派, 行二十里復合, 經九連城東南。【九連城與朝鮮 愛州對岸, 分界正當江水分

---

96) 中: 新朝本에는 빠져 있다.
97) 水道: 奎章本에는 빠져 있다.

三派處】又南有永阿河, 自西北來注之, 又南經義州西。又西南有哈連河, 自西來注之, 又西南入於海。"【長白山, 東十一度八分, 極四十一度九分。江口, 東八度, 極四十度】

漲水【卽長津水】出咸興西北黃草嶺

漲水卽今所稱長津江, 經特[98]定名曰漲水也。咸興府今咸鏡道觀察使之營也。其地久爲東女眞所據。宋徽宗大觀二年, 高麗睿宗【三年也】遣尹瓘等, 擊逐之, 號鎭東軍。然[99]後竟入於金, 屬耶懶路。【合懶路總管府, 西北至上京一千八百里, 東南至高麗界五百里 ○此時高麗與金人界於都連浦, 而其地北爲恤品南[100]路, 當在今三・甲等處, 則曷懶路當在磨天嶺以南, 而咸・吉等州, 皆其所管也】[101] 據《金史・地理志》云:"耶懶・速頻, 相去千里。"【速頻, 卽恤品也】[102] 又〈高麗傳〉云:"石適歡徇地曷懶甸,　至元稱合蘭府。"《元史・地理志[103]》云[104]:"合蘭府・水達達等路, 設軍民萬戶府五。"】後還于高麗, 入我朝爲咸興府也。府北一百十里, 有黃草嶺, 嶺北又有

---

98) 特: 新朝本에는 '時'로 되어 있다.
99) 號鎭東軍然: 奎章本에는 빠져 있다.
100) 南: 奎章本에는 빠져 있다.
101) 合懶路總管府~皆其所管也: 奎章本에는 본문으로 되어 있다.
102) 耶懶速頻~卽恤品也: 奎章本에는 '耶懶・速頻,【卽恤品也】相去千里'로 되어 있다.
103) 志: 奎章本에는 빠져 있다.
104) 云: 新朝本에는 빠져 있다.

漲水 二

白亦山, 皆長白山南走之大幹也。兩山之水, 合流于莞田坡, 是漲水之源也。昔新羅 眞興王二十九年, 當陳廢帝伯宗 光大二年, 巡狩北境, 與高句麗定界。其碑在黃草嶺上, 今已亡失。只有舊傳拓本, 凡十二行, 上下亡缺字, 多不全。只舉現存者, 度以漢 建初尺, 長爲四尺四寸五分, 廣爲一尺八寸。其文可辨者, 略曰："八月廿一日癸未, 眞興太[105]王, 巡狩管境, 刊石銘記也。【右第一行】世道乖眞, 玄化不敷, 則亦爲交競, 是以帝王建號, 莫不修己以安百姓, 然朕【已上第二行】紹太祖之基, 纂承王位, 兢身自愼, 恐【三字缺】又蒙天恩, 開示運記, 冥感神祇, 應【已上第三行】四方託境, 廣獲民土, 鄰國誓信, 和使交通, 府【五字缺】新古黎【二字缺】謂道化【已上第四行】未有, 於是歲次戊子秋八月, 巡狩管境, 訪採民心, 以欲勞【二字缺】有忠信精誠,【已上第五行】益篤有功之徒, 可加賞爵, 物以章勳, 效【空】廻駕, 顧行【已上第六行】者矣,【空】于時隨駕沙門道人法藏慧忍,【空】大等喙部[106]居柒【大等官名, 喙部卽梁部, 居柒疑居漆夫 ○已上第七行[107]】知,【句】迊干【官名】喙部服不知,【人名】 大阿干【官名】比知夫知,【人名】 及干【官名】未[108]知【人名 ○已上第八行】兮,【句】大舍【官名】沙喙部【沙

---

105) 太: 奎章本에는 '大'로 되어 있다.
106) 部: 奎章本에는 '那'로 되어 있다.
107) 行: 新朝本에는 빠져 있다.

梁部】另知,【人名】大舍哀內,【人名】從人【大舍之從人】喙部,
【已上第九行】喙部與難,【人名】大舍藥師,【人名】沙喙部蔦
兄,【人名】小舍【已上第十行】典喙部分之,【人名】吉之【卽吉
主,官名】哀公欣平,【一人名】小舍【已上第十一行】喙部非知,
【人名】沙干【官名】助人【從人也】沙喙部尹。【已上第十二行】"
其字體,在隷變楷之間,與唐時碑,特異也。

西北流,左合辥罕嶺東谷之水。

辥列罕嶺,亦稱雪寒嶺。《魏志》所稱單單大嶺,卽此咸
鏡道 咸興府及長津府·平安道 江界府之界也。 嶺東之
水,總注入于漲水,嶺西之水,總注爲禿魯水之源。

漲水逕長津府東。【句】屈而北至別害堡東,左合五萬水。

府距咸興三百里也。本咸興之漢厚社,我顯宗八年,設
別將。正宗九年,陞爲僉節制使鎭。十一年,置都護府,
遣訓鍊大將李敬懋爲府使,建其公署,立其規制。〇別
害堡在長津府北九十里,置僉節制使以守之。東北距三
水府四百里也。世或以別害爲古之冷山,非也。〇[109]按
洪皓在冷山,聞徽宗崩,爲文以祭之。〇[110]李睟光云:

---

108) 未: 奎章本에는 '朱'로 되어 있다.
109) 〇: 新朝本에는 빠져 있다.

涑水 二

"俗傳冷山, 卽今別害堡也, 在雪寒嶺之北三水之境, 地最高寒。然恐不是。" 余謂, 《遼志》'長白山在冷山東南千餘里',【見涑水第一條】則是船廠之地也, 與別害何干? 故芝峯亦不信之也。○《松漠記聞》: "寧江州去冷山百七十里。"111) ○五萬水出江界府 五萬嶺, 東流入于漲水。《備考》云: "長津江源出咸興 白亦·黃草之嶺, 北流由長津柵, 至別害, 過五曼川。" 五曼川者, 卽五萬水也。按, 《文獻備考補》'長津府有馬垈川【在南八十里, 源出寧遠 樂林山, 與黃草嶺水合流】·沙水川【在東南四十里, 源出咸興 千佛山】·風流洞川【在東二十里, 源出咸興 屛風坡南】·雪寒洞川【在西四十里, 源出雪寒112)嶺, 與閑台洞川合流成江, 過府東南, 與黃草嶺衆水合流而下】·德實洞川【源出雪寒嶺北蒽田嶺東】', 皆漲水之所過也。

漲水又北逕廟坡·神方二堡之西, 至江口堡前, 右合赴戰之水。

廟坡堡在別害東北二十里, 置權管以守之。神方堡【亦稱神方仇非】在廟坡東北十五里, 置萬戶以守之。鄭氏地圖, 神方之西有兄弟水, 東流入于漲水也。○江口堡在神方

---

110) ○: 新朝本에는 빠져 있다.
111) ○松漠記聞~百七十里: 奎章本에는 '○別害堡在長津府~古之冷山非也' 뒤에 있다.
112) 寒: 新朝本에는 '閑'으로 되어 있다.

北三十里, 有權管以守之。○赴戰水出咸興北赴戰嶺西, 北流逕枕木里·屏風·黃鐵之坡及上下鋤里, 至江口堡, 南入于漲水。其往來之路, 一自江口堡, 西南歷神方·廟坡·別害·長津, 穿黃草嶺而出于咸興, 一自江口堡, 東南沿赴戰水, 而穿赴戰嶺, 又東穿香嶺, 南出於北靑。自江口堡以北, 則沿漲水, 達于葛坡·三水也。

漲水又北逕魚面·自作二堡之西。

魚面堡在江口北四十里, 置兵馬萬戶以守之。《勝覽》曰: "咸興 黃草嶺·赴戰嶺·江界 五萬嶺等水, 合爲魚面江。" 鄭氏地圖, 江口堡北十五里, 有李公嶺, 下有古堡, 今廢也。尹氏地圖, 江口堡西北, 漲水之西, 有甘坡堡, 係於權管所守, 今亦廢之也。 ○自作堡在魚面東北三十五里,【亦稱自作仇非】置權管以守之也。鄭氏地圖, 魚面堡外, 漲水之西, 有鹹德·新田德, 自作堡北, 漲水之東, 有乙山德等地。又有一水出於院洞西, 北流逕東山嶺, 至乙山德之北, 入于漲水也。

漲水又北至葛坡堡西, 北入于淥水。

《備考》云: "長津江經廟坡·神方, 至江口之堡, 過赴戰嶺川, 經魚面·自作, 至茄坡北, 入鴨江。" 今按, 漲水之沿,

淥水 二

自黃草嶺西北至長津府一百八十里, 自長津東北迓五堡至自作堡二百三十里, 自自作北至葛坡堡一百六十里, 凡五百七十里。其防守之官, 都護府使一員·僉節制使一員·萬戶二員·權管三員也。

先生云:"漲水一帶卽我內地, 非乘障之地, 而南自長津北至葛坡, 沿水設堡, 至於七八, 項背相望, 刁斗相聞, 斯何故也? 蓋以漲水以西, 卽廢四郡之地。四郡旣廢, 亂民雜處, 朝廷視四郡爲異域。故視漲水爲邊防, 若是其設備也。其意如是也。故淥水之沿, 東自葛坡, 西至滿浦六百餘里, 曠無防守, 一兵不留。又自滿浦南沿禿魯之水, 又設七八堡,【詳見禿魯水】如於漲水。蓋以禿魯水以東, 又是廢四郡之界也。然則朝廷眞以廢四郡, 棄之爲異域也, 審矣。夫淥水者, 我邦[113]之天塹也。塹旣天成, 人乃棄之, 不祥甚矣。嘉慶十七年, 嘉山賊洪景來謀反伏誅, 其檄書, 輒以廢四郡伏援之說, 聲言虛喝。西土人以廢四郡爲早晚起釁之地也, 明矣。漲水之沿, 禿魯水之沿, 戍堡殆近二十。今撤此諸堡, 列樹之於淥水之沿, 以塞葛坡·滿浦之間虛曠之地, 則力不加疲, 財不加費, 而淥水之天塹, 完矣。其設堡之法, 一時[114]大擧, 固善

---

113) 邦: 新朝本에는 '那'로 되어 있다.
114) 時: 奎章本에는 '則'으로 되어 있다.

也。不然, 今年取葛坡之西三十里, 滿浦之東三十里, 各立一堡, 明年又取新堡, 西東三十里, 各立一堡, 又明年又取三十里。勢若括囊, 功如塞潰, 不出十年, 北邊之保障成矣。保障旣成, 有不能設置郡縣者乎! 今南方民多地狹, 一夫之耕, 錢至數萬, 徙以實之, 莫不歡樂, 操國成者, 何憚而不爲也!"

與猶堂全書 第六集 第六卷
地理集

大東水經 其二

涂水 三

【禿魯水, 鹽難水, 潼水, 靉河水115), 古津水116)】

禿魯水

禿魯水出江界府東南辥列罕嶺。

辥列罕嶺在平安道 江界府東南三百餘里,卽咸鏡道 咸興府【西北二百八十里】及長津府【南七十里】之界也。 漢·魏時稱單單大嶺, 高麗稱雪寒嶺。按《後漢書·濊傳》云: "玄菟復徙居句麗, 自單大嶺已東沃沮·濊貊, 悉屬樂浪。後以境土廣遠, 復分嶺東七縣, 置樂浪東部都尉。"《魏志·濊傳》云: "漢 武帝以沃沮城爲玄菟郡, 後徙軍句麗西北。以土地廣遠, 在單單大嶺之東, 分治東部都尉, 別主嶺東七縣。" 余謂, 單音蟬, 華音辥·單相近, 東語謂大曰罕, 單大嶺者, 辥罕嶺也。嶺東七縣, 今咸興·永興等地也。《高麗史》云: "恭愍王十九年,【明 洪武三年】以我太祖爲東北面元帥, 將擊東寧府, 以絕北元。太祖自東北面踰黃草嶺, 行六百餘里, 至雪寒嶺。又行七百餘里, 渡鴨

---

115) 靉河水: 奎章本에는 빠져 있다.
116) 古津水: 奎章本에는 빠져 있다.

淥江。"【〈恭愍王世家〉】雪寒嶺者,薛罕嶺也。長白山南走之大幹,自香嶺·太白西南,至赴戰·白亦·黃草之嶺。又西北爲薛罕嶺,以東之水,入于漲水,以西之水,總注爲禿魯水之源。《勝覽》曰:"禿魯江出咸鏡道界和乙岾下。"和乙岾者,薛罕嶺之西麓也。

北流逕平南堡北,右合葱田之水。

平南堡在江界府南二百四十里,置兵馬萬戶以守之。禿魯水逕其堡北,而爲杜茂水也。○葱田水出江界府東葱田嶺。其嶺以北之水,北流逕厚州,入于淥水,以南之水,南流至平南堡,北入于禿魯水也。余按,平南堡者,禿魯水之源也,別害堡者,漲水之源也。【長津水】別害·平南相距不滿百里,中隔大嶺曰五萬嶺,南爲葱田嶺,又南爲薛罕嶺。自五萬嶺以北,東西諸谷,皆廢四郡之地也。四郡旣廢,朝廷遂以禿魯水·漲水視爲江防,二水之沿,設堡殆近數十,而淥水大防,斷其中腰,東自葛坡,西至滿浦。曠無防戍,開門納賊,此吾東忠志之士所仰屋竊歎者也。風吹草動,國之大憂,必自廢四郡起。嗚呼!惜哉!【又見漲水條】

屈而西北至立石驛北, 狄踰嶺北谷之水, 自南來注之。

立石驛在江界府南一百六十里。訥117)齋 梁誠之曰:"熙川之狄踰嶺以北三百里, 山高川大, 土地饒沃, 是誠不可棄者, 欲守之, 則勢甚孤單。敵兵一路直衝滿浦, 縻繫於此一邊, 自竹田峴而入,【峴在古閭延郡南】或自虛空118)橋而入, 徑圍江界, 則聲援阻絶, 甚危道也。須於立石等處, 特設一鎭, 堅築城堡, 以宿土兵。然後可通大嶺之路, 而江界可保矣。"蓋訥119)齋之時, 新廢四郡, 江界以南, 本無戍堡, 故慮患如是也。今禿魯水之沿, 旣設平南・神光二堡, 嚴於防護, 又其上設麼海・楸坡等五堡, 接于滿浦, 則訥120)齋之論, 今已施121)矣。然國之大計, 在於廢四郡之復設。四郡若復, 則長津・禿魯兩水之沿, 其所在戍堡, 當徙之於渌水之沿, 此今日之急務也。 ○《大淸一統志》:"朔州西北有狄踰嶺, 朝鮮謂之西北雄關, 是也。"○神水出狄踰嶺, 嶺卽江界・熙川兩邑之界也。棧道險狹, 人跡裁交。其嶺以南之水, 入于薩水,【見薩水條】以北之水, 爲神水之源,《備考》所稱神光川也。○神水北流至

---

117) 訥: 新朝本에는 '誠'으로 되어 있으나 人名이므로 바로잡는다.
118) 虛空: 奎章本에는 '空虛'로 되어 있다.
119) 訥: 新朝本에는 '誠'으로 되어 있으나 人名이므로 바로잡는다.
120) 訥: 新朝本에는 '誠'으로 되어 있으나 人名이므로 바로잡는다.
121) 施: 奎章本에는 '試'로 되어 있다.

淥水 三

神光堡西。堡在立石南四十里, 置僉節制使以守之也。○神水又左合狗水。水出於狗峴東, 北流來合之也。○神水又北流, 左合箭水。水出於箭川嶺, 東流來合之也。○神水又北至立石西北, 入于禿魯水。《勝覽》云: "禿魯江, 一出熙川郡 狄踰嶺下, 一出咸鏡道界, 至立石, 合爲禿魯江也。" ○神光堡以防辥罕嶺之阨, 平南堡以防狄踰嶺之阨, 亦皆所以防廢四郡也。栗谷 李珥云: "西海坪本我地, 絶遠不能守。恐胡人來居滋蔓, 故有時領兵驅逐, 不從則擊之。土地肥饒, 宜菜穀, 胡人冒死來居。驅而復還, 終不能絶。自江界入寇之路, 甚狹, 僅容一足, 上有絶壁, 下有深川, 名曰虛空橋。乙丑年,【明 嘉靖四十四年, 我明宗二十年】金德龍爲節度使, 遣虞侯 秦昕等, 入覘胡人有無, 使之乘機逐捕。胡人預覺之, 要於虛空橋下, 投石鼓譟。我國驚散, 頗損國威, 德龍坐罷。朝廷欲報其恥, 以金秀文爲節度使。秀文宿將有威望, 銳意滅賊, 部分諸軍, 潛師夜行, 掩其不意, 未曉至西海坪, 四面合攻, 期以盡殲。會衛將江界府使張弼武性躁, 未及合圍, 吹角進軍。胡人覺之, 大呼曰'高麗賊至矣', 壯者乘暗多遁去。我軍盡燒其村, 老少男女皆死, 秀文大喜奏捷。乃加秀文陞正憲。 後秀文聞壯胡皆逃, 乃愧懼, 疽發背而卒。"【出《石潭日記》】

禿魯水又北逕城干驛西, 右合茂城之水。

城干驛在立石北五十里, 上有吾毛院。立石·城干二驛, 竝屬於魚川道察訪也。○茂城水出於茂城嶺, 西流逕別河洞, 至城干驛, 西北入于禿魯水。《備考》云:"禿魯江出雪寒嶺, 西流至平南鎭, 爲杜茂川, 過蒸田南川, 至立石, 過神光川, 北流經城干, 至吾毛院, 過別害川。" 別害川者, 茂城水也。

禿魯水又北至江界府南, 右合麽麽水。

江界者, 都護府使之治也。 本置平安道都節制使營于此, 旣而罷之, 置都護府使, 仍兼防禦使之職。【沿革見綠水】其府治臨禿魯水, 而居其疆域, 東北自厚州沿淥水以下, 廢四郡之地, 皆屬焉。又東南至于薛罕, 與咸興爲界。故地多於江原·黃海等道。世[122]稱黃海有三不如, 其一曰'地不如江界'者, 是也。地大而沃, 故金銀蔘貂之饒, 甲於一國, 以此財力, 復設四郡, 募徙南方人戶以實之, 則北邊之保障成矣。嗚呼! 孰有然者哉!○麽麽水出火通嶺, 西流逕麽麽海堡, 至公貴村, 入于禿魯水。麽麽海, 或稱馬馬海里, 置權管以戍之。自麽海已上, 曰楸坡, 曰從浦, 曰外怪, 凡有四堡, 而接于滿浦。此非沿禿魯水

---

122) 世: 新朝本에는 '毋'로 되어 있다.

也, 專所以防廢四郡也。《勝覽》云 '麼麼川出三水郡界', 誤矣。

屈從府西北流, 右合從浦水。

從浦水出牛項嶺, 西流逕楸坡堡北。堡在江界府東北三十里, 置兵馬萬戶以守之也。○從浦水又逕從浦舊堡南。堡在楸坡西十五里, 舊置兵馬萬戶以守之, 今廢爲倉也。○從浦水又西入于禿魯水。《勝覽》云 '古營川源出古慈城西南, 過楸坡城, 入于禿魯江', 卽指從浦水也。

至吾老梁, 北入于淥水。

禿魯水又西北逕時川舘, 右得外怪水。水出蔴田嶺, 西流逕從浦堡北。 堡在舊堡北七十里, 南距江界府一百里, 置同僉節制使以守之。舊置上土堡于此, 嘉慶己巳, 移上土堡于慈城江邊, 設從浦堡于此也。○外怪水又西北逕外怪堡, 南入于禿魯水。其堡或稱外叱怪堡, 在從浦西北四十里, 北距滿浦堡五十里, 置兵馬萬戶以守之也。《水道提綱》: "鴨淥江又南經高山里城, 又南有圖魯河, 東自張傑城來西注之。" ○禿魯水又北爲兩江津, 入于淥水。《勝覽》云: "禿魯江經渭原郡界, 入于鴨淥, 其可濟涉處, 曰磨尙和。" 《備考》云: "禿魯江至江界府南,

過麼麼川, 至石隅, 過從浦川, 西北流至時川館, 過外怪
川, 爲兩江津, 北入鴨淥江。"《句麗史》:"東川王時, 賜劉
屋句 鴨淥 杜訥河原, 以爲食邑。"【詳見[123]滿浦條】杜訥原
似禿魯江。余按, 禿魯水自發於䔉罕, 至入於鴨淥, 其所
逕之地及受水之所發, 皆江界府地也。其沿則自䔉罕嶺
西北至江界府三百餘里, 自江界西北至吾老梁一百五
十里,【吾老梁之北, 卽高山堡之南】凡四百五十餘里。其防
戍[124]之官, 都護府使一員, 而麼海以上四堡, 不在計也。

鹽難水

鹽難水出塞外分水嶺之南。

此水凡有九名, 曰鹽難水, 曰佟家江, 曰通加江, 亦作通
家江, 曰通吉雅江, 曰婆豬江, 亦作潑豬江, 曰婆提江,
曰蒲洲江。蓋以聲音相近而變。《皇朝通志》云:"佟家
江, 亦名通吉雅江, 卽古鹽難水,【〈地理略〉】蓋通吉雅, 亦
以佟家之聲近也。"按,《漢書・地理志》云:"馬訾水【卽綠
水】西北入鹽難水, 西南至西安平入海。"《通典》・《唐書》, 文
見下國內城說】《備考》引《通志》云:"佟家江卽古鹽難水,
源出長白山之分水嶺, 南流與鴨淥江會, 行五百餘里, 繞

---

123) 見: 奎章本에는 '上'으로 되어 있다.
124) 戍: 新朝本에는 '成'으로 되어 있다.

淥水 三

鳳凰城, 東南入海." 順庵 安鼎福云: "佟家江明是鹽難水也, 則知佟家江是古之鹽難水也."《盛京通志》云: "佟家江在長白山南, 源出分水嶺." 又云: "分水嶺有三泉, 卽通加江之源."《淸一統志》云: "佟家江在吉林 烏喇城南八百[125]里, 亦名通家江。南流會鴨淥江, 卽古鹽難水也." 是知通加卽佟家, 亦作通家, 以其音近也。《全遼志》云: "鴨淥江在遼陽城東五百三十里, 源出長白山。由夾州城, 西南流與禿魯江合流, 至艾州, 與婆豬江同流, 入于海."《勝覽》理山府有婆豬江, 係鴨淥江外之地。故鄭氏地圖, 婆豬江至山羊堡之西, 北入于鴨淥, 則知婆豬江是佟家江也。《明史‧朝鮮傳》云: "成化三年, 朝廷用兵征建州, 勅王助兵進勦。王遣中樞府知事康純, 統衆萬餘, 渡鴨淥‧潑豬二江, 破九彌諸寨." 蓋以華音潑與婆近, 故婆豬亦云潑豬也。紫巖 李民寏之說, 婆豬皆作婆提。【見下文】蓋以東音提與豬近也。《勝覽》云: "鴨淥江至山羊會, 與蒲洲江合." 自注云: "源出建州衛."《備考》云: "佟家江, 一云婆豬江, 一云蒲洲江." 則知蒲洲江是婆豬江也。○《明一統志》: "女眞諸衛, 有建州左衛‧兀剌忽衛‧豬冬河衛." 建州者, 今之興京也。興京之東水有佟家, 則知豬冬河者佟家江也。蓋合婆豬‧

---

125) 百: 奎章本에는 이 뒤에 '二'가 있다.

佟家而名之也。○分水嶺者, 長白山之西麓也。長白山之西幹, 蜿蜒磅礡, 分爲兩幹。其一西南走爲紅石·歪頭之山, 其一西北走爲分水嶺, 亦名黑林嶺,【俗稱衣爾雅哈範山】卽烏喇城南千餘里之地也。山勢峻極, 橫亘數百里, 古謂之西蓋馬山。蓋蓋馬大山者, 長白山也。長白之西, 又一大山, 可與爭雄, 故謂之西蓋馬山。漢時依此山而設一縣。《漢書·地理志》'玄菟郡屬縣有西蓋馬', 是也。其後, 此縣爲夷貊所據, 謂之蓋馬國。《句麗史》云'大武神王九年,【漢 光武 建武二年】 征蓋馬國, 殺其王取其地'者, 是也。其嶺脊以北之水, 注爲理加·金木等河, 入于興京, 卽蘇子河之源也。西南之水, 注爲靉河之源, 卽東史所稱狄江也。【詳見下靉河條】以南之水, 總注爲鹽難水, 以其衆水分流, 故嶺取目焉。嶺南有三泉, 自谷中出, 滙而西南流, 是鹽難水之源也。

西南流迤紅石·歪頭兩磯子之北。

長白山一幹, 西南走爲紅石磯子山, 又爲歪頭磯子山, 入于鴨淥·鹽難兩水之間, 自我廢四郡以下, 界外之山, 皆兩磯子之麓也。紅石山, 古謂之賴峴, 句麗 丸都城在此山之傍。【詳見綠水條】

渌水 三

鹽難水又西合八條之水, 南逕珠魯峯下。

哈爾民河【在長白山西南】・額爾民河【與哈爾河合】・加爾圖庫河【在額爾河西】・衣密蘇河【在加爾河西】・壺勒河【在衣密蘇河西】・三木定阿河【在壺勒河西】・加渾河【在三木河西】・王成河【在興京門東】等諸水, 皆出於分水嶺, 南入於鹽難,【《皇朝126)通志》】《水經》所舉八條之水, 卽指此也。其地西距興京至近。然以在柵門之外, 屬於邊外, 爲船廠將軍之所領也。紫巖 李民寏云：“建州城之水, 經者片城, 入於三叉河【卽蘇子河也】・也老江, 會婆提江, 入於鴨渌江。山高水險, 罕有平曠之原。于郎山城在也老江之上, 極險絶, 今不防守云。”【《建州聞見錄》】所稱也老江, 似指王成河也。〇紅石・歪頭兩山之西南麓, 卽爲珠魯木克善峯。山名雖異, 而峯巒相續, 其東鴨渌水, 其西鹽難水。麓盡處, 兩水合焉。李民寏云：“自昌城至建州城四百餘里, 其間拜東葛嶺・牛毛嶺, 極高峻阻長。自滿浦至建州城四百四十餘里, 其間有萬遮嶺・婆提江。聞自滿浦由率右, 別路抵初部落127), 則不由萬遮, 道里平坦云。”【《建州聞見錄》】又云：“萬曆庚申七月十一日, 自建州發行, 十五日, 渡婆提江。小船可容八九人, 極輕捷。馬則浮水而

---

126) 朝: 新朝本에는 '明'으로 되어 있다.
127) 落: 新朝本에는 빠져 있다.

渡, 夕宿於萬遮嶺下。所經婆提江·萬遮嶺之間六七十里之地, 放牧馬群, 漫山蔽野者, 不知幾萬匹也。十六日, 行五十里, 過皇城, 渡鴨淥, 到滿浦。"【出《建州日記》】余按, 建州者, 今之興京也。今論地勢, 滿浦直興京之東南, 迤而至昌城·朔州, 直興京之正南。故自滿浦沿淥水而下, 至于朔州等地, 其距興京, 皆不過四百餘里。然兩國之界, 不許通路, 出師之時, 任取一道。萬曆戊午之役, 入自昌城, 來由滿浦, 是其一也。今自昌城至興京, 其間有俊團山·撤木禪山, 皆極險峻。自滿浦至興京, 始踰珠魯峯, 又渡佟家江, 由分水嶺麓, 乃可達焉, 則紫巖所稱萬遮嶺, 卽是珠魯峰之謂也。

鹽難水又南逕國內古城。

國內城者, 句麗之故都也。其地在今山羊堡西北隔水之處, 卽鴨淥·鹽難二水合流之間也。
《北史》云:"高句麗王都平壤城, 其外復有國內城及漢城, 國中呼爲三京。"【〈高句麗傳〉】○《句麗史》云:"琉璃王二十一年【漢 平帝二年】春三月, 郊豕逸,【句麗郊天時】掌牲薛支逐之, 至國內尉那巖得之。反見王曰, '臣逐豕, 至尉那巖, 見其山水深險, 地宜五穀, 又多麋鹿魚鼈之産。王若移都, 民利無窮。'九月, 王如國內, 觀地勢。二十二[128])年, 王遷都國內, 築尉那巖城."○先生云:"東人以州縣之治, 謂之邑內。此云國內, 亦此語法也."○晴案國內城, 一名不耐城, 一名尉那巖城。【或作尉耶巖·尉邦巖, 竝形誤也】《括地志》云:"不耐城卽國內城也, 城累石爲之."《句麗史》云:"太武神王十一年,【漢 光武 建武四年】漢 遼東太守圍尉那巖城, 數旬不解。左輔乙豆智曰,'漢人謂我巖石之城無水泉, 以待吾人之困。宜取池中鯉魚, 包以水草, 致犒漢軍.'王從之。於是, 漢將遂引退."蓋其城在巖石之地, 險阻無比也。故琉璃王自紇升骨城都于國內, 而號令鄰國, 凡經二百有七年, 復徙丸都。其後唐 太宗之來伐也, 發國內城騎四萬, 以救遼東.【見《唐書·高麗傳》】泉男生之叛走也, 據於國內, 遣子朝唐,【見《唐書·本傳》】則國內城者, 儼是句麗之大都, 遂爲精兵之府庫, 眞可謂天府金湯之地也。

《三國史·地理志》云:"李勣〈置州縣目錄〉'鴨淥以北, 已降城十一, 其一國內城, 從平壤至此, 十七驛', 但未詳其爲何所耳."○晴案 唐制, 三十里爲一驛。故《唐書·百官志》云:"凡三十里有驛."白居易詩云:"從陝至東京, 山低路漸平, 風光四百里, 車馬十三程."以此推之, 十七驛者, 五百十里也。今自平壤北距楚山之鴨淥河, 恰過五

---

128) 二: 新朝本에는 '三'으로 되어 있다.

百餘里, 則國內城當在鴨淥北切近之地也。 乃金富軾〈地理志〉,以國內城爲不而城,遂引樂浪屬縣不而以當之,【《三國史》】大誤也。不而者,今咸興·永興等地也, 與國內無涉。○又按 國內城與丸都城相近。故《魏志》云: "正始六年,幽州刺史毋丘儉討句麗,刊丸都之山,銘不耐之城。"【出〈毋丘儉傳〉】而金富軾謂:"丸都山與國內城相接。"【《句麗史》】丸都者,今滿浦堡外皇城坪也。【見綠水 逕丸都條】則國內城當在皇城坪連疆之地也。

《通典》云:"鴨淥水經國內城南,又西與一水合,卽鹽難水也。二水合流,西南至安平城入海。" ○《唐書·高麗傳》云:"鴨淥歷國內城,【句】西與鹽難水合,又西南至安平。"【二條詳見綠水中】○先生云:"國內城在今楚山府北隔江之地,西北距丸都城,宜不過二百餘里。" 又云:"鹽難水是佟家江。"則國內城明在鴨淥·佟家未合之前。其在楚山府北隔江之地,不旣明乎? ○晴案 今楚山府 山羊堡之北,兩水合流,而其地勢險阻,背負珠魯峰之麓,前阻鴨淥·鹽難之水,古之國內城當在於此。況安平者,今玉江堡隔水之地也?【見綠水】今自玉江溯而東北,則國內城非山羊堡外之地乎? 山羊之坪,土地膏沃,可於三四月耕種,【見《備考》】隔水之地,何獨不然! 故辥支之言曰:"國內城,地宜五穀,山水深險。" 其信矣夫。

淥水 三

《三國史略》云："國內城今義州。"【河崙·權近等撰】○《勝覽》云："義州有國內城。"又云："今案,《高麗史·地理志》'麟州有長城基, 德宗朝, 柳韶所築, 起自州之鴨淥江入海處', 又〈兵志〉'起自西海濱古國內城界鴨淥江入海處', 則國內城當在古麟州境內。"金富軾〈高句麗地志〉云："國內城未詳的在何處, 當在鴨淥以北漢 玄菟郡之界, 遼 東京·遼陽之東。"未詳孰是。○《星湖僿說》云："高朱蒙逃難, 至卒本, 又因豕逸, 而得國內城, 豕逸非絶遠, 則國內城分明在鴨淥之西, 近於今義州者。"○先生云："麟州者, 今義州之麟山堡也。李勣奏文, '國內城明在鴨淥之北。' 今麟山堡明在河南, 安得以此當之乎？況《通典》'鴨淥水經國內城, 乃與佟江合流', 而今麟山堡在鴨淥入海之口, 其說之謬, 可立破矣。"又云："國內城在巖石之地,【據乙豆智之言】 今麟山堡在平原沙草之地, 豈得爲巖邑乎？"○晴案 國內城非麟州也。據《通典》'鴨淥水經國內城, 後又西南流, 至安平入海',《唐·志》'自鴨淥口, 舟行東北一百三十里, 始到安平城',【詳見淥水玉江堡下】則又自安平東北溯流, 可抵國內城也。今之麟山堡, 卽是鴨淥口而已, 不可擬議也。安順菴云："以麟州爲國內者, 或後來別置, 亦謬矣。國內城一而已, 安有二城乎？"朴燕巖又以九連城當之,【見靉河條】亦非也。

國內城者, 山羊堡隔水之地也。

《勝覽》云:"渡鴨淥·婆豬二江, 有兀剌山城, 距理山二百七十里。"【全文見下節】○市南 俞棨云:"兀剌山城卽古尉那巖城。"○安鼎福云:"漢音兀剌與尉那同音, 俞說近是。據李勣奏及《通典》, 其在鴨淥之北, 而爲兀剌城, 明矣。"○先生云:"兀剌城在鴨淥之北二百七十里, 則《通典》·《唐書》謂'鴨淥水經國內城南', 可乎? 國內城明在鴨淥河邊臨水之地, 尉那·兀剌音雖相近, 與《通典》不合也。"○晴案 兀剌非尉那也。兀剌城在鹽難水之西, 尉那城在鹽難水之東, 不可相混也。

又東南至山羊堡, 北入于淥水。

《盛京志》云:"分水嶺南有三泉, 自谷中出滙, 爲佟家江, 西南流受哈爾民等諸河, 鴨淥江自東來會, 南入於海。"余按, 鄭氏地圖, 婆豬江傍有盧哥洞·佟家洞·漢赤川, 而尹氏地圖, 婆豬江東西之地, 有所弄怪洞·翁村里·延時山·兎子山·斡眉府【卽吾彌府】·紅陀里·阿閑里·兀剌山·古音漢里·銅子洞·胡照里·賣昌洞·斜陽岾·銅山·蔡家洞等名。然界外之地, 瑣屑難詳也。

《高麗史》云:"恭愍王十九年,【明 洪武三年】以我太祖爲東北面元帥, 將擊東寧府, 以絶北元。渡鴨淥江, 東寧府同知李吾魯帖木兒聞太祖來, 移保亏羅山城, 欲據險以拒。太祖至也頓村, 吾魯帖木兒來挑戰, 俄而棄甲再拜, 願爲臣僕。【吾魯, 後改名原景】其酋高安慰帥麾下, 嬰城拒守。太祖用片箭射之, 凡七十餘發, 皆正中其面。城中奪氣, 安慰夜遁, 諸城望風皆降。東至皇城, 北至東寧府, 西至于海, 南至鴨淥, 爲之一空。"【〈恭愍王世家〉】〇《勝覽》云:"自央土口子,【今楚山府治】北渡鴨淥·婆豬二江, 大野之中有城, 名兀剌山城, 距理山郡二百七十里。四面壁立高絕, 惟西可上。東寧府同知李兀魯帖木兒保是城。"〇睛案 兀剌城卽亏羅城也。《武備志》: "女眞諸衛有建州左衛·兀剌衛。"【《明一統志》亦云】是其故址也。其地在於佟家江西, 近於興京。麗末爲北元之所有, 至明宣德時, 建州衛指揮李滿住據, 有建州·毛憐等地, 而佟家江東西之地, 皆入其中。屢寇我邊, 殺掠人民。今參考諸書, 略記佟家江邊出師之路, 欲以明沿水諸地也。
明 宣宗 宣德七年,【我世宗十四年】野人四百餘騎寇閭延, 實李滿住之爲也。時滿住爲建州衛指揮, 據婆豬江地, 與林哈剌及沈吒納奴連謀來侵。明年, 滿住還我被虜人六十四口, 至江界曰:"忽剌溫【卽女眞諸部之一也, 亦稱火剌溫】剽掠朝鮮人口, 故我追至守定山口, 奪而還之。"蓋紿之也。我世宗怒曰:"往者婆豬之賊, 爲忽剌溫所逐, 乞住江濱, 故我旣許之。【事在壬寅歲】今反如此, 不征, 後必難圖也。" 乃命崔潤德爲平安道都節制使, 討之。夏四月, 潤德會三軍于江界府, 令中軍節制使李順蒙向首賊李滿住寨, 左軍節制使崔海山向車餘等處, 右軍節制使李恪向馬遷等處, 助戰節制使李澄石向兀剌等處, 金孝誠向林哈剌父母寨, 洪師錫向八里水里等處, 潤德自趨林哈剌等處寨。於是, 潤德自所灘 時番洞口, 過江住師, 旣而至魚虛江邊, 留兵六百設棚, 進攻林哈剌寨, 賊皆遁。乃自吒納奴東山至林哈剌寨, 徧索之, 日暮退營石門。於是, 班師獻捷而還。

宣德十年【我世宗十七年】春, 野人寇閭延。秋, 又侵閭延小薰頭及趙明干地。明年,【明英宗正統元年】又侵之。乃以李蕆爲平安道都節制使, 將討之。蕆上書曰:"諜者或言李滿住在鳳州, 或言在吾彌府, 或言在兀剌山城。然其向吾彌府之路, 則一自江界, 涉婆豬江, 直入吾彌串洞口, 一自理山, 涉婆豬江, 由兀剌山東, 入吾彌府西邊, 一又自理山, 涉婆豬江, 由兀剌山南, 西折而入大計。自江界二日程有吾自峙, 三戶居之, 距吾彌府九十里也。自理山二日程有古音閑里, 二戶居之, 距吾彌府一日程也。" 九月, 蕆與閭延節度使洪師錫·江界節度使李宸, 自江界過滿浦口子前灘, 向瓮村·吾自站·吾彌府等處。

漵水 三

上護軍李樺, 自理山 山羊會, 過鴨漵江, 向兀剌山南紅挖里。大護軍鄭德成, 自山羊會過江, 向兀剌山南阿間。於是, 左右軍入古音閑地, 夾攻賊田莊, 賊皆遁。左軍向紅挖里, 中軍自吾自站沿江而下, 搜索諸寨。明日, 右軍過婆豬江, 搜索兀剌山城及阿間地面, 賊皆逃, 乃還涉婆豬江。又明日, 右軍俱到吾彌府, 賊已預知皆遁, 遂班師。右軍屯所土里, 旣而皆還, 遣師奏捷。

明 憲宗 成化三年,【我世祖十二年】遼東都司移咨於我, 有夾攻建州三衛之勑。我世祖以魚有沼爲左廂大將, 南怡爲右廂大將, 康純爲西征主將, 赴之。九月丙戌, 由江界至皇城坪, 欲合軍。南怡曰: "不若左廂由仇郞介洞攻兀彌府, 右廂由三岐峴攻浦州, 倍道出其不意也。"純然之。辛卯, 右[129]廂涉婆豬江, 南怡及前鋒李克均等, 攻李豆里·右納哈部落, 陷之。陣將柳子光攻李滿住部落, 斬李滿住·右納哈等二十四級, 退陣于防墻。【節】魚有沼襲多會坪滅之, 衛將禹貢·李叔·琦筆蹟兀彌府, 又勝之。十月, 左右軍皆還。

潼水【卽童巾水】

潼水出楚山府南棘城嶺, 西流逕車嶺堡北, 左納牛峴水。

---

129) 右: 新朝本에는 빠져 있다.

棘城嶺, 熙川郡界也。潼水出於嶺北, 卽《勝覽》所稱童巾江也。《備考》云：“童巾江源出理山 踰都幕嶺, 西流由熙安洞, 過棘城洞川, 爲龍淵。” 蓋踰都·棘城之水, 合爲一也。○車嶺堡在其嶺北, 置同僉節制使以守之。國制, 嶺阨之處, 例有戍堡, 是其一也。牛峴水出於牛峴西北, 逕其堡前, 入于潼水。其堡亦嶺阨也, 置僉節制使以守之。○按 自狄踰嶺以西, 有踰都幕嶺·牟德嶺·棘城嶺, 又西爲牛峴·車嶺, 皆嶺阨之路也。然牛峴·車嶺, 則設堡以守之, 接于委曲130)堡, 踰都·牟德·棘城三處, 則無防守, 此闕典也。

潼水又北至靈加德,【句】板幕水自北來合。

《備考》云：“童巾江至牛下倉, 過牛場川, 至靈加德, 過板幕川。” 又云：“板幕川源出理山 勿移山, 爲雲臺川, 西流至古理山, 過柏坡川, 入童巾江。” 按鄭氏圖, 有水出廣大山, 逕古楚山, 與崇德山·千石城·弓弩洞·朱砂寺等水合, 至國土倉。” 此皆板幕水之源也。

又北逕江倉, 屈而西北至阿耳堡, 南入于淥水。

《勝覽》云：“上雲臺·牛塲諸水, 合爲童巾江, 入鴨淥。”

---

130) 曲: 奎章本에는 '由'로 되어 있다.

《備考》云："童巾江至別倉，過別害川，至江倉，過楡倉川，西北流經阿耳鎭，入鴨淥131)。"

《水道提綱》："鴨淥江又折而東南，有東金河，自東來注之。"【華音童巾與東金相近】

靉河水

靉河水亦出塞外之分水嶺，西南流逕靉陽城北。

分水嶺者，船廠之南界也。嶺南之水，爲鹽難水。【已見上】西南谷之水，注爲靉河，一名阿布河，一名狄江，亦云愛剌河，亦云愛哈河。我人稱三江，以渡鴨淥及中江，而到此爲第三渡也。○靉陽城在鳳凰城北一百二十八里，城周三里一百二十步，西・南二門，南曰靉陽城，西一郭城周一里九十步。南門上亦有靉陽城三字。靉河水自其城北五里入邊，故城有斯目。《武備志・女眞考》云："成化三年，築撫順・淸河・靉陽諸堡，邊備日嚴。"蓋明時已有城也。城傍有邊門，俗號愛哈門。今自鳳凰城，樹栅界邊，北經興京・開原，截遼河，而西歷廣寧・義州・錦州，抵于山海關，接秦長城之端。周圍一千八百餘里，凡設十有八門，靉陽門亦其一也。

---

131) 鴨淥: 奎章本에는 '淥江'으로 되어 있다.

靉河水又右合三汊·灑馬之水, 屈而南。

三汊子河出鳳凰城北奈磨嶺,【北一百六十里】灑馬吉河出黃波羅峪,【鳳[132)]城北一百九十里】俱南流入于靉河也。

靉[133)]河水又南逕鳳凰城, 西出其邊門外。

城本箕子地也。秦爲遼東郡地, 漢屬玄菟郡, 晉隷平州, 後入於高麗, 當屬大行·烏骨二城之地。唐平麗, 屬安東都護府, 渤海時屬鴨淥府界外, 遼屬開州地, 金屬石城縣地, 元屬東寧路。明爲鳳凰城堡, 設兵鎭守, 屬於遼東都司。清 崇德三年, 移通遠堡官兵于此, 置城守章京以治之, 而地屬於盛京, 爲奉天將軍之所領也。城東南五里, 有鳳凰山。《明一統志》云:"鳳凰山在遼東都司城東三百六十里。上有壘石古城, 可容十萬衆。唐 太宗征高麗, 駐蹕於此。"余按, 太宗至蓋平而止,【安市在蓋平】其云'駐蹕鳳山'者, 妄也。又遼 開州鎭國軍領鹽·穆·賀三州, 開遠一縣, 金廢之。《遼·志》稱'疊石爲城', 今鳳凰山上古城, 卽開州古城也。今我人皆指此爲安市城, 誤甚矣。邊門卽兩國相通之路, 東北距鳳凰城三十里,【舊柵在鳳城南十五里, 今退而展之也】東南距我義州一百二十里。東頭之

---

132) 鳳: 新朝本에는 '凰'으로 되어 있다.
133) 靉: 新朝本에는 빠져 있다.

柵, 盡於此門, 而自此至於山海關地。在柵門之內者, 爲奉天將軍之所領, 在柵門之外者, 謂之邊外也。

又西草河水注之。

草河出桃樹峪。峪在鳳城西北一百五十里, 靑石·摩天二嶺之南支也。○草河東南流, 左合134)通遠水。水出於分水嶺, 南流逕通遠堡, 入于草河。按, 分水嶺在鳳135)城西北一百三十里。此嶺以北之水, 爲響水, 入于太子河, 以南之水, 爲通遠河。故名與烏喇之分水嶺異也。通遠堡, 古之鎭夷堡也。堡城周一里二百十步。南門左一山城, 相隔二里, 周一里九十步。西門右一新城, 相隔二里, 周一里六十步, 南一門也。○草河又南逕古城東。城周一里一百六十步, 南一門卽所稱草河城也。○草河又逕雪裏站南。站在鳳城西北七十里。古之鎭東堡, 亦作薛劉站。我人呼松站, 達盛京之路也。○草河又右合六道河。水出帽盔山,【山在鳳城西南五十里】北流入于草河。麟坪大君云: "過鎭東堡, 涉瓮北河, 是八渡河第八流。" 蓋一水盤回, 凡八次渡之136), 故名137)。東流數百里, 與鳳

---

134) 合: 新朝本에는 '右'로 되어 있다.
135) 鳳: 新朝本에는 '凰'으로 되어 있다.
136) 之: 新朝本에는 빠져 있다.
137) 名: 新朝本에는 이 뒤에 '名'이 있다.

城大川合, 注于馬耳山前。河之北岸古墟有石碑, 刻曰武安王廟。所謂八渡河卽草河, 似六[138]道河之所從[139]也。○草河又東南逕鳳城, 北入于靉河。

屈而東南入于淥水。

靉河又東南逕九連城東。【句】城距我義州三十里, 卽明之鎭江城也。按, 嘉靖二十五年, 明設新堡于九連城之小北, 稱江沿臺堡。四十五年, 復設鎭于九連城。萬曆二十四年, 改爲鎭江游擊府。【出《攷事撮要》】是時後金方彊, 遼地日蹙, 故設鎭于此, 欲與朝鮮共爲聲援也。《明史·朝鮮傳》云:"萬曆四十八年, 光海君【十二年】奏, '敵兵攻破北關。【淸兵也】又聞設兵牛毛寨·萬遮嶺, 欲略寬奠·鎭江等處。寬奠·鎭江與昌城·義州諸堡隔水相望, 孤危非常。敵若從靉陽境, 上鴉鶻[140]關取路, 遶出鳳凰城裏, 一日長驅, 寬奠[141]·昌城俱莫自保。內而遼左八站, 外而東江一城, 彼此隔斷, 聲援阻絕, 可爲寒心。望速調大兵, 共爲犄角, 以固邊防。'"【詔不從】其形勢可知也。《盛京通志》云:"《一統志》'九連城在三萬衛東北九十里, 連屬有

---

138) 似六: 新朝本에는 '六似'로 되어 있다.
139) 所從: 新朝本에는 '□□謂'로 되어 있다.
140) 鶻: 奎章本에는 '骨'로 되어 있다.
141) 奠: 新朝本에는 '鎭'으로 되어 있다.

淥水 三

九’，不言建置，應在烏喇界內，故址無考。"又《金史》："斡魯於合懶甸之地築九城，與高麗對，出戰入守。今鳳凰城邊外，有九連城遺址尙存。"【古蹟條】按，合懶甸卽曷懶路，今我之咸興等處也。《金史·高麗傳》："康宗四年，高麗出兵曷懶甸，築九城。康宗乃使斡塞將兵伐之，高麗罷九城之戍。"此卽高麗 尹瓘所築之城，在今咸興以北長白山以南之地。 乃《盛京志》以九連城當之，大誤也。崔溥云："九連城今頹，只有舊址，又謂之婆娑堡。堡前有水，卽楓浦也。又舟渡吾夜江，二水同源而分，復爲一，通謂之狄江。吾夜者，靉河之聲轉，但楓浦之目未聞。且婆娑堡卽古之泊灼城，在今玉江堡隔水之地，【見淥水第二條】非九連城也。今貢使之行，皆渡鴨淥·靉河三十里，而至九連城，又三十里至金石山。三十里歷蔥秀，又三十里抵鳳凰城柵，九連者，往來之衝也。"燕巖 朴趾源云："渡鴨淥，至三江，江淸如練，名靉剌河。與鴨淥相距不過十里，而河廣似我國臨津。卽向九連城，擧目四望，山明水淸，樹木連天，土地肥沃。浿江以西，鴨淥以東，無與此比。彼我兩棄，遂成閑區。或云高句麗時亦嘗都此，謂之國內城，明爲鎭江府。今淸陷遼，則鎭江民人，或投毛文龍，或投我國，其爲空地，且將百年，漠然徒見山高水淸而已。"【出《熱河日記》】蓋其地在於鳳城邊門之

外, 故屬於烏喇, 僻遠蕪廢如是也。然其以九連城爲國
內城者, 塗聽之說也。國內城者, 今山羊堡隔水之地, 於
九連城何干! ○靉河又至淸水梁之西, 會于渌水之西
派。《盛京志》云: "靉河在烏喇西南, 源出分水嶺西, 繞
鳳凰城南, 入鴨渌江。" 又云: "靉河在鳳凰[142)]城北二十
里, 源出邊外, 自靉陽城西北五里入邊, 至鳳凰城東南二
十里出邊, 流入鴨渌江。今考, 鳳凰[143)]城邊外有宣城, 古
之宣州也。宣城之側有俊團山, 其麓盡處, 渌水·靉河會
焉。"
《水道提綱》: "鴨渌江又西北有阿布河, 西北自鳳凰城
來會。" 自注云: "阿布河卽愛哈河, 出愛哈邊門外東北,
三源合, 西南流入柳條邊, 經石頭城西北, 又南折而東南
流出邊, 又南入江。"
江漢 黃景源云: "崇禎六年, 孔有德·耿仲明以登州反,
亡入海, 使曹紹宗·劉承祖奉表, 降瀋陽 杜度濟, 而哈郞
阿濟格迎于鎭江。明兵追至威化南, 王遣林慶業,【卽我仁
祖十一年】夾攻之。慶業率師, 與仲明戰于牛家庄, 大破
之。"【〈林慶業傳〉】又忠愍公 林慶業碑云: "公爲寧邊都護
府使, 初游擊孔有德與其黨耿仲明反, 破登州, 執巡撫御

---

142) 凰: 新朝本에는 '鳳'으로 되어 있다.
143) 凰: 新朝本에는 빠져 있다.

史孫元化。天子命山東總兵陳弘範等,討之。有德亡入海,使曹紹宗·劉承祖奉表降淸。弘範追至狄江西,上乃命公夾擊之。公率精兵,出蘭子北二十里,據兄弟山。有德軍可十餘萬,被於海上。公奮劍罵有德,抽矢中其馬。有德敗走牛家庄,公遂馳擊大破之。"

《大淸會典·則例》云:"雍正九年,盛京將軍奏請,'於草河·靉河滙流入江之莽牛哨,設立水路防汛。' 奉旨,'朕思,該將軍所奏,設立水路防汛之處,旣與朝鮮連界,著該部行文,詢問該國有無未便之處,俟奏到再議。朝鮮國王咨稱懇請,仍遵舊例。着144)照該國所請,不必增設防汛。'" ○《同文彙考》云:"雍正九年,奉天將軍那蘇圖奏稱,'鳳凰城邊外,設立陸路防汛之虎耳山等處,有草河·靉河145)。二水俱自邊內發源,至邊外莽牛哨地方,匯流入於中江。其中江之中有洲,名江心沱。【江心沱卽於赤洲】沱西屬鳳凰城管轄,沱東係朝鮮國界址。每年常有不肖匪類,私乘小船,由水路,偸運米穀。臣請於莽牛哨地方,設立官弁,立爲水路汛地。'" ○晴案 自鴨淥江至鳳凰城,其間一百二十里,地皆荒廢。故奉天將軍欲於此設汛防守,而自我國移咨,言其不便,遂得停止也。○

---

144) 着: 奎章本에는 '著'로 되어 있다.
145) 靉河: 新朝本에는 공란으로 되어 있다.

今九連城西八里, 有地名望隅者, 此所云莽牛哨, 卽望隅也。

《同文彙考》:"乾隆七年, 冬至使洛昌君 樿別單云, '鳳凰城柵外百餘里, 土沃地腴, 柵內之民, 覬覦已久。' 上年秋, 都察院御史祿謙, 以曾任柵門門146)御史奏言, '東使露宿時, 人馬凍死, 猛獸縱橫, 宜設店于柵外, 以便東使。' 皇帝留中不下。適盛京將軍額圖入朝, 問其便否。圖言, '柵門外不設店, 本出嚴邊禁定疆界之意, 今不可刱開。' 皇帝納其言。" ○晴案 此時協理山東道監察御史祿謙, 欲於中江・鳳城適中之地, 修造公館, 令巡哨兵丁住宿, 因額圖之奏, 又得停止。

《同文彙考》:"乾隆十一年, 奉天將軍達爾黨阿奏稱, '鳳凰城邊外莽牛哨, 係兩河會流, 水滙中江, 西隸鳳凰城屬, 東乃朝鮮國址。源流皆自長白山出, 至厄爾岷147)・哈爾岷二道。江一帶山場, 皆因出産人蔘, 是以陸路沿邊, 俱設卡倫官兵, 嚴加巡邏。乃有不肖之徒, 私造小船, 裝載米穀, 由莽牛哨, 順江汎至冬河, 偸進産蔘場, 私刨人蔘。查前將軍那蘇圖所奏, 止稱草河・靉河沿邊水, 通鴨淥江, 其江水之源出自長白山泉之處, 竝未聲明。而通

---

146) 門: 문맥상 생략되어야 옳은 듯하다.
147) 岷: 新朝本에는 '民'으로 되어 있다.

淥水 三

蔭·厄爾岷·哈爾岷等河源, 亦自長白山瀑出, 從分水嶺南流下, 西南一帶通鴨淥江, 歸併草河·靉河·莽牛哨, 流入中江, 直達歸海。因其所奏不能備細, 遂以停止。年來不肖之徒, 由莽牛哨竄入禁地, 刨採私蔘, 實難防査。臣請, 莽牛哨設八槳船四隻, 派佐領一員, 兵一百名, 管束巡査。'【節】又覆奏云, '臣與熊岳副都統西爾們面商, 西爾們親至莽牛哨, 看得距中江東北卡倫地方二十餘里, 江之中心有一洲。江水分流, 洲邊兩岔分流, 南支之水, 歸流朝鮮, 直抵義州, 北支之水, 卽係莽牛哨河。其江之中心, 有石嶼一道, 卽係與朝鮮國分立之疆界。江之西北, 盡屬內地, 派兵駐箚, 開墾荒田, 不許越過江心, 可免混雜之擾。'【節】我國奏文云, '皇朝御宇以來, 柵外沿江百餘里, 虛其地方, 禁人居作, 其爲限也, 嚴且遠矣。今若墾土屯田, 則潛越益滋, 奸弊百出, 乞仍舊例。'" ○晴案 此時又欲於莽牛哨設汛, 因我所奏, 又得停止。然達爾黨阿之奏, 乃稱'草河·靉河俱出長白', 誤也。

《唐書·高麗傳》云:"乾封三年, 李勣率薛仁貴, 拔扶餘城。泉男建以兵五萬, 襲扶餘, 勣破之薩賀水上, 斬首五千級, 俘口三萬。進拔大行城, 契苾何[148]力會勣軍于鴨淥。" ○《淸一統志》云:"薩賀水在開州西南, 一作薩賀

---

148) 何: 新朝本에는 '河'로 되어 있다.

水。舊志, 䔍賀水出北山中, 東南流入鴨淥江。" ○晴案 李勣自薩賀而至鴨淥, 則薩賀在鴨淥之西矣。今東南入鴨淥者, 有靉河, 似古之薩賀水也。

古津水

古津水出義州 天磨山, 南流逕安州倉東。

天磨山在義州東北一百五十里, 卽朔州·龜城之界也。山脊以西之水, 爲玉江, 以東之水, 爲大寧江, 以南之水, 爲古津也。○古津至安州倉東, 左合蘆水。水出龜城府蘆洞, 西流逕安義堡, 西入于古津。其堡有同僉節制使以守之, 嶺阨之地也。【在龜城西南】《備考》云: "古津源出天磨之陽, 南流爲喜川驛[149], 經安州倉, 過蘆洞水。"

屈而西逕寧朔古鎭南, 左合良策之水。

古津西流逕植松堡南。堡卽兵馬萬戶之戍也, 其西有塞墻之阨。○古津又左合一水, 水出於普光山, 北流入于古津也。○古津又西逕寧朔古城南。高麗 文宗時, 置鎭於此, 以扼蕃賊要衝。今廢, 屬于義州也。【東南百二十里】○古津又右得月化水。水出於大城峴, 南流入于古津

---

149) 川驛: 新朝本에는 '驛川'으로 되어 있다.

淶水 三

也。○古津又西逕臨川城南。城卽高麗 柳韶之築也, 在今義州東南八十里。○古津又南合良策水。水出鐵山府望日山, 西北流逕良策驛, 爲運粮浦, 入于古津。《備考》云:"古津折而西流, 由植松塞墻之阨, 爲臨川, 至寧朔, 過月化川, 爲冬乙郞江, 過良策川也。"

古津水又西逕靈州古城南, 至麟山堡南,【句】入于淶水。

靈150)州亦云寧州, 高麗之興化鎭也。宋 眞宗 天禧二年,【高麗 顯宗九年】契丹 蕭遜寧侵高麗, 顯宗以姜邯贊爲西北面行營都統使, 大將軍姜民瞻副之, 帥兵二十萬八千禦之。邯贊至興化鎭, 選騎兵萬二千, 伏山谷中, 以大繩貫牛皮, 塞城東大川以待之, 賊至, 決塞伏發, 大破之。【《麗史·姜邯贊傳》】今廢, 屬151)于義州也。【州南五十里】○古津又西逕太祖峰之南【義州東南四十里】·所串驛之北,【義州南三十二里】至麟山堡之南·楊下堡之北, 入于淶水之東派, 爲大總江。倪謙《使朝鮮錄》云:"古津在義州東南三十六里, 源出天磨山, 流入鴨淥江。"《勝覽》云:"古津之源有三, 一出天磨山東南, 一出西南, 一出普光山北, 至彌勒堂, 俱合經古定寧十餘里, 至廣化里, 爲古津。又南

---

150) 靈: 新朝本에는 '霧'로 되어 있다.
151) 屬: 新朝本에는 '鎭'으로 되어 있다.

流經古寧州，至麟山西，流入鴨淥江。天順間，書狀官姜耆壽溺死，故稱書狀江。"麟坪大君云："古津源出天摩山暨普光山，西爲此江，又西注四十里，入于大總江。"《備考》云："古津又西至楊下鎭，入大總江。"《水道提綱》："海又經龍川城西南，有朔川河小口，龍川城隔河北岸，卽義州城。"自注云："朔川河東出山，西流經龍川城北義州南，又西南入海。"

滿水 一

滿水出白山之東南陬。

此卽豆滿河也。水有六名, 金時稱統門水, 亦稱徒門水, 明時稱阿也苦江, 今稱土門江, 亦稱愛滹江, 我邦稱豆滿江, 譯語之變也。蓋長白之山, 出八條大水, 出其東陬曰分界河,【見下潼關條】出其東南陬曰魚潤河, 是滿水之源也。

《金史·留可傳》云:"可, 統門·渾蠢水合流之地, 烏古倫部人。"○〈世紀〉:"景祖爲生女眞節度使, 統門水 溫迪痕部·神隱水 完顏部, 皆相繼來附。"○又〈太宗本紀〉云:"天會九年, 以徒門水以西, 渾疃·星顯·潺蠢三水以北閑田, 給曷懶路諸謀克。"【又[152)]康宗四年, 高麗築九城, 康宗使斡賽伐之, 渾坦與石適歡, 合兵於徒門水】○《明一統志》云:"徒門河流經建州衛東南一千里, 入於海。"【女眞條】又:"阿也苦河源出長白山, 東流入于海。"【亦女眞條】又云:"眞珠, 阿也苦河出。"○《盛京通志》云:"土門江在寧古塔南六百里, 源出長白山, 東北流繞朝鮮北界, 復東南折入

---

152) 又: 新朝本에는 빠져 있다.

海。"又云:"今長白之水東流者, 有土門江, 無阿也苦之名, 古今稱呼之異也。"○《清一統志》云:"土門江在寧古塔城南六百餘里, 源出長白山, 東北繞朝鮮北界, 又東南折, 會諸水, 入於海。"按,《金史》:"留可, 統門·渾蠢水合流之地, 烏古倫部人。"今渾春河南流, 與土門江合。統門卽土門, 音之轉也。《明志》有徒門河, 此卽統門河也, 與阿也苦河當是一水也。○《勝覽》云:"豆滿江在慶源府東二十五里。 女眞語謂萬爲豆滿, 以衆水至此合流, 故名之。"○晴案 諸書所記, 皆據滿水之下流也。《開國方略》云:"長白山之上有潭, 曰闥門, 周八十里, 源深流廣, 鴨淥·混同·愛滹三江之水出焉。鴨淥江自[153]山南西流入遼東之南海, 混同江自山北流入北海, 愛滹江東流入東海。"○高宗《盛京賦》云:"粵我淸初, 肇長白山, 扶輿所鍾, 不顯不靈, 周八十里, 潭曰闥門, 鴨淥·混同·愛滹三江出焉。"《兩朝平壤錄》云:"倭兵聚于平壤, 檄告朝鮮曰, '遣豐臣·淸正, 至豆滿江邊, 擧歸一握。'"○《廣輿記》云:【陸庭陽】"土木江在開原城北六千餘里, 源出長白山。"○《同文彙考》:"乾隆二十二年, 禮部咨文云, '渾春至高麗, 相隔土門江。由渾春至噶哈里河口, 原屬渾春所轄也。是以每年派官兵, 至噶哈里河口巡查。今

---

153) 自: 新朝本에는 '白'으로 되어 있다.

高麗 趙自永等越邊殺人, 其供稱豆滿江。 查該界冊內,
竝無豆滿江名色, 遍傳八旗界官, 亦不知, 仍行文知會.'
【節】我國回咨曰, '小邦北界一帶水, 國俗謂之豆滿江, 卽
大國所稱土門江也。 是一江而二名也。'"【〈犯越篇〉】
《同文彙考》: "康熙五十一年, 烏喇總管穆克登, 至長白
山定界。【定界事, 詳綠水條】後移咨於接伴使曰, '我親至白
山審視, 鴨淥·土門兩江, 俱從白山根底發源, 東西兩邊
分流。 原定江北爲大國之境, 江南爲朝鮮之境, 歷年已
久, 故在兩江發源分水嶺之中立碑。 從土154)門江之源,
順流而下審視, 流至數十里, 不見水痕。 從石縫暗流, 至
百里, 方現巨水, 流於茂山兩岸。 草稀地平, 人不知邊界,
所以往返越境結舍, 路徑交雜。 故此於接伴·觀察同商
議, 於茂山·惠山相近無水之地, 如何設立堅守, 使人知
有邊界, 不敢越境。 爲此相議。'【節】接伴使朴權呈文云,
'大人指示立栅之便否, 有此送咨, 而木栅非長久之計,
或築土, 或聚石, 或樹栅, 當趁農歇始役, 至二三年後完
畢, 亦且無妨。'"《元史·地理志》云: "合蘭府·水達達等
路, 設五鎭。 一曰胡里改, 有胡里改江, 竝混同江, 又有合
蘭河, 入于海。" ○晴案 合蘭府者, 今之咸鏡道也。 胡里
改江者, 今之虎兒哈河。 自虎河而至咸鏡, 其間大水有

---

154) 土: 新朝本에는 '士'로 되어 있다.

豆滿, 則《元史》之合蘭河, 疑是與。

《和漢三才圖會》云:"朝鮮之北韃靼界, 有大河, 名保呂川, 其廣凡十五里。每八月至三月, 堅凍塞河, 厚三尺有餘, 以如陸, 船底設車輪, 可以推行, 履人外列釘, 可以步行。三月以後, 氷解復爲大河。"○晴案 保呂川疑是豆滿河, 然遠徵傳聞, 難可詳也。

東流爲魚潤之水, 右會西北川。

長白山之大幹, 南至于臙脂之峰·虛項之嶺, 環爲大坪, 東南迤爲寶多嶺及沙峰, 而臙脂峯一麓, 東迤至大角·甘土·南甑之峯, 沙峯一麓, 東爲蘆隱洞山。魚潤之水, 蓋出於天坪, 而東流受此諸谷之水也。鄭氏圖, 虛項嶺之東, 有三池·半橋·柳洞·東石浦。尹氏圖, 又有大紅丹水·小紅丹水·長陂水。皆魚潤水之所合也。○滿水東逕三山社北, 卽茂山府西北三百五十里之地。江沿防戍, 自此社而始, 北距發源處三百餘里也。○滿水又右合寶多水。水出於寶多會山,【茂山西南二百三十里】東北流注于滿水也。○滿水又東逕長坂橋, 右會西北川水。水出吉州圓山【亦稱頭里峯】之狗峯, 北流逕緩項嶺之東, 至茂山府西九十里界, 入于滿水也。《備考》云:"豆滿江源出白頭山之陽甲山 天坪,【天坪屬甲山府】東流爲魚潤江, 右過寶多川, 經長阪石橋, 右過西北川。"

滿水又右受朴下水。

朴下或作博河。水出於鏡城府之長白山。山勢甚峻, 盤據數百里。五月雪始消, 七月復有雪, 石皆色白, 故名。圓山之一支, 東北行爲此山, 與頂有池者, 異也。○朴下水北流合巨門嶺之水, 至茂山府之西, 入于滿水。《勝覽》云:"虛修羅川源出長白山, 至檢天 朴加遷, 入豆滿江。方言, 水厓石路曰遷, 朴加者, 朴下也。" 咸鏡道觀察使南九萬啓曰:"富寧 車踰嶺以外, 會寧 都昆以上, 乃是二百餘里之地, 宜置一府, 而西加先【句】·利施都昆【今之豐山堡】等地, 列置二三鎭堡, 以爲沿江防守之處。車踰嶺外, 可通長白山後者, 只有朴下遷一路, 亦宜置一堡於此, 以備之。今會寧以西, 泝滿水而上, 凡有一府三堡, 而惟朴下遷未有防戍也。"

東北遝[155)]茂山府西北,【句】受其府東之水。

府故靺鞨 白山部地也。高麗時入於金人, 至屬胡里改南界。我國初, 自車踰嶺·虛水羅·三蓬坪等地, 至豆滿河邊, 曾爲藩胡老吐·摩亏之所據。《備考》, 摩亏作亇亏, 亇讀

---

155) 遝: 新朝本에는 '經'으로 되어 있다.

如華音摩字】明 萬曆二十八年,【我宣祖三十三年156)】藩胡撤歸于我。淸 康熙十三年, 我顯宗【十五年】初置僉節制使, 堡于三蓬坪, 撤富寧府所統茂山堡, 移之於此。【今之廢茂山堡, 卽是也】二十三年, 我肅宗【十年也】陞爲都護府也。○城川亦出於鏡城之長白山, 北流至廠田, 右與車踰嶺水合, 至茂山府東北, 入于滿水。經所擧府東之水, 卽此也。

屈而東歷梁永·豐山二堡北。

梁永萬洞堡在茂山東北二十七里, 差權管戍之。本在富寧府北157)五十里。康熙二十三年, 移設于此也。○豐山堡在梁永東五十五里,【茂山東北八十五里】置兵馬萬戶以守之。本在於富寧之東北。康熙十三年, 移設于利施都昆地, 卽今堡也。其設堡之時, 觀察使南九萬啓曰:"車踰嶺外, 自茂山【指廢茂山也】北行一百二十餘里, 歷政丞破【句】·吾達竹【句】·頓毛老【句】·東良洞·老土部落等地, 至江邊, 始有摩乙于施培地。【摩乙于本作亇乙于, 亦作亇亏】摩乙于者, 酋長之名, 而施培者, 彼方言堡城也。至今有城基古迹。自摩乙于施培, 沿江東下, 歷歇然坪【句】·西加先【句】·利施都昆等地, 一百數十餘里, 始出於會寧 農

---

156) 年: 新朝本에는 빠져 있다.
157) 北: 新朝本에는 빠져 있다.

山堡。所謂歇然坪等地,皆昔日彼人聚落之處,開野之廣濶,不及於摩乙于施培,而土地沃饒。是天作奧區,決不可棄而可守也。"【文止此】余按,宣德時,措置六鎭,【我世宗朝】而初以富寧爲邊界,車踰嶺以北,都屬界外。故沿邊防戍,自會寧而南,以嶺脊爲準。及萬曆以後,【我宣祖時】車踰嶺西北之地,盡爲我有。康熙時,【我顯宗·肅宗朝】稍移內地之鎭堡,樹於滿水之沿,今茂山府及梁永·豐山·頰河三堡,是也。故富寧之府,今爲內地,而其疆域不及於滿水之沿。觀此,南相公之啓,蓋其移設時所論也。

滿水又東邇雲頭城北。

雲頭城在豐山堡東十五里,卽會寧府西四十里地也。其城周回一萬八千二百二十尺,高十四尺,女墻二百四十,雉有八。舊廢,清雍正九年,我英宗【七年也】移頰河堡于此城,置僉節制使以守之,仍稱頰河堡。俗稱甫乙下堡,蓋以方言頰曰甫乙故也。 城外有大隴,世以此爲五國城,金人囚徽·欽二帝於此,恐未然也。今取五國城本末,明辨之。

《契丹國志》云:"女眞東北與五國爲鄰。五國之東,接大海,出名鷹。自海東來者,謂之海東青。遼人酷愛,歲歲求之,女眞至五國,戰鬪而後得,不勝其擾。"【出《淸一統158)

大東水經 其二

志》】○《通考》:"女眞歲以海東靑貢於契丹。海東靑者, 小而健, 能擒天鵝。出於五國之東, 契丹酷愛之, 然不能自致。女眞之東北, 與五國鄰, 每歲大寒, 契丹必遣使入五國界, 卽巢穴取之。及延禧嗣位, 責貢尤苛, 至遣雁坊子千輩, 越長白山羅取, 歲甚一歲, 女眞不勝其擾。"○《金史·世紀》云:"景祖【烏古迺】稍役屬諸部, 白山·耶悔·統門【豆滿河】·耶懶【咸興等】·土骨論之屬, 以至五國之長, 皆聽命。又五國 蒲聶部節度使拔乙門叛遼, 鷹路不通, 景祖襲而擒之。 又五國 沒撚部 謝野勃董叛遼,【在遼 咸雍159)八年】鷹路不通, 景祖伐之。"○又云:"穆宗三年,【盈歌也】星顯水 紇石烈部 阿疏毛睹祿阻兵爲難, 穆宗自將伐之。會陶溫水 徒籠古水 紇石烈部 阿閤叛160), 及石魯, 阻五國鷹路, 遼詔穆宗討之。又主隈·禿答兩水之民, 阻絕鷹路, 遼命穆宗討之。穆宗聲言平鷹路, 畋於土溫水而歸。"又云:"自景祖以來, 兩世四主, 志業相因, 卒定離析, 東南至于乙離骨·曷懶·耶懶·土骨論, 東北至于五國·主隈·禿答, 金蓋盛于此。"○鏞案《通考》云:"女眞外又有五國, 曰鐵勒, 曰噴訥, 曰玩突, 曰怕忽, 曰咬里沒, 皆與女眞接境。"○又按《勝覽》穩城府, '女眞乘虛入居,

---

158) 統: 新朝本에는 '絲'로 되어 있다.
159) 咸雍: 新朝本에는 '成□'로 되어 있다.
160) 叛: 奎章本에는 '版'으로 되어 있다.

號多溫平', 【又多溫洞在府北七里】陶溫疑多溫之音轉也。又鏡城府, '本號亏籠耳, 《遼東志》作木郎古', 【亦女眞所居】徒籠古疑亏籠耳之變也。又富寧府, '本號石幕', 【石幕山在府南五里, 山底以石爲幕161), 故名】石魯或似石幕之變也。《大金國志》云:"天會八年, 宋二帝, 自韓州如五國城, 城在金國所都之東北千里。"【出《淸一統志》】 ○《高麗史》云:"仁宗六年, 【宋 建炎二年, 金 天會六年】宋使刑部尙書楊應誠‧齊州防禦使韓衍來詔曰, '若使由貴國之路, 迎請二帝, 則國家報功, 倍於疇昔。' 王答曰, '女眞强盛, 抑令小國稱臣, 常欲侵凌, 如聞使節假道入境, 必猜疑生事。'" ○《備考》引《宋史》云:"金人拘二帝於中京大定府, 靖康二年, 徙之韓州 鶻里改路, 高宗 建炎四年, 又徙之均州 五國城, 城在白頭山南云。" ○晴案 金之中京大定府在今遼西之義州邊外, 上京 會寧府在今寧古塔西南虎兒哈河之傍。且鶻里改者, 呼里改也。胡里改路卽烏蘇哩江之近地也。金人之囚二帝也, 自西而東, 漸入深遠, 則五國城者, 當踰烏蘇而漸入, 至會寧府東北千里, 而後可得也。乃《備考》謂'在白山之南', 誤矣。且所引《宋史》, 亦未有攷也。

《元史》云:"混同江經會寧府, 達五國頭城, 北東入海。"

---

161) 幕: 新朝本에는 '慕'로 되어 있다.

○《明一統志》云﹕"五國城在三萬衛北千里，自此而東，分爲五國，故名。"○《盛京通志》云﹕"《金史》'五國城去上京東北千里'，今烏喇界內城堡，多無名。相傳，所屬三姓地方有五國城，未知確否。"【寧古塔古蹟條】○《淸一統志》云﹕"五國頭城在寧古塔城東北,【節】舊傳，宋 徽宗葬於此。《扈從錄》,'自寧古塔東行六百里，曰姜突里噶尚。松花·黑龍二江，合流於此，有大土城，或云五國城。'"○**晴案** 此諸文，五國城當在今寧古塔以東烏蘇江左右之地也。

《金史·世紀》云﹕"太宗 天會八年，上如東京溫泉，徙昏德公【宋 徽宗】·重婚候【欽宗也】于鶻里改路。又熙宗卽位四月丙寅，昏德公 趙佶卒。皇統二年，歸宋帝天水郡王【徽宗也】幷妻鄭氏，喪于江南 又海陵。正隆元年六月，天水郡公 趙桓薨。【欽宗也】世宗 大定十二年，命有司，以天水郡公旅櫬，依一品禮，葬於鞏洛之原。"○《東都事略》云﹕"靖康二年，道君皇帝北狩。紹興五年，帝崩。十二年八月，歸殯于龍德宮。十月，葬永祐陵。"《宋史·后妃傳》云﹕"鄭皇后從上皇，幸靑城北遷，留五年，崩于五國城，諡顯肅，梓宮歸入境，合欑于永祐陵。"】○《朝野雜記》云﹕"徽宗初葬五國城，後七年，金人乃以梓宮還。欽宗之喪，遙上陵名曰永獻。乾道中，朝廷遣使求陵寢地，金人許以遷奉，且幷歸靖康梓宮。朝廷難之,金人乃以禮陪葬于鞏縣。"○《輟耕錄》稱:"楊璉·眞瑕發宋陵時,徽陵有朽木一段,欽陵有木燈檠一枚而已。"○晴案 徽·欽二帝,皆返葬於中國,無留葬五國城之文,而《淸統志》有徽宗葬此之說,謬矣。《海東古記》云:"五國城有二。一云在江界 伐登堡江越邊,有方城形址。一云在會寧 甫乙下堡西·豆滿江南,古城形址,是也。"○《備考》云:"今會寧府西甫乙下鎭西,有古城址,世傳爲五國城。有大塚,稱皇帝塚,又有纍纍小塚,稱侍臣塚。今於古城近處,時得金銀器,乃禁中物,又得古錢,乃欽宗以前年號。似是五國城也。"○《星湖僿說》云:"女眞之黑水部,與我東之北路最近,黑水部之最深難入者,莫如烏喇城。烏與五俗音相似,五國恐是烏喇之誤也。《一統志》'在三萬衛北一千里',烏喇卽其地也。東人以鏡城有皇帝墓,五國卽其地者,誤矣。"○李重煥云:"穆克登定兩國地界,沿豆滿河,至會寧 雲頭山,見城外大坂。土人指爲皇帝塚,克登令人掘開,塚傍得短碣,上書'宋皇帝之墓'五字。克登仍令大其封築,始知金人五國城卽雲頭也。但云宋帝, 不知是徽是欽。"【《擇里志》】○道君皇帝之北狩也,金人降封爲公,何稱宋帝之墓? 若果非也,何以北人往往得古彝尊之屬,歷歷可驗,何也? ○先生云:"嘉慶初,有從北方來者言,會寧府掘地, 獲一爐, 攷其款識, 有'紹聖二[162]年鑄'五字。全體無殘缺, 而獨跛一足。是爐也, 能令火耐久不息, 以溫食物, 瞬而熟, 置之房中, 大冬如陽春, 至寶也。府使病其跛, 令工足補之, 自是爐不靈。雖去其所足補, 亦不靈。於是, 都人盛相傳說謂, '古器復出, 而曩所謂皇帝塚者, 果眞[163]無疑。'" ○晴案 五國城明在金人會寧府東北, 今寧古塔以東地也。若云烏喇, 則是金人之囚帝, 自深而還淺, 恐不可也。若云雲頭, 則在會寧之南矣, 亦不可也。且徽·欽無留葬之事, 雲頭之葬宋帝, 尤無據也。○又按《備考》'會寧府 花豐德上有皇帝塚', 《㒔說》'鏡城亦有皇帝墓', 則所稱帝塚, 都是野人之傳說, 不足爲憑。若雲頭之有帝塚, 亦此類也。

又東過頒河舊堡北。

頒河舊堡在新堡東二十里。【會寧西二十里】明 正德四年, 我中宗【亦四年】設堡于浦項洞口注乙巖下, 稱甫乙下堡, 置僉節制使。萬曆時, 鄭忠信爲僉使, 始築城, 後頹。淸 雍正九年, 移設于雲頭城, 而舊堡今廢之也。○滿水又右合頒河水。水出於會寧之車踰嶺, 北流至頒河舊堡,

---

162) 二: 奎章本에는 '三'으로 되어 있다.
163) 眞: 新朝本에는 '其'로 되어 있다.

東入于滿水。《備考》云: "豆滿江經臨江臺古城, 右過博下川, 經茂山之西, 右過城川, 經梁永·豐山·雲頭之堡, 右過甫乙下川。"

至會寧府西, 右會斡木河。

府本句麗舊疆也。久爲女眞所據, 稱斡木河, 因水而名也。【一云吾音會】明 永樂時,【我太宗朝】斡朶里部落【或作斡他里】猛哥帖木兒【名也, 亦云管禿】乘虛入居, 盡有豆滿河內外之地。宣德七年,【我世宗十四年】七姓野人攻斡木河, 殺猛哥父子及管下人, 惟凡察·耳伊等得免。【案,《武備志》'孟哥見殺, 其弟凡察及子童倉逃居朝鮮', 而我國史云'猛哥父子俱見殺', 未可詳】乞於我曰: "勢難居此, 願徙[164]慶源附近時反等處。" 我世宗遣兵曹佐郎禹孝剛, 諭之安業, 遂召黃喜·孟思誠等議曰: "斡木河本我國地也。太祖始置慶源府于孔州,【今慶興】太宗移置于蘇多老。【今屬于慶源】後爲寇盜所侵, 而太宗猶不忍棄之, 設柵于富居站,【今屬于鏡城】屯兵守之, 是祖宗必欲以斡木河爲界也。今蘇多老·孔州鞠爲茂草, 予每痛之。且斡木河直豆滿之南, 土地沃饒, 宜於耕牧, 正當要衝, 合設巨鎭, 以壯北門。若凡察等移居於他, 而又有强敵[165]來居, 是又一生敵也。不如

---

164) 徙: 新朝本에는 '徒'로 되어 있다.

乘其虛, 移寧北鎭于斡木河, 慶源府于蘇多老, 以復舊
疆。予非好大喜功, 猛哥父子一時俱亡, 是天亡之也, 時
不可失。況豆滿河廻抱我疆, 天作之險, 甚合古人大江
爲池之意。"八年, 置會寧鎭于斡木河, 斡朶部落散處於
外。九年,【我世宗十六年】以金宗瑞爲咸吉道都節制使, 措
置北邊。沿豆滿河而設鎭, 曰慶興·會寧·鍾城·穩城, 而
與慶源·富寧合稱六鎭, 仍陞會寧爲都護府, 徙166)南界
民戶以實之。遂以豆滿河爲界, 實無疆之休也。或以我
之會寧府爲金都, 謬矣。

按,《金史》: "熙宗 天眷元年, 以所都會寧府爲上京。"
《盛京志》云: "金 會寧府在長白山北按出虎水之傍。今
寧古塔西南虎兒哈河之南有古宮殿基, 卽金之遺址。然
朝鮮界又有會寧府名, 未知的據。"【見古蹟條】蓋此六鎭
之地, 在古爲北沃沮之國, 漢·晉以來, 或爲高句麗所得,
或爲北扶餘所據, 隋·唐之時, 爲靺鞨之白山部, 開元以
後, 入於渤海, 置東京 龍原府於此。至於金人, 以其地屬
於呼里改路, 故高麗疆理不及於此。然金之會寧明在虎
河之傍, 則非我界內, 且我之會寧名始於宣德之時, 與金
都無涉。○《金史·地理志》: "呼里改路節度使西至上京

---

165) 敵: 新朝本에는 '適'으로 되어 있다.
166) 徙: 新朝本에는 '徒'로 되어 있다.

六百三十里。"○《淸一[167]統志》: "廢胡里改路在寧古塔城東, 金置節度使, 元置軍民萬戶府。" ○斡木河出會寧茂山嶺。嶺在茂山廢堡之側, 古以此堡爲邊界, 故嶺取目焉。 康熙十三年, 撤此堡而設于三蓬坪,【今之茂山府】然猶有堡焉, 謂之廢茂山堡, 置萬戶, 統于富寧也。○斡木河北流逕豐山古堡東。 其堡雖移於滿水之邊,【今之豐山堡】亦不全廢, 謂之古豐山堡, 置萬戶以守之也。○斡木河又北過靈通山下, 至會寧府西,【句】入于滿水。女眞語斡木河曰吾音會, 俗稱城川。《勝覽》云: "豐山川源出錢挂峴諸谷, 經豐山堡, 至會寧西, 爲斡木河。" 按, 明黃瑜《雙槐雜記》云: "建州 海西兀者等衛人, 先居斡[168]木河, 與七姓野人有釁, 投奔朝鮮, 復爲所戕, 陽附朝鮮。" 此指猛哥之事也。

《開國方略》云: "長白山之東, 有布庫哩山, 其下有池, 曰布[169]勒瑚里。 相傳, 有天女佛庫倫, 浴于池, 有神鵲, 銜[170]朱果置于衣。 含于口中, 忽已入腹, 遂有身, 産一男, 姓愛信覺羅, 名布庫哩雍順。居于長白山北之俄朶里城, 國號曰滿洲。 越數世, 不善撫, 其衆國人叛, 戕害宗

---

167) 一: 新朝本에는 빠져 있다.
168) 斡: 新朝本에는 '幹'으로 되어 있으나 地名이므로 바로잡는다.
169) 布: 新朝本에는 이 뒤에 '布'가 있다.
170) 銜: 新朝本에는 '含'으로 되어 있다.

族, 有幼子, 遯于荒野, 乃得免。數傳至肇祖, 居于赫圖阿拉地, 去俄朶里一千五百里。"【卽興京】《通鑑輯覽》云: "布庫哩雍順居于長白山東俄漠惠之野俄朶里城。其後有名樊察者, 爲國人不靖, 逃于荒野。有鵲巢于頭, 追者以爲枯木, 乃得免。" ○晴案 滿洲之始起於長白山, 後居於蘇謨河, 卽建州之地也。據東史, 斡朶里部落曾居于斡木河, 其子童倉逃附于我,【詳上節】而《博物典彙》, 以童倉所居爲建州祖地, 則《方略》所稱俄朶里城, 疑卽我之所稱斡朶里部落。蓋其部落居於白山東北境, 而抵於斡木河也。鄂多理亦與俄朶里聲同, 滿洲之始, 蓋居斡朶里之舊地也[171]。

《皇朝文獻通考》云: "我朝發祥長白, 自遠祖定三姓之亂, 居俄漠惠之野鄂多理城, 在今寧古塔西南三百餘里, 國號曰滿洲。"【〈輿地考〉》。《皇朝通志·氏族略》云: "居長白山東鄂多理城。"】

於此屈從府北流。

滿水又東入煙臺長城北。城所以處藩胡也。明 宣德時,【我世宗朝】咸吉道都節制使金宗瑞措置六鎭, 上疏論築行城。景泰二年,【我文宗元年】體察使皇甫仁·黜陟使鄭甲

---

171) 也: 新朝本에는 '歟'로 되어 있다.

孫, 始因其疏而築城, 起自會寧府西北三里禿山烟臺, 沿滿水之岸, 迂回屈曲, 至慶源北訓戎堡而止。其在會寧府境者, 長三萬一千六百尺。景泰時, 長不過一萬餘尺。【其長一萬一千七百二十尺】正德四年, 始設頰河堡而退築, 故增長之多172)。【增長一萬五173)千八百八十尺】其在鍾城府境者, 凡有土石木三格, 總長十五萬一千五百九十尺。【石築長六萬二千四百八尺, 土築長八萬五千六百尺, 木柵長三千五百八十二尺】其在穩城府境者, 長十四萬三千七百六十八尺, 而接于訓戎堡。其高皆十五尺, 連亘二百五十餘里, 總長三十二萬六千九百五十八尺。或累石, 或削土, 或附以木柵。康熙時,【我肅宗朝】咸鏡道觀察使南九萬啓曰:"在昔英陵,【世宗】復開六鎭, 而其時藩胡之居在江內者, 以離土徙去174)爲悶, 請仍居江內, 永爲不叛不貳之臣。其勢有難, 一時盡逐, 挑其仇怨, 故朝廷不得已築長城於江邊, 而凡江之內地在長城之外者, 割而與之, 使藩胡居之。"【文止此】蓋自高麗以前, 滿水內外之地, 淪爲異域, 逮我國初, 猶未掃平, 有忽剌溫之來侵, 有斡朶里之入居, 而部落滋蔓。故東史總謂之兀良哈, 或謂之野人, 其實混稱之也。故鏡城以北, 未全疆理, 及夫世宗設六

---

172) 多: 奎章本에는 '也'로 되어 있다.
173) 五: 奎章本에는 '九'로 되어 있다.
174) 去: 新朝本에는 '居'로 되어 있다.

鎭, 猶不能盡逐, 終有行城之役以處之, 東史所稱六鎭藩胡175), 是也。其後景泰六年, 有萬戶好時來之入貢。【我世祖卽位之年】天順四年, 有兀良哈 金這比之來寇, 有尼麽車·非舍等之來朝。【我世祖五年】弘治四年, 有尼麽車往征之役。【我成宗二十二年】嘉靖三十三年, 有艸串野人骨幹不之入寇。【我明宗九年】萬曆二十二年, 有易水部野人之來寇。【我宣祖二十七年】凡此之類, 皆在滿水之外者也。若藩胡, 則居在行城之外, 歸順於我, 然時或作亂。故正德十三年, 有會寧城底野人速古乃潛討之議。【我中宗十三年】萬曆十一年, 有尼湯介·亏乞乃之入寇。【我宣祖十六年】及夫大淸之興, 諸種部落悉皆歸服, 故大將軍·副都統鎭守寧古塔等處而治之。滿水遂爲天塹, 而行城之外, 亦爲我有, 此古今之異也。○滿水又右合八下水。水出會寧之䱋山, 北流逕鼇山下, 入于滿水。《勝覽》云 '八乙下川源出圓山, 經會寧府北鼇山下, 入豆滿江三歧', 是也。○滿水又屈而北。《備考》云 '豆滿江至會寧之北, 右過斡木河·八下川, 折而北流', 是也。○案《勝覽》會寧府載古羅耳【一】·沙吾耳【二】常家下【三】·阿赤郎耳【四】·下多家舍【五】·伐引【六】·無乙界【七】·上東良【八】·中東良【九】·下東良【十】·魚厚江【十一】·厚訓【十二】等名,

---

175) 胡: 新朝本에는 '故'로 되어 있다.

滿水 一

皆係界外之地。鄭氏地圖，會寧界外有<u>井洞</u>・<u>金天浦</u>・<u>登臺巖</u>，凡此皆<u>滿水</u>以北傍近地也。

滿水 二

滿水又北逕高嶺·防垣二堡, 至鍾城府西。

高嶺堡亦稱古寧堡。明 正統六年, 我世宗【二十三年也】始設之。萬曆二十四年, 築城, 後廢之。清 康熙十八年, 我肅宗【六年也】復設之, 置僉節制使, 屬于會寧也。○防垣堡在高嶺北四十里, 置兵馬萬戶以守之, 屬于鍾城也。○鍾城府本北沃沮地也。【見上會寧府】逮我國初, 久爲女眞所居, 稱愁州。宣德九年,【我世宗十六年】措置六鎭, 設鍾城郡于伯顏愁所,【今行營】尋以斡木河西北當賊衝, 特置會寧府, 以相掎角。正統六年,【我世宗二十三年】移鍾城郡于愁州, 今所治, 是也。尋陞爲都護府, 以伯顏愁所爲節度使之行營, 在今府南六十里。又府北二十五里, 有童巾山, 形如覆鍾[176), 故府取目焉。

又北過潼關堡, 未遠分界河從塞外來注之。

潼關堡在鍾城府北四十里, 置僉節制使以守之。明 萬曆十一年,【我宣祖十六年】栗甫里等寇潼關, 卽此堡也。○分

---

176) 鍾: 新朝本에는 공란으로 되어 있다.

滿水 二

界河源[177]出長白山東麓，東流合諸谷之水，至潼關堡外，入于滿水，源流可二百里也。按，白山東麓之水，上者爲阿几河，下者爲分界河，曾以此水界兩國，故有斯目焉。我人或以此別稱土門江，非也。昔咸鏡道兵馬使金汝水善撫其衆，野人懷之，立碑于分界河邊，至今猶存也。《同文彙考》："乾隆四年，我國移咨于禮部曰，'去乙卯年，鍾城人金成白與穩城人金時宗，由永達堡下灘越境，西至七十里，分界江邊於乙氷浦,【一名迊汝洞】與上國人結幕留接。今年又移于分界·豆滿兩江間，去我境三十里咸之朴洞【一名厚地洞】居住，被官兵拿獲。'"【〈犯越篇〉】《皇朝文獻通考》云："額木赫索囉在吉林 烏拉城東南三百四十五里。乾隆三年，設佐領及防禦·驍騎校等員於此，管理各旗戶。"【〈輿地考〉】又云："額木赫索囉,【駐箚吉林東南方】佐領一人，防禦一人，驍騎校一人，滿洲領催六名，驍騎一百十四名。"【出〈兵考〉】○晴案 白山之傍，皆有卡倫官兵，設此額木·佐領以管之，滿水·淥水之外白山地面，皆所巡哨，故會寧開市時，烏喇·寧古塔往來買賣，皆關由焉。

《盛京志》云："吉林 烏喇城東南至土門江七百二十里，朝鮮界。寧古塔南至土門江六百里，朝鮮界。"【疆域條】

---

177) 源: 新朝本에는 빠져 있다.

○晴案 滿水以北, 總爲寧古塔之所轄。故大將駐箚於吉林城, 而鎭守烏喇·寧古塔等處, 而寧古塔置副都統以守之。又滿水下流之界外, 又有琿春城, 置佐領以管之。自滿水發源, 至噶哈河口[178], 管于[179]寧古塔副都統。自噶哈河以東, 以滿水入海, 管于琿春佐領。今自我穩城·鍾城等地, 正北泝噶哈河, 而至寧古塔, 爲六百餘里。西北出白山之北麓, 沿混同江, 而至烏拉城, 爲七百餘里也。

○又按 《勝覽》鍾城府載愁州洞·甫靑浦洞·南京餘洞·伐時溫洞·下乙阿洞, 皆係豆滿江外之地。鄭氏地圖, 鍾城界外, 有浦項洞·下毛洞·門巖洞·阿只洞·毛老洞·古城洞·五華洞·原之洞·乃也洞·盜賊洞·爾板洞, 至于分界江之下, 今未可詳也。【分界江邊又有件加堆】

《勝覽》云: "自潼關堡渡豆滿江, 經甫靑浦, 渡舍春川, 有古城, 號南京。其西北又有山城。"【尹氏地圖, 豆門河邊有南京及童巾古城, 又有圓山城】○晴案 所謂南京城, 必古渤海之東京也。《唐書·渤海傳》云: "東京 龍原府亦曰柵城府, 領慶·鹽·穆·賀四州, 而貞元時, 文王 欽茂自上京東南, 徙都於東京。"賈耽《郡國志》云: "自新羅 泉井郡至柵城府, 凡三十九驛。"【一千一百七十里】泉井郡者, 今之

---

178) 口: 新朝本에는 빠져 있다.
179) 于: 新朝本에는 '子'로 되어 있다.

滿水 二

德源府也。今自德源遵海而北一千二百里, 正得鍾城 潼
關 滿水內外之地, 則渤海 東京當在於此。其云南京者,
只憑舊傳而換也。

滿水又至柔遠堡西, 屈而東流逕穩城府北。

滿水又北爲犬灘, 爲壓江灘, 逕永達堡西。堡卽永樂十六
年所置,【我太宗十八年】有兵馬萬戶以守之, 屬于穩城也。
明 萬曆二十二年,【我宣祖二十七年】 鍾城境易水部野人,
來圍永達堡, 兵馬使鄭見龍領兵二千, 攻破之也。○滿水
又北逕柔遠堡西。堡置僉節制使以守之也。○滿水自柔
遠堡北, 屈而東流至穩城府北。府古胡里改路界180)也。
【詳見會寧府】逮我國初, 女眞乘虛入居, 號多溫平。宣德九
年, 金宗瑞措置北邊。正統六年,【我世宗二十三年】置穩城
郡於多溫平, 尋陞爲都護府, 卽我東北邊界之頂也。

葛哈水自寧古塔來會。

葛哈河, 《盛京志》作噶哈哩河。 源出於馬兒虎力窩集,
窩集者, 山也。其山在寧古塔城南一百五十里, 長白山
一幹, 東北走爲勒福陳岡, 又東北爲馬兒虎力山。方言
謂巨山多樹林者曰窩集也。此山北麓之水, 爲馬兒河・

---

180) 界: 新朝本에는 빠져 있다.

阿布河, 入于虎兒哈河。西麓之水, 爲松景河·渣準河, 入
于鏡泊。南麓之水, 總注爲葛181)哈河之源也。○葛哈河
南流, 右合虎脊河, 河出於寧古塔南三百里无名山, 東流
入于葛哈河。蓋寧古塔之地, 多太山深林, 而土曠人稀,
山多无名也。○葛哈河又南, 左合哈182)孫河, 河出於寧
古東南五百里无名山, 西北流入于葛哈河也。【哈孫河在
寧古南三百二十里】○葛哈河又南, 右與布兒河合, 卽布兒
哈圖河也。出寧古塔南六百里无名山, 東北流受攔河,
入于葛哈河。【布兒河在寧古南四百里】攔河亦出无名山, 東
北流入于布兒河也。○葛哈水又南至穩城府北, 入于滿
水。自發源至此, 可四百五十餘里也。按《武備志》, 女眞諸
衛有哈溫河衛, 舊《會典》作哈里河衛, 此卽葛哈里河也。
《後漢書·東夷傳》云："北沃沮, 一名買溝婁, 去南沃沮八
百餘里, 其俗皆與南同。界南接挹婁,【案, 俗與南同者, 謂與
東沃沮同俗也。挹婁今寧古塔地也, 此當作北接挹婁】挹婁人喜
乘船寇鈔, 北沃沮畏之, 每夏輒藏於巖穴, 至冬船道不
通, 乃下邑落。"【其耆老嘗言, 於海中得一布衣】又云："挹婁
東濱大海, 南與北沃沮接。"【《魏志》同】○先生云："北沃
沮者, 今咸鏡北道 六鎭之地也。東沃沮明是咸興之地,

---

181) 葛：新朝本에는 '噶'로 되어 있다.
182) 哈：奎章本에는 '跲'으로 되어 있다.

滿水 二

則咸興之北八百里,在大海之濱者,豈非今慶源·慶興等地乎?挹婁之人,乘船寇鈔者,北自噶哈哩河,順流南下四五百里,至我穩城府北,入于豆滿河,則穩城·慶源·慶興諸邑,皆在沿河之地,當受寇鈔也。除此以外,在沃沮之北八百里大海之濱,而受挹婁人乘江船寇鈔者,更無其地也。"【至冬不通,則非海船也】

《魏志·毋丘儉傳》云:"正始五年,儉出玄菟,討句麗。六年,宮遂奔買溝,【東川王奔北沃沮】儉遣王頎追之,過沃沮千有餘里,至肅慎氏南界。"○《句麗史》云:"王以一千騎,奔鴨淥原,王頎追之,王奔南沃沮,至于竹嶺。"○先生云:"買溝者,今之豆滿河南地也。句麗東川王爲毋丘儉所逐,自丸都城南渡鴨淥河,東南踰辥罕嶺,【卽竹嶺】至咸興地。【南沃沮】又爲王頎所逐,北走千餘里,至豆滿河邊,【卽買溝】卽所謂肅慎南界也。【寧古塔之南】"○晴案北沃沮者,今六鎭之地也。漢成帝河平元年,句麗東明王伐北沃沮滅之,以爲城邑,故東川王得奔於此。至晉武帝太康六年,慕容廆襲夫餘滅之,其子弟走保沃沮。【見《晉書》】沃沮者,北沃沮也。及唐玄宗之後,地入於渤海,則豆滿·葛哈二河南北諸地,皆其所疆理者也。

《星湖僿說》云:"我成宗二十二年【明孝宗弘治四年】春正月,尼麼車野人寇造山堡,搶掠人畜。慶興府使羅嗣宗追之, 中箭死。將討之, 城底野人吾道里等皆言, '女眞兀狄哈有五姓, 而尼麼車最盛。居速平江邊, 距我境五日程, 其間有鬱地, 林深路阻。過此平原矣, 可以長驅往征。'於是, 以永安道觀察使許琮爲都元帥, 大司憲李季全爲副, 發兵二萬, 刻日進討。是時城底野人大護軍阿良哈願爲嚮導。琮率李季全·田霖·黃衡等諸將, 由穩城, 造浮橋於豆滿河。十月辛酉, 渡師, 有兀狄哈游兵, 擒斬三人, 餘四人逸。乙丑, 前軍踰鬱地, 逸者奔告兀狄哈, 兀狄哈以百騎來挑戰。我軍射中之, 阿良哈虜阿速。大軍繼至, 賊散走。翌日丙寅, 入賊巢, 賊逃匿無所得, 焚蕩廬舍。丁卯, 糧盡班師, 賊五百騎躡後。後軍力戰, 殺傷相當。甲戌, 還渡豆滿河。"○又云183): "兀狄哈在速平江之南, 速平之外, 瀰茫大野, 兀狄之南, 惟有鬱地險阻, 又有河順坪, 濶遠無限, 則恐是下接訓春坪者也。"○晴案 速平江者, 今之娘木河也, 則自娘木河以南·土門河以北, 而至葛哈河左右之地, 皆古尼麼車兀狄哈之所據也。○又按 鬱地今未詳所在。考《勝覽》穩城府, 江外之地, 有龜巖峯【府西北二十里】·槖駝山【府西三十里】·多溫洞【府北七里】·右地山。【距龜巖峰三十里】鄭氏地圖, 穩城府界外, 有市大洞·檜坡洞·月德訓·下田洞等地, 皆在滿水之

---

183) 云: 新朝本에는 '按'으로 되어 있다.

北, 而未可周知。《盛京志》, 寧古塔南界之地, 亦未詳載, 則鬱地·河順今不可的指。然今寧古塔方言謂大山茂林曰窩集, 則鬱地與窩集聲同也。 又寧古塔南三百二十里, 有哈順河, 入于葛哈河, 則河順與哈順聲同也。
《儳說》又云:"我孝宗九年,【淸 順治十五年】大國徵兵助攻車漢。車漢者, 羅禪也。於是, 以惠山僉使申瀏移拜北虞候, 領兵赴之。三月初一日, 渡豆滿河。十三日, 渡魚濟江。十六日, 歷毛段江。十九日, 達寧古塔。中間樹林蔽天, 人跡未到, 麋鹿成群, 魚不避人, 長十餘尺。以佃以漁, 饗士皆飽。"【詳見混洞江條】 ○晴案 渡豆滿而北行六百餘里, 可達寧古塔, 其間有葛哈[184]河而已。《儳說》所云魚濟·毛段二水, 必是葛哈[185]河及其所合之水, 若布兒·哈[186]達等也。 今葛哈[187]河左右之地, 多荒僻蕪廢, 樹林蔽天者。
《廢四郡故事》曰:"太祖受命, 東北一道, 畏威懷德, 野人酋長至移蘭·豆滿, 皆來服事, 佩劒入衛, 東征西伐, 靡不從焉。如女眞 幹朶·豆溫·夾溫·猛哥帖木兒等, 兀良哈則土門 括兒牙戶·兒逸嫌眞等, 兀狄哈則速平江南突阿

---

184) 哈: 新朝本에는 '冾'으로 되어 있다.
185) 哈: 新朝本에는 '冾'으로 되어 있다.
186) 哈: 新朝本에는 '冾'으로 되어 있다.
187) 哈: 新朝本에는 '冾'으로 되어 있다.

刺哈·伯顏·闊兒看等, 是也。上卽位, 量授千戶·萬戶, 使李豆蘭招安之, 習禮義之敎, 與國人相婚, 服役納賦, 無異編戶。且耻役於酋長, 皆願爲民, 自孔州迆北至于甲山, 設邑置鎭, 治民束卒, 延袤千里, 皆入版籍。以豆滿江爲界, 江外殊俗, 至於貝州, 聞風慕儀, 或親來朝, 或遣子弟, 爭獻土物良馬。"

《高麗史·地理志》云: "九城之地, 久爲女眞所據。睿宗二年,【宋徽宗大觀元年】命元帥尹瓘·副元帥吳延寵, 率兵十七萬, 擊逐女眞, 築城於英州【後倂于吉州】·雄州【亦倂于吉州】·福州【今端川】·吉州。【今吉州】三年, 城咸州及公嶮鎭, 築宜州【今德源】·通泰·平戎三城。於是, 女眞失其窟穴, 連歲來侵。四年, 撤九城。"又云: "公嶮山城, 一云孔州, 一云匡州, 一云在先春嶺東南·白頭山東北, 一云在蘇下江邊, 未可考。"〇《勝覽》云: "尹瓘, 自咸州至公嶮鎭, 築九城爲界, 立碑先春嶺。"又云: "自高嶺鎭豆滿江, 踰古羅耳, 歷吾童站·英哥站, 至蘇下江濱, 有公嶮鎭古基, 南鄰貝州, 北接堅州。"〇晴案 林彦〈九城記〉明云: "其地方三百里, 西北介于蓋馬山。"則九城皆在咸興以北三百里之內白頭山之南也。

《備考》云: "豆滿江至會寧, 經高嶺之鎭·防垣之堡·鐘城之府·潼關之鎭, 爲壓江灘。左過土門江, 東流經穩城府

滿水 二

北, 左過葛哈里河。"

滿水又東至美錢堡北, 左合呼蘭水。

美錢堡在穩城府東二十六里, 置僉節制使以守之。明成化二十年【我成宗十五年】所置也。滿水自穩城至美錢, 其間有龜巖灘【穩城北八里】·柳田灘【穩城東北六里】·於汀灘【穩城東北七里】·他乃灘【穩城東北八里】·浦項灘【穩城東北九里】之名。《備考》云'豆滿江又東流, 爲龜巖·柳田·於汀之灘, 經美錢堡', 是也。《勝覽》又有秃邑灘。【穩城北五里】

又折而東南, 左受英愛之水。

此卽《盛京志》所稱'土門江繞朝鮮北界, 復東南折',《備考》所云'豆滿江左過三漢川, 又折而南流'者也。○英愛河, 我邦稱三漢川, 源出於笊籬山。山在寧古塔東南五百八十里, 高一里, 周圍四里。忒林·模稜二窩集之南幹, 南走爲此山也。○英愛河南流逕古城下。按, 古城凡有三處, 一曰英愛城, 周圍一里, 東南各一門。二曰无名古城, 周圍五里, 南四門, 西三門, 東北各一[188]門, 內有小城, 周圍一里, 南三門, 東西各一門, 皆寧古塔東南五百八十里之地也。三曰飛腰城, 周圍三里, 西南各二門, 東

---

188) 一: 奎章本에는 '二'로 되어 있다.

北各一門, 寧古塔東南五百八十五里[189]之地也。○英愛河又南至美錢堡, 東入于滿水。

又南逕黃柘[190]坡·訓戎堡。

黃柘坡堡在穩城東二十七里, 差權管以戍之。明 嘉靖二年所置也。【我中宗十八年】○滿水又右合黃柘水。水出穩城府 慶關嶺, 北流入于滿水也。○滿水又南出行城下, 其城始於會寧府之禿山烟臺, 盡之於此。【詳見上會寧條】城外有大石, 立於水邊, 戌削四稜, 矗入霄漢, 其上常有雲氣, 命曰立巖。水至此爲灘也。○滿水又南逕訓戎堡東。堡有僉節制使以守之。水逕其堡而分派, 環古耳洲而復合也。按, 《淸會典·則例》云:"乾隆十三年,【我英宗二十四年】題準朝鮮國王咨稱, '彼國訓戎鎭, 越江東邊, 有烏喇民人, 造家墾田, 照康熙五十四年定例,【見下厚春條】行令寧古塔將軍, 確察禁止也。'"

至慶源府東,【句】受其府前之水。

府古五國之地也。【沿革詳見會寧府】久爲女眞所據, 稱會

---

189) 里: 新朝本에는 공란으로 되어 있다.
190) 柘: 《朝鮮王朝實錄》과 《承政院日記》 등에는 '拓'과 혼용되고 있으나 이하 모두 新朝本을 따른다.

叱家。明洪武時,我太祖始置府于孔州,【今慶興】以其地有德陵·安陵,改爲慶源府。永樂七年,【我太宗九年】移治於蘇多老。【今屬于慶源】明年,女眞入寇,韓興富戰死,郭承佑敗績。於是,遷兩陵于咸州,徙其民於鏡城郡,遂空其地。十五年,【我太宗十七年】復置慶源府於鏡城之富居站,蓋不忘其舊也。宣德八年,我世宗因斡朶之亡,設鎭於斡木河,【今會寧】遂措置六鎭,移府於會叱家之地,仍稱慶源府,即今所治,是也。水自發源至入海,通稱豆滿。然在慶源者爲主,故祀典祭北瀆神于此,載中祀。《勝覽》云:"豆滿江出白頭山,歷東良【句】·北斜地【今茂山地】·阿木河【今會寧】·愁州【今鍾城】·童巾【鍾城北】·多溫【今穩城】·速障【穩城東】等處,至會叱家南流。會叱家者,慶源也。"○府前之水,凡有三條。一曰會叱家水,源出於甑山,東流來合。一曰林盛水,源出於雲峯山,東流來合。一曰農圃水,源出於羅端山,東流來合。皆慶源府南之地也。

滿水又東南至安原堡東。

滿水又東南逕鎭北古城東。舊有堡於此,今廢之也。○滿水又逕安原堡東。 堡距慶源府三十里, 差權管以守191)之也。○滿水又南至蘇多老古營東。營古女眞地也。我太宗九年,移慶源府治於此,設木柵以居。明年,因女眞入寇,遂虛其地,而營仍廢之也。

厚春水從塞外西注之。

厚春水,《金史》稱渾蠢水,《提綱》作輝春河,《盛京通志》作渾春河,《勝覽》作訓春江,《備考》作後春江,[192] 皆一也。源出於通墾山。山在寧古塔東南·渾春城東北[193]七百里,高一里,周圍四里也。○厚春水西南流,右合漢達河。河出寧古塔東南六百二十里烏兒渾山,西流入於厚春河也。○厚春水又西南逕渾春城東,卽駐防協領之所居也。舊無防守,康熙五十三年,始設諸官,留滿洲兵以守之。《盛京通志》:"渾春城有協領【一員】·副協領【一員】·佐領【二員】·防禦【二員】·驍[194]騎校【三員】·筆帖式【二員】"《淸一通志》:"渾春地方在寧古塔城東南渾春河左右。其南與朝鮮接界,皆庫雅拉等所居。【卽我所稱厚春部落】其管轄東至海二百八十里,西至土門河二十里,北至佛思恒山一百二十里,南至海一百一十里,西北至喀

---

191) 守: 奎章本에는 '戍'로 되어 있다.
192) 金史稱渾蠢水 ~ 備考作後春江: 奎章本에는 '《盛京通志》作渾春河,《勝覽》作訓春江,《備考》作後春江,《金史》稱渾蠢水,《提綱》作輝春河'로 되어 있다.
193) 北: 奎章本에는 '南'으로 되어 있다.
194) 驍: 新朝本에는 '饒'로 되어 있다.

哈里河一百一十里, 而阿爾楚呼山【東五里】·喀爾代山,
【東八十餘里】皆在城東之境也。"

《皇朝文獻通考》云: "渾春在寧古塔城東南六百餘里,
其南與朝鮮接界。自渾春河左右, 皆庫雅拉人等所居,
亦名庫爾哈。康熙五十三年, 設協領及佐領·防禦·驍[195)
騎校等員, 管理各戶, 屬隸於寧古塔副都統, 仍統於奉天
將軍。"【〈輿地考〉】又云: "渾春, 協領一人, 佐領三人, 防
禦三人, 驍騎校三人, 筆帖式二人, 助教官一人, 八旗滿
洲領催三十八名, 驍騎四百十二名。"【又云: "康熙五十三
年, 設渾春協領, 卽以捕獺之庫爾哈一百五十名, 充額兵。五十四年,
增四十名。乾隆十七年, 增六十名。二十五年, 增二百名。"○竝見
〈兵考〉】厚春河又逕縣城東。城今廢, 古謂之奚關城。《龍
飛御天歌》'奚關城東距訓春江七里, 西距豆滿江五里'
者, 卽此, 我翼祖逢老嫗之處也。【見下入海條】《勝覽》曰:
"自鎭北堡, 渡會叱家川, 大野中有土城, 名曰縣城, 內有
六井。"尹氏地圖, 訓春江邊有玄城坪, 皆指此也。○厚
春河又西入于滿水。《勝覽》云: "訓春江源出女眞之地,
至[196)東林城, 入于豆滿江, 斡朵里野人所居也。"按,《金
史·留可傳》云: "可, 統門·渾蠢水合流之地, 烏古倫部
人。"【詳見上】渾蠢水卽厚春河也。《淸一統志》云: "土門

---

195) 驍: 新朝本에는 '饒'로 되어 있다.
196) 至: 新朝本에는 '申'로 되어 있다.

江在朝鮮國東北界，源發長白山東南麓，東南流入海。本朝康熙五十四年,【即我朝肅宗四十一年】 以琿春之庫爾喀齊等處，與朝鮮止隔土門江，恐居人往來生事，令將安都立他木弩房屋窩舖卽行折毀， 與寧古塔那去官兵之屯莊，俱令離江稍遠居住，嗣後沿江近處，蓋屋種地，俱嚴行禁止。"

《淸會典・則例》云："崇德年間, 定寧古塔人往會寧地方市易者, 每年一次, 庫爾喀人往慶源地方市易者, 每二年一次。"〇晴案 北關互市有二處。我仁祖朝, 寧古塔・烏喇兩處人, 持戶部票文來, 貿農牛・農器・食鹽, 是爲會寧開市, 其後巖丘賴達戶人來, 貿農牛・犁・釜, 是爲慶源開市也。【單開雙開】[197]

《勝覽》云："訓春江東北七十里，有於羅孫山，其北二十里，有古石城，名曰於羅孫站。其北三十里，有虛乙孫站，其北六十里，有留善站，其東北七十里，有土城古基，名曰巨陽城。【亦云開陽城】內有兩石柱，古懸鍾處，高三尺，圓徑四尺有奇。嘗有慶源人庾誠者，至其城，碎其鍾，用九馬駄來，纔十之一, 從者三十餘人，皆死。其遺鐵置草中，人不敢取之。世傳，城乃高麗 尹瓘所築，西距先春嶺六十里許。"〇晴案 今自厚春河合流處，東北踰壺蘭河

---

197) 單開雙開: 新朝本에는 빠져 있다.

滿水 二

二百餘里, 有飛腰城・英愛城及无名古城。【見上英愛水條】
自此而東南, 有喀爾代山・通墾山, 皆是寧古塔之南界。
而無巨陽・羅孫等名, 蓋古今方言之殊也。

又南至乾原堡東。

滿水又南逕東林古城東。亦稱龍堂城, 慶源東南四十里
地也。城極險阻, 內有大井, 其深莫測。明建文三年, 我
太宗【元年也】遣都巡察使姜思德築之。 世傳, 穆祖嘗居
于此, 後移於斡東,【慶興東】故爲之築城, 今廢之也。○滿
水又右合安原水。水出於慶源府羅端山, 東南流入于滿
水也。○滿水又南逕乾原堡東。堡有權管以戍之也。

右受五龍之水。

五龍水出會寧府之葛坡嶺, 北流逕鹿野倉, 右合魚隱
水。水出於嚴明山, 北流入五龍水也。○五龍水又北爲
涪溪, 亦曰俯溪, 鹿野峴之水, 亦入于此, 鍾城府南四十
五里地也。○五龍水又右與柳水合。水出於慶興府之松
眞山, 西北流逕柳城洞及防山倉, 入于五龍水也。○五
龍水又北至陪下倉, 左與中秋溪合。溪出於會寧之全以
尙嶺, 東流逕細谷潤洞, 至關北行營之南。營古北沃沮
地也, 逮我國初, 沒于女眞, 稱伯顏愁所。宣德時, 措置六

鎭, 移石幕 寧北鎭于此, 號鍾城郡。尋以斡木河當賊衝, 而距鎭阻隔, 聲援懸絶, 別置鎭於斡木河,【會寧府】移鍾城治于愁州,【今鍾城】以寧北鎭爲行營。正在六鎭之中, 聲援相及,【鍾城地】豆滿河氷合之時, 咸鏡北道兵馬節度使自鏡城出鎭于此。 所謂'風和六朔居鏡城, 風高六朔居行營', 是也。○中秋溪又右合花豐水, 至龍巖, 入于五龍水也。花豐水出於花豐德山, 東流來合。其山上有皇帝塚云。○五龍水又東至乾原堡, 南入于滿水。《勝覽》云："吾弄草川在慶源南四十五里, 源出鏡城府 柳城洞·會寧府 細谷里等處, 東流入豆滿江。" 吾弄者, 五龍之聲轉也。

滿水又南逕阿山堡。

滿水又南逕阿山堡東。堡有兵馬萬戶以守之, 屬于慶源也。○滿水又南右合農耕水。水出於慶興府 農洞, 北流與松眞山水合, 入于滿水也。○滿水又東南逕阿吾地堡東。堡置兵馬萬戶以守之, 屬于慶興也。

折而東歷撫夷堡, 左受塞外八池之水。

撫夷堡在慶興府北三十里, 有兵馬萬戶以守之也。○塞外八池, 寧古塔南界之地也。有八池相通, 西流入于滿水。按,《盛京志》:"寧古塔東南六百三十里,有夏渣山,高五里,周圍三十里。渾綽河出於此,南流入土門江。"【渾綽河在寧古塔東南六百六十里】蓋八池之水,與渾綽河而同流,入于滿水也。鄭氏地圖,慶興界外有豬嶺,下爲平野,又有納納古坪,皆近於八池者也。

《清一統志》云:"崇德元年,瓦爾喀 不靖命尼堪,率衆出朝鮮 咸鏡道往征,將出會寧,朝鮮列營拒之,以兵襲我。尼堪皆敗之,降其哈忙城。"○《開國方略》云:"太祖 高皇帝戊申年,東海 瓦爾喀部來朝。己酉年,明令朝鮮歸我瓦爾喀八戶。太祖遺明書曰,'鄰朝鮮境而居瓦爾喀部衆,皆吾所屬也。'太宗 崇德四年,命朝鮮以舟師攻熊島,仍遣將率兵百人,往瓦爾喀,收其餘黨。"○《聖祖御製集》云:"聞朝鮮國有八道,北道與瓦爾喀地方土門江爲界,西道接我鳳凰城。"○晴案 滿水之北,爲庫爾喀·瓦爾喀二部之地,庫爾喀卽慶源江對界,渾春城之所轄也,瓦爾喀卽慶興江對界,近海之地也。

又東南至慶興府東,【句】受赤池之水。

府古渤海 東京界也。高麗時爲女眞所據。宋 大觀元年,睿宗遣尹瓘·吳延寵擊逐女眞,築九城。【睿宗二年也】時設砦于此,爲公嶮鎭內防禦所。三年,還撤之,入于女

大東水經 其二

眞。明 洪武三十一年, 我太祖【七年也】拓地, 至豆滿河, 因古址198), 築城于此, 爲孔州。尋以國家肇基之地, 改爲慶源府, 爲其地有德陵・安陵也。永樂七年, 我太宗【九年也】移慶源府于蘇多老。【今屬于慶源】明年, 因女眞入寇, 遷兩陵于咸州, 遂空其地。宣德九年, 我世宗【十六年】遣金宗瑞, 措置六鎭。明年, 修孔州舊城, 析爲孔城縣, 尋改爲慶興, 陞都護府也。○赤池在慶興府南十里, 周數里, 北與滿水相連。池上有古城, 甚危險。世傳, 我度祖射龍于此池, 蓋漢 高澤蛇・高麗 龍女之類也。正宗御製赤池碑若曰: "我先祖度王嘗居于慶興之望德山下, 【卽所云斡東】夢一神翁告曰, '我南池之龍也。有客龍據我池, 將奪我潛窟, 聞公善射, 請以一矢殪我敵。事苟成, 我且知德, 俾慶公之後。' 王許諾。旣覺, 帶橐鞬, 登府之南麓, 忽大雨暴作, 群動震慴。而望見雲烟迷茫中, 黑龍自東北起, 引白龍交戰, 蜿蜒千尺, 互相挐攫, 鱗199)甲閃閃, 與電光爭燭。王欲射之, 莫辨主客, 竟不發而歸。是夜神翁復覯于夢曰, '公旣諾我, 而終惜一矢, 何也?' 王曰, '非惜一矢, 我不知誰爲客。' 翁曰, '白爲我, 黑爲客, 明日愼勿誤。' 王又諾, 翌朝又登于南麓, 兩龍又交戰如昨日。王

---

198) 址: 奎章本에는 '趾'로 되어 있다.
199) 鱗: 新朝本에는 '麟'으로 되어 있다.

乃指黑龍,發一矢,正中其腰。於是,驚血淋漓,渾池皆赤,故曰赤池,亦曰射龍淵。蓋如交阯·丹池之得名,而其事尤奇。然說者或以慶後之報,傅合於龍之德我,則豈其然哉？惟我家克世懿問,厚積仁澤,含光而弗耀,率履而弗伐,卒能亨天受命,爲百神之所嚮福,萬姓之所歸往。赤池之事,特先人以爲瑞而已,龍豈能慶人哉！乃系之以銘也。"又五山 車天輅云："慶興府南十二里許,赤池中有圓峯,高三十五步,圍九十步,四面沮洳,人未易通。穆祖 德陵在峯上,其葬也,中國人來相之。【又有懶翁·無學擇地之說,竝出《說林》】後因寇難,遷厝于咸興,而赤池爲舊兆也。"○滿水於此有愁濱江之目。《備考》云："豆滿江至慶興府東,經赤池,爲愁濱江。"又云："愁濱江在慶興南十里,豆滿下流,卽是也。"按,《勝覽》云："愁濱江源出白頭山,北流爲蘇下江。一作速平江,歷公嶮鎭·先春嶺,至巨陽,東流一百二十里,至阿敏,入于海。"又云："也春山在慶源府東七十里愁濱江邊。"【也春或作野春】而尹氏地圖,有水出白頭山之東北貌虎山,南流爲蘇下江,歷潭州平而東流,又逕公嶮鎭·先春嶺·圓山城·開陽城,至只人吾巖城,南流爲愁濱江,入于海,而老串【句】·伐引【句】·安土【句】·也雉城·于而未城·厚飛石城,皆在愁濱江北。若據此二說,愁濱江出於白山而東流,自達于海也。

雖然,今考,<u>白山</u>出九大水,曰<u>魚潤</u>也,<u>分界</u>也,<u>克通</u>·<u>娘木</u>也,<u>兩土</u>·<u>拉庫</u>也,<u>兩訥</u>·<u>音河</u>也,<u>鴨淥</u>也。【詳見<u>綠水</u>條】則外此九者,更無大水,<u>愁濱</u>之出于<u>白山</u>,抑何據矣?且<u>豆滿</u>之北水之自達于海者,有<u>渚淪</u>·<u>遂分</u>二河,而<u>渚淪</u>之河源出<u>夏渣</u>之山,南流入海。其流甚小,不可以擬之也。<u>遂分</u>之河,其流稍大,然源出於<u>模稜窩集</u>,南流入海,亦不可以擬之也。何況<u>豆滿</u>之外,更無東流之水,<u>愁濱</u>之東流,不亦妄乎?余謂,古之<u>蘇下江</u>,卽今之<u>娘木河</u>也。《<u>勝覽</u>》:"聞,<u>白山</u>之外有東北流之水,而不知合於<u>混同</u>。又聞,<u>慶源</u>之外有南流之大水,而不知出於<u>模稜</u>。"遂勒相膠合,誤定源委。然且界外荒遠,無人明辨,故人得以從之也。

<u>滿水</u>又東南逕<u>造山堡</u>。

<u>滿水</u>又逕<u>造山堡</u>東。 古之<u>鎭邊堡</u>也,有兵馬萬戶以守之,今廢也。○<u>滿水</u>又東逕<u>斡東</u>地北,卽<u>慶興府</u>東南三十里也。元末,我<u>穆祖</u>自<u>德源</u>移居于此地,<u>元</u>以<u>穆祖</u>爲<u>南京</u>五千戶所達魯花赤,王業之興,自此始也。<u>穆祖</u>每至<u>女眞</u>,諸千戶所必宰牛馬,饗宴累日,諸千戶所至<u>斡東</u>,<u>穆祖</u>亦如之,遂數相宴會。<u>翼祖</u>承襲,亦如之。後<u>翼祖</u>威德漸盛,諸千戶所手下之人,皆歸心焉。諸千戶所

滿水 二

忌而謀害之, 乃謬告曰:"吾等將獵北地而來, 請停會二十日。" 翼祖許之。過期不來, 乃親往, 至奚關城,【在厚春河邊】道逢一老嫗, 戴水桶而來。翼祖渴欲飲, 老嫗告之曰:"此處之人, 實欲因兵, 謀害貴官也。" 翼祖遑遽而反, 使家人乘舟, 順豆滿河而下, 期會赤島, 自與孫夫人, 至慶興後峴, 望見斡東之野, 賊騎已彌滿矣。遂入赤島避禍, 而事有非常, 如滹沱之氷合焉。後還居于德源府也。

至鹿屯島, 入于海。

鹿屯島在造山南二十里, 亦稱沙次麻島。方言呼鹿曰沙兒參, 謂麻曰參, 故目之也。舊有農堡, 置兵船, 今廢。《勝覽》云:"豆滿江至慶興府 沙次麻島, 分流五里許入海。"《備考》云:"豆滿江又東流經造山, 至鹿屯島, 入于海。" 余按, 鹿屯島有戰勝臺, 明 萬曆十五年,【我宣祖二十年】忠武公 李舜臣爲造山萬戶, 破賊兵於此。〈忠武公行錄〉云:"萬曆丙戌, 公爲造山堡萬戶。丁亥, 兼鹿屯島屯田官。以本島孤遠且防守軍少爲慮, 屢報於兵馬營, 請添兵, 節度使李鎰不從。秋, 賊果擧兵圍公木柵, 有衣紅氈者數人, 在前麾進。公彎弓連中, 其紅氈者, 皆仆于地, 賊退走。公與李雲龍等追擊之, 奪還被虜人六十餘名。公亦中矢, 傷左股, 恐驚衆, 潛自發矢而已。鎰欲殺公滅口, 以免己罪, 收公欲刑之。事聞, 令白衣從軍。" 又《慶興府志》云:"鹿屯島, 一名沙次廠, 在府南五十六里, 豆滿江入海處。丁亥, 令造山萬戶李舜臣兼掌屯田。秋, 府使李景祿率烟軍收穫200) 。 有藩酋印尼應介·沙送阿等, 嘯聚群胡於楸島, 先使騎兵圍柵, 縱兵大掠。守護將吳亨等戰死, 李景祿·李舜臣殊死拒戰得免。印尼應介踏壕而入, 別將李夢瑞一箭射倒, 賊皆散, 舜臣尾擊破之也。其後忠武公之五世孫觀祥, 立碑于島之戰勝臺上, 而弘文館提學趙明鼎識其碑陰, 略曰, '萬曆丁亥, 藩胡圍鹿201)屯堡木柵, 公登鎭北三里許高峯而禦之, 伏奇兵於賊路, 日暮邀202)其歸, 放砲鳴鼓擊之, 殺傷甚多。賊大愶, 更不敢近, 後人名其峯, 曰戰勝臺也。'"《水道提綱》:"土門江源出長白山頂之東麓, 曰土門色禽。東流若隱若見數十里, 折東北流又數十里。有一水自西北, 一水合二源, 自南來竝會, 俱長白支峰也。東南流百餘里, 有一水合二源, 自西南來會。【水南卽朝鮮國】折而東北流百數十里, 南岸受小水二·大水一。【二小水, 皆甑山以北, 北流僅百里許。大水曰洪丹河, 源西南出大山, 合三池源之水, 東流百數十里, 折東北流, 合東一小水。又北經甑山東麓, 又東北而北百餘里,

---

200) 穫: 新朝本에는 '獲'으로 되어 있다.
201) 圍鹿: 新朝本에는 '鹿圍'로 되어 있다.
202) 邀: 新朝本에는 '邀'으로 되어 있다.

入土門江】稍東有阿几个土門,自西北合一水,東南流來會。【阿几个色禽在長白頂東北百里大山,其西卽泥牙母・泥牙庫色禽,西北流爲松花江者。此河自山東流百數十里,有一水合二源,自西北來會。折東南流百里,入土門,亦別源也】又東北百里,南岸受水二。【一曰魚順河,自南合兩源,北流又合一水,行三百餘里,入土門江。一曰波下川,三源合而北流,曲曲二百數十里,入土門江】至大山東麓,折北流,受東來二水。其東岸,朝鮮 茂山城也。折而西北,受西來一水。其東岸,朝鮮 良雍城也。又折東北流平地中數百十里,受南來水三。其東南岸,卽朝鮮 方山堡及會寧・高嶺・王坦・鍾城・潼關・雍大七城,皆濱江。有小水,西北流入焉。其北岸至大山南麓,有噶哈里河,北自興安嶺西南麓,西南流合諸水,折東南合西來之卜兒哈兔河,而東南來會,亦巨川。其南對岸,卽朝鮮 穩城也。【噶哈里河出興安嶺,西南流數十里,合北來一水。又西南數十里,有哈達河,西北自馬兒呼里嶺大山,合數源,東南流來會。折東南流,合西南來自活渾山之艾衣六河,又東南會西來之活几河及東來之薩其庫河,又東南合東來薩克得享嶺之付兒哈河,又東南合東來之哈順河。此水自源至此,已四百餘里,而卜兒哈兔河,自西合二大水來會 ○噶哈里河,又東南數十里,會土門江】土門江折東流百餘里,合北來小水三。【一無名,一曰呼蘭河,一曰米瞻河】其南岸,朝鮮 美踐鎭城也。折東南流數十里,又有東英額河來注之。其西岸, 卽朝鮮 循鎭城, 南爲慶源府城也。又東南經輝春村西南, 又東南有輝春河, 自東北合十數水, 西南流來會。【輝春河, 自東北諸山中西流, 合北來之生非尖舍利河, 西來之夫答足渾河, 折西南流百餘里, 合東南來之西白河, 西北來之心鷄拉庫河。又折西流百數十里, 合北來之哈爾達山水及東南來一河, 南來之虎魯河・你牙河・下禾里河。又折西北, 合北來之哈達河・勒忒河, 又西南數十里, 合東來之哈達河, 又西南入土門江】土門江又東南百里, 受朝鮮西岸之水二。【一爲慶源府南水, 自西南山東北流, 入土門江, 一爲前元舖前水, 自西而東入土門江, 長百餘里】折而南二十里, 又折而東受南岸水一。【卽阿山舖南一水也, 長百數十里】又折東北二十餘里,【卽烏兒滾山之南八十里許】東岸茂山城, 北水曰西水洛川, 源出東源【案, 當作東海】濱大山, 西北流合南來二水, 又北流曲曲, 經茂山城,【案, 此茂山似誤, 或似造山之訛】東折經城北, 而西入土門江。又北一水無名, 其南岸當水曲, 卽朝鮮 慶興城。【案, 此數節文勢似錯簡】又東南流入大海。"【海口, 東十四度五分, 極四十二度五分。海口南有二小洲, 其東一山, 卽代都薩哈也。又東數十里, 卽西思河島也, 島與山之北, 卽火擢火河海口也。此河源流長千餘里, 西岸自慶興城而南濱水, 曰索鳳坡, 又南至大海口, 曰西水洛城】

《盛京志》云: "寧古塔正南至土門江入海處, 約一千餘里。"
○晴案 今自滿水入海之口, 西北距慶興府六十里, 正北距寧古塔千餘里, 而卵島·麻田島·楸島, 皆在其口, 兩國之界也。鄭氏地圖, 岳陽串·瑟海在於海口, 尹氏地圖, 自此而東北, 又有熊島·尒邑富·白無·黑無等島也。今自其入海之口, 西行則歷西水羅堡, 而達于富寧·鏡城, 東行則歷渚淪河口·遂分河口, 迤而東南抵唏喀塔山之南及喜祿河之口, 皆寧古塔東南界也。《備考》云："白頭以東【魚潤·土門之所源】圓山·長白·茂山之嶺,【西北川·朴下水·斡木河之所源】至于松眞·白兵【五龍·農耕水之所源】以北, 諸山之水, 入此原派。自界碑發源, 至魚潤合處, 爲四百里。" ○晴案《備考》當添馬兒【葛哈河之源】·笘籬【英愛水之源】·通墾烏兒【厚春河之源】以南一條。

《備考·關防篇》云："豆滿江沿, 自茂山 三山社而始, 茂山【三百五十五里】·會寧【九十六里】·鍾城【一百六里】·穩城【七十一里】·慶源【一百十五里】·慶興,【九十一里】 總八百四十四里。" 又云："自三山社至白頭山源出處三百餘里。" ○晴案 今提其大略, 記其道里也。滿水之源, 自天坪而發, 東南三百餘里三山社, 東三百五十里茂山, 東二十五里梁永, 東六十里豐山, 東十里煩河, 東二十里舊煩河, 東二十里會寧, 北二十三里高嶺, 北四十里防垣, 北三十里鍾城, 北三十五里潼關, 北二十五里永達, 北四十里柔遠, 東二十里穩城, 東北二十五里美錢, 東南二十里黃柘坡, 東南三十里訓戎, 南三十里慶源, 南三十里安原, 南二十里乾原, 東南二十里阿山, 南三十里阿吾地, 東二十里撫夷, 南三十五里慶興, 東南三十五里造山, 東南二十里鹿屯島。〇已上道里, 凡一千二百餘里。其沿水防戍之官, 都護府使六員・兵馬僉節制使六員・兵馬萬戶六員・權管四員也。

《水道提綱》：" 自土門江南岸, 爲朝鮮東北境。" 自注云："國東北最遠者, 曰慶源府西北之穩城及美踐鎭城, 東十三度近十四度, 極出地四十二度弱也。最東者, 曰慶源府東南之慶興城及李鳳坡, 當土門江海口, 東十四度五分, 極出地四十二度五分也。又南爲海岸之西水洛城。"

與猶堂全書 第六集 第卷
地理集

大東水經 其三

薩水【卽淸川】·淀水【卽大寧水】

薩水者, 漢 光武時藩·漢之界也。

我邦薩水之目, 總有三焉。其一, 淸州之淸川, 新羅將軍 實竹所戰薩水之原, 是也。【詳見獵水條】其一, 晉州之淸 川, 以其舊有薩川部曲, 故得有薩水之稱也。【詳見灆水條】 其一, 安州之淸川, 今經所擧, 是也。蓋方言, 薩者, 淸涼 之意, 故淸川皆稱薩水也203)。

《句麗史》云: "太武神王二十七年,【漢 光武 建武二十年】漢 光武遣兵渡海, 伐樂浪, 取其地爲郡縣, 薩水以南屬 漢。"〇《東國通鑑》云: "薩水以北屬漢。"〇安順菴云: "句 麗在北, 樂浪在南, 故以薩水爲界也。《東國通鑑》則未 之審考, 以意改易。" 〇鏞案 薩水者, 安州之淸川也。前 漢四郡之地, 北自今興京之界, 南限于洌水。後以玄菟· 臨屯故地, 合於樂浪, 而眞蕃之地, 入於句麗。平帝之時, 句麗南徙于國內城, 今楚山府隔水之地也。則漢之疆土, 漸以日蹙。及光武時, 樂浪之治, 已204)徙于春川等處, 猶 屬漢吏。至建武十三年, 句麗竟滅樂浪, 而漢地盡入句

---

203) 也: 新朝本에는 '歟'로 되어 있다.
204) 治已: 新朝本에는 빠져 있다.

薩水·淀水

麗。故至二十年[205], 光武還取樂浪, 復漢舊疆, 畫薩水爲界, 以南屬漢, 以北屬句麗。越海遣吏以守之, 當時浿水·薩水之間, 句麗梗之, 所以越海也。自此以後, 百有餘年, 漢與句麗, 界於薩水, 南北相限, 不見侵犯。經所云蓋·漢之界, 卽此也。若《通鑑》之改南爲北, 直是臆料, 順菴駁之是矣。

《句麗史》云: "國祖王四年【漢 光武 中元元年】秋, 伐東沃沮, 取土地, 爲城邑拓境, 東至滄海, 南至薩水。" ○晴案 東沃沮者, 今咸境南道之地也。本屬於樂浪 東部都尉。建武六年, 省都尉而棄其地, 爲土酋之所有, 故句麗得以滅之。然其疆界盡於薩水之北而已, 故薩水以南, 終爲樂浪之地, 屬於漢籍。至獻帝 建安時, 公孫康分樂浪爲二, 而句麗之跡, 稍及於薩水之南。及曹魏之時, 句麗始徙平壤, 則蓋·漢之界薩水, 恰過百有餘年也。

《三國遺事》云: "薩水或云今大同江。"【高麗僧無亟所撰】○安順菴云: "大同亦稱薩水。" ○晴案 順菴以實竹所保犬牙城爲三登縣, 執此以證《遺事》之說, 竝謬矣。詳見獺水中。○又按 遼東又有薩賀水之名。詳在霙河中。

其源出江界府南辥罕嶺之西甲峴山谷中。

---

205) 年: 新朝本에는 빠져 있다.

長白山南走之大幹, 自黃草嶺西北爲薛罕嶺, 又南爲狼林山, 而至鐵瓮之山, 此大幹也。而狼林之西一支, 爲白山, 爲甲峴, 爲道湯嶺及狄踰嶺, 江界府之南境也。而狼林以南之水, 注爲浿水之源, 以西之水, 注爲薩水之源。

西流逕柔遠堡南, 未遠狄踰嶺之水自北來注之。

薩水西流至柔遠堡南。亦稱柔院堡, 亦嶺阨之戍也。置同僉節制使, 管于江界府也。○薩水又右合竹田水, 左合池莫水。竹田水出於江界府南竹田嶺, 南流206)來合之。【熙川東207)百里】 ○薩水208)・池莫水209)出寧遠郡池莫山, 北流來合之也。【熙川東九十里】 ○薩水又西逕鳳丹城北。城在熙川郡東北八十里。古有名鳳丹者居之, 故名。今廢, 只有遺址也。○薩水又右與狄踰水會。水出於狄踰嶺, 南流逕柴院西, 合白山之水, 入于薩水。蓋狄踰嶺北谷之水, 爲神水, 入于禿魯水, 其南谷之水, 入于薩水也。

薩水自此西南流, 左會牲川之水。

薩水又西逕長洞北, 左合廣城水, 熙川郡地也。長洞東

---

206) 流: 新朝本에는 빠져 있다.
207) 東: 奎章本에는 '北'으로 되어 있다.
208) ○薩水: 奎章本에는 빠져 있다.
209) 池莫水: 新朝本에는 빠져 있다.

北十里, 有小峯孤聳, 其狀如錐, 立於水瀅, 長三丈餘, 稱立石也。廣城水出於廣城嶺, 西流入于薩水也。○薩水西南流, 左合牲川水。亦云桂川, 出於桂川嶺, 西流至眞倉, 與妙香山東谷之水會, 西北流入于薩水也。
《備考》云: "清川源出江界之甲峴, 西流至柔遠鎭, 右過竹田川, 左過池莫川, 西流至鳳丹城北, 左過狄踰川,【案, 左過當作右過】爲龍釜淵, 經立石, 左過廣城川, 又西南流爲東江, 左過桂川。"

又南逕熙川郡東, 右受狗峴之水, 逕妙香山北。

郡本高麗 淸塞鎭也。高宗四年, 改爲威州防禦使, 後爲熙州。我朝爲熙川, 置郡守也。○狗峴水出於江界之狗峴及熙川之白山。蓋狗峴北谷之水, 合于神水, 而注于禿魯, 其南谷之水, 注于薩水也。○狗峴水南流至巖回遷, 與踰都幕嶺之水合, 入于薩水。蓋踰都嶺北谷之水, 爲潼水之源, 其南谷之水, 注于此也。○妙香山在寧邊府東一百三十里, 亦熙川郡南界也。自狼林山西南爲呢幕·廣城之山, 又經桂川·同茂之嶺, 而爲此山。山勢雄峙, 彌亙於數百里。《大明一統志·朝鮮篇》云'香山在延州東南', 是也。牧隱 李穡云: "香山在鴨淥水南平壤府之北, 與遼陽爲界。山之大, 莫之與比, 而長白之所分也。地多香木, 冬靑。【出〈潤筆菴記〉】信國中之勝賞也, 故頤道者, 往往歸焉。在古稱太白山。【亦作太伯山】" 東史云: "東方初無君長, 唐堯二十五年, 有神人降于太白山檀木下, 國人立以爲君, 國號朝鮮。" 是檀君之跡也。而《三國遺事》有桓因降靈熊壇祈化之語, 妄誕鄙俚, 不可復述。然其云太白者, 卽今妙香也。其謂之妙香者, 以地多香木也。故檀君之稱, 亦所因是。然我邦所謂香檀, 葉必冬靑, 非眞檀也。按《句麗史》, 金蛙得女子柳花於太白山南優渤水。又東明王六年, 【漢 成帝 建始元年】命烏伊·扶芬奴, 伐太白山東南荇人國滅之。金富軾以太白山爲未詳。蓋當時句麗小聚, 在今興京之北, 其聲跡無以及於淥水之南。斯其所以言未詳也。《勝覽》, 以荇人國·優渤水係於寧邊, 以太白爲妙香, 蓋不如《金史》之傳疑也。且我邦太白山之名, 古今多有, 荇人所國·優渤所出, 俱不可知也。今妙香山之水, 其東北者, 入于牲川, 其西北者, 注爲香水, 竝合于薩水, 其南者, 入于矢梁水, 流合于浿水也。

薩水又西南逕魚川驛南, 左受妙香西谷之水。

薩水又西南至獐領坡, 右合宋串水。水出於楚山府 棘城嶺, 東南流與牛峴·車嶺之水會, 逕西倉及楸峴, 入于薩水, 熙川郡西四十里地也。其棘城·牛峴·車嶺三山之水, 北者合于潼水, 南者入于宋串水也。○薩水又西南迤月林山下, 至魚川210)驛南, 卽寧邊府東六十里也。驛有察訪一人以居之。○薩水又右合開平水。水出於寧邊府東北開平洞, 南流至魚川舘, 入于211)薩水。傍有驛曰開平, 屬于魚川道。宋 寧宗 嘉定九年,【高麗 高宗三年】契丹 金山兵寇高麗, 屯於延州 開平驛川邊, 高麗兵莫敢前。上將軍金就礪拔劍策馬, 與將軍奇存靖直衝賊圍, 出入舊擊, 賊兵大潰。追至開平驛, 賊設伏於驛北, 急擊中軍, 就礪回軍擊之, 又破之。賊奔入香山, 官軍追之, 斬獲二千餘人。溺死南江者, 亦以千數。【《高麗史》】南江者, 指薩水也。○薩水又南香水入焉。水出於妙香山之西北谷, 流入于薩水。《勝覽》稱香山川, 經所云妙香西谷之水也。《備考》云：“淸川至熙川郡南, 右過西川,【狗峴水】至獐項, 右過宋串浦, 至月林山, 爲月林江, 南爲魚川, 右過開平川, 又過妙香之南川。【卽香水】”

又西南至寧邊府 藥山之前。

薩水又西南迤東萊院, 南爲獐項212)水。《勝覽》云：“獐213)

---

210) 川: 新朝本에는 공란으로 되어 있다.
211) 于: 新朝本에는 빠져 있다.
212) 獐項: 奎章本에는 '鸞領'으로 되어 있다.

項津在寧邊東十五里, 亦价川郡北四十里地也.” ○薩水於此有花遷之名. 《勝覽》云: "花遷江在寧邊東南二十里, 其源有二. 一出狄踰嶺, 東流至十里, 爲魚川. 一出寧遠郡, 西流至四十里, 合流于熙川郡 鳳丹城, 至寧邊府東, 爲花遷江.” 其說粗疏, 不可從也. ○薩水又西南逕寧邊府南. 府本撫州地也. 古爲雲南郡.【一云古靑山】高麗 成宗十四年, 改爲撫州防禦使. 元宗二年, 徙居于渭州古城. 我太宗十三年, 改爲撫山縣. 世宗十一年, 又改爲寧邊大都護府, 徙治于藥山城, 今日所在, 是也. 其城險固, 四面陡絶, 故稱鐵瓮山城, 古置平安道兵馬節度使營于此. 仁祖二年, 兵使李适以城反, 其後遂罷之. 以其險固之地, 不可留兵以居重也. ○薩水又西南逕价川郡北界, 左合釜水. 水出於价川之謁日嶺, 西流由直洞, 與白雲山水及月峯山水合, 逕价川郡南, 與姑射山水合, 西北流逕乾止山下, 與深靜山水合, 爲釜淵, 入于薩水. 《勝覽》云: "釜淵在价川東二十里, 源出卵結峴, 深不可測. 卵結峴者, 謁日嶺也.”【方言, 卵曰謁】○薩水又西南繞無骨洲而復合, 卽安州東三十里地也.

《三國史 · 地理志》云: "薩水未詳.” ○《高麗史 · 地理志》: "安北[214]府有清川江, 古稱薩水, 卽高句麗 乙支文德敗

---

213) 䆃: 奎章本에는 '寧'으로 되어 있다.

薩水・淀水

隋兵百萬之地。"○倪謙《朝鮮紀事》云："淸川江, 一名薩水, 源出妙香山, 與博川江合流, 入于海。"○晴案 水至安州, 始有薩水之目, 故諸書所言, 皆據安州而說。【互詳下】

右會孔浦水。

孔浦水出於雲山郡 柳洞嶺, 南流爲委曲水, 左與溫水合。水出東林山及雲臺山, 東南流入于孔浦。其傍郡215)有216)溫井, 故名之也。○孔浦又南逕砥峴下, 左合平安水。水出於雲山郡 地竟峴, 東流逕白碧山, 由城洞, 入于孔浦。《勝覽》所稱平限川, 是也。○孔浦又西南逕馬郡臺三峴, 至延州古城東, 卽217)雲山東四十里地也。其州本高麗 密雲郡。【一云安州218)】光宗二十一年, 改爲延州。【亦稱迎州】恭愍王十五年, 陞延山府。我世宗時, 合于寧邊府。世祖朝, 割之屬于雲山郡。按《高麗史》, 恭愍王九年, 紅頭賊來侵, 王以安祐爲都萬戶, 李芳實爲上萬戶, 擊之。戰于咸從, 擒僞元帥沈刺・黃志善, 賊退保甑山縣。芳實以精騎一千, 追至延州江, 安祐・金得培・金於珍

---

214) 北: 奎章本에는 '州'로 되어 있다.
215) 郡: 奎章本에는 빠져 있다.
216) 有: 新朝本에는 빠져 있다.
217) 卽: 奎章本에는 '南'으로 되어 있다.
218) 州: 奎章本에는 '朔'으로 되어 있다.

亦率精騎繼至。賊窘渡江氷, 陷死者殆數千。賊登岸作隊, 爲抗拒狀。我[219]軍疑窮寇死戰, 歛兵不追, 是夜賊遁。【〈安祐傳〉】所稱延州江, 卽指此孔浦水也。《勝覽》云'雲山 東川, 一出理山郡境, 一出碧潼郡境, 至寧邊府 沙灘', 亦指孔浦水也。○孔浦又西南逕雲山郡南。郡本高麗 雲中郡,【一云遠化鎭】後爲威化鎭。成宗時爲雲州。我朝爲雲山, 置郡守也。○孔浦又西折而東, 右合藥水。水出蹄嶺, 東南流入于孔浦, 其水甚冷, 可以已疾, 故名之也。○孔浦又東南流, 左合沙水。水出於寧邊 仇頭嶺, 西流入于孔浦。其合處曰沙灘, 寧邊北四十里也。○孔浦又東逕柞峴及玉女山, 至寧邊府西, 爲九龍水。匯而爲淵, 其名曰塔淵, 下爲決勝津, 乃名孔浦。《勝覽》云:"夫伊塔淵在寧邊南十五里, 卽仇音浦支流。"仇音浦者, 孔浦也。○孔浦又東至無骨洲之北, 入于薩水。《勝覽》云'仇音浦源出理山郡 牛嶺, 經寧邊府西, 東流至[220]無骨島, 入淸川', 是也。

又西南逕安州城北, 乃稱薩水。

州本高句麗 息城郡也。新羅時爲重盤郡, 高麗初爲彭原

---

219) 我: 新朝本에는 빠져 있다.
220) 至: 新朝本에는 빠져 있다.

薩水·淀水

郡, 後爲安北府。又稱寧州, 我朝改爲安州, 又置平安道兵馬節度使營于此也。〇水至安州城北, 爲淸川, 乃古之薩水也。

《隋書·煬帝紀》云: "大業八年, 下詔伐高麗。【卽高句麗 嬰陽王二221)十三年】左十二軍, 右十二軍, 總一百一十三萬三千八百, 其餽運者, 倍之。近古出師之盛, 未之有也。七月壬寅, 宇文述等敗績于薩水, 右屯衛將軍辛世雄死之, 九軍竝陷。"〇又〈宇222)文述傳〉云: "及征高麗, 述與九軍至鴨淥水, 糧盡。議欲班師, 會高麗將乙支文德來詣其營。述先與于仲文俱奉密旨, 令誘執文德, 旣而緩縱, 文德逃歸。述與諸將度水追之。文德見述軍中多飢色, 欲疲述衆, 每鬪便北。述, 一日之中, 七戰皆捷, 旣恃驟勝, 又內逼群議, 於是遂進東濟薩水。去平壤城三十里, 因山爲營。文德復遣使僞降, 請述曰, '若旋師者, 當奉高元,【嬰陽王之名】朝行在所。' 述見士卒疲弊不可復戰, 又平壤險固, 卒難致力, 遂因其詐而還。衆半濟, 賊擊後軍, 於是大潰, 不可禁止。九軍敗績, 一日一夜, 還至鴨淥水, 行四百五十里。初度遼, 九軍三十萬五千人, 及還至遼東城, 惟二千七百人。"【《通典》及《高句223)麗史》皆與此大同】

---

221) 二: 奎章本에는 '三'으로 되어 있다.
222) 宇: 新朝本에는 '字'로 되어 있다.
223) 句: 新朝本에는 빠져 있다.

○睛案 此文, 薩水明在平壤之北·淥水之南, 則安州之清川, 是也。

《大明一統志·朝鮮篇》云:"淸川江在安州。【句】西南流[224]入海, 舊名薩水。" ○董越《朝鮮賦》自注云:"安州城下瞰薩水, 上有百祥樓, 卽隋師伐高麗時敗績處。又名淸川江, 城內有安興館。" ○《勝覽》云:"淸川江在安州西北, 一云薩水。"【趙浚〈淸川江詩〉云:"隋兵百萬化爲魚。"】 ○《備考》云:"淸川江, 古名薩水, 在安州北城外。隋攻高句[225]麗, 乙支文德大破隋師三十萬於此。" ○睛案 今淸川北岸有神祠, 祀典載於小祀, 春秋降香祝致祭, 所以禮薩水之神也。【互見第一條】

博泉 李沃〈七佛寺碑〉云:"世傳, 隋人旣次薩水, 見七僧徒涉, 意其淺而隨之, 麗人擠其後, 隋人太半沒溺不得渡, 遂大敗遁去。句麗之捷, 冥祐是賴。天順四年, 我世祖大王徇西土, 詢古跡于父老, 命於江上置梵宇, 塑七佛而饗之。又命知兵曹事韓繼禧紀績于鍾。今安西節度營中臨江七佛寺, 是也。" ○睛案 今安州城北有百祥樓, 下臨薩水。有灘曰誤渡灘, 中有七佛洲, 桑柳·茂密水分二派, 環洲而復合, 是所謂七僧徒涉處也。故建寺以祀之,

---

224) 流: 新朝本에는 빠져 있다.
225) 句: 新朝本에는 빠져 있다.

列置七石, 以象七僧。君子曰: "爰居之祀, 聖人以爲不知。七僧之說, 荒誕不經, 朝廷226)姑且順之耳。"

《高麗史·安祐傳》云: "恭愍王八年, 紅賊入鐵州。祐時爲安州軍民萬戶, 將七十餘騎, 登山息馬。猝値賊帥毛貴揚兵大出, 將士皆懼, 祐談笑自若, 從容跨馬。引兵直前, 阻淸江而陣。賊數騎登橋, 麾稍賈勇。兵馬判官丁贊奮釰大呼, 先登橋, 斬賊將一人, 賊稍却。祐與大護軍李芳實·將軍李蔭·李仁祐等, 奮擊大破之。"○晴案 萬曆壬辰, 日本大擧寇我, 已陷平壤。遼東副摠兵祖承訓來援, 使宣沙僉使張佑成, 造大定水浮橋, 老江僉使閔繼仲, 造薩水浮橋, 以渡天兵。旣而承訓攻平壤, 不利, 引兵還至安州, 急渡兩水, 駐軍於控江亭。蓋恐賊之追躡, 欲前阻二水也。嘉慶壬申, 嘉山土賊洪景來等, 反襲博川郡陷之, 乘其未備, 欲渡薩水。時又氷堅, 節度使李海愚登城戒嚴, 郡縣大震。會賊酋禹君則占六壬, 謂濟水不吉, 遂止之, 旣而爲官軍所敗也。

《高麗史·金就礪傳》云: "高宗三年, 金山兵入寇。就礪爲金吾衛上將軍, 領五軍, 次于安州太祖灘。【益齋〈行軍記〉作大棗灘】戰不利, 賊氣得馳突。就礪與文備仁謙逆擊之, 仁謙中流矢死。"○又〈趙沖傳〉云: "金山兵闌入北

---

226) 廷: 新朝本에는 '延'으로 되어 있다.

鄙, 中軍元帥鄭邦輔等耀兵鹽州, 賊遁去。五軍元帥追賊于安州, 行至太祖灘, 遇雨而止, 置酒宴樂, 不設備, 賊兵大至, 五軍大潰。賊追至宣義門, 焚黃橋而退。"○晴案 太祖灘, 亦薩水之灘也。

《備考》云: "淸川經杏亭·東萊之院, 南爲獐項之津·花遷之江, 左過釜淵, 至無骨島。右過孔浦, 爲薩水, 經安州城北, 至七佛[227]島, 播爲二水, 合而西南流。"

薩水又西南逕古城堡南, 右與淀水合。

薩水又右合二水。一曰新水, 出於安州 馬頭山, 北流來合之。一曰文水, 出於安州 悟道山, 亦北流來合之也。○薩水又西南逕古城堡南, 而大定水注之。堡古高麗 安戎鎭也, 今置同僉節制使以守之。

《勝覽》云: "淸川源出妙香山, 經安州北城下, 西流三十里, 與博川江合, 入海。"[228] 麟坪大君云: "晴川源出江界 狄踰嶺, 南與香岳水合流百餘里, 爲晴江, 至廣通院下, 又與大定江合流百餘里, 入于老江前洋。"

《備考》云: "淸川西南流, 右過新川·文川, 至古城之鎭[229], 爲古城江, 至海望之隅, 爲老江, 大寧江自北來會, 入

---

227) 佛: 新朝本에는 '拂'로 되어 있다.
228) 勝覽云淸川~合入海: 新朝本에는 綱으로 되어 있다.
229) 鎭: 奎章本에는 '津'으로 되어 있다.

薩水·淀水

于230)海。"231)

未遠至老江堡北,【句】入于海。

老江堡在安州西六十五里, 有水軍僉節制使以守之, 是海防也。昔海路朝天之時, 或自薩水而發船。按《槐院舊錄》, 光海君辛酉以後, 朝貢海路, 自宣川 宣沙浦發船, 至登州下陸, 海路總三千七百六十里。然發船之處, 亦非一定。丁卯以後, 或從甑山之石多山, 或從咸從之海, 或從薩水入海之口。故龜沙 權曄《航海日錄》: "明 天啓四年,【我仁祖二年】奉使朝天, 自安州 淸川之碑寺巖下發船, 歷長朴灘·蘭山·沙埠灘·老江堡城, 至郞山, 爲八十里。自此凡十有五日, 下陸於登州。" 此薩水口發船之實也。

《備考》云: "甲峴·狄踰·狗峴·牛峙【原派所受】·九階·防墻【大寧水】以南, 天磨·靑龍·吉祥以東,【大寧水】樂林·廣城·桂川以西, 香山·謁日·姑射·馬頭·到雲以北, 諸山之水, 入此。"

其沿水道里, 則自甲232)峴始, 西五十里柔遠, 西南一百里熙川, 西南八十里魚川, 西六十里寧邊233), 西南六十

---

230) 于: 奎章本에는 '爲'로 되어 있다.
231) 備考云淸川~入于海: 新朝本에는 앞 단락에 이어져 있다.
232) 甲: 新朝本에는 빠져 있다.
233) 邊: 奎章本에는 '遠'으로 되어 있다.

大東水經 其三

里安州, 西南三十里古城, 西南三十五里老江, 已上凡四百一十五里。

《水道提綱》云:"青泉江二源。一東北出寧遠城東北大山, 與德川東北源, 流入浿水者, 只隔一山, 西南曲曲流, 經西川城南。【案, 煕川城之訛】234) 又西南循山麓, 至寧邊城南, 又西南循嶽山南麓,235)【案, 卽藥山】至安州東北, 而北源來會。○北源出南源之北九十里大山, 西南流合北來一小水。又西曲曲而西南流, 經西川城北境, 又西南循諸山北麓‧耳山之後【似指雲山】‧寧邊城北境, 折而西南循岳山西麓而南會。【案, 卽孔浦】又西南經安州城北, 又西南入海, 源流長五百里。○兩源自源至合處四百里中, 只隔山二十餘里。"

淀水

淀水出於義州東北天磨山之東。

此大定水也。亦云大寧水。至博川郡, 乃得其名焉。【詳見下】天磨山在義州‧龜城‧朔州三邑之界。《明一統志‧朝鮮篇》稱'雲山在朔州西南'者, 卽是也。是山之水, 西者爲玉江水, 南者爲古津水, 東者爲大定水。其發源處有

---

234) 案煕川城之訛: 新朝本에는 빠져 있다.
235) 又西南循山麓~循嶽山南麓: 新朝本에는 빠져 있다.

堡236), 曰天磨,【亦作天摩】置同僉節制使以守之, 管于237) 朔州, 亦所以防嶺陀也。

東流逕古朔州, 合其諸谷之水。

大定水東流爲白呂水。《勝覽》云'白呂子川在朔州南五十里, 出238)天磨山, 南流入兄弟川', 是也。○大定水又東逕大朔州南, 卽其古城也。高麗置州于此。我世祖十二年, 徙治于小朔州, 今之朔州, 是也。【新舊朔州相距六十五里】○大定水又左合六條水, 右合二條水, 爲兄弟水。《備考》云: "大寧江源出義州之天磨山。東流爲白呂子川, 經大朔州。北與五峰·龍頭·大小防墻·界畔·幕嶺之水會, 南與靑龍·劒隱之水會, 爲兄弟川。" 按, 朔州東南六十里, 有五峰山·龍頭山, 又西爲幕嶺, 爲界畔嶺。而幕嶺之東, 有城長二千五百三十一步者, 曰大防墻, 其西有城長一千五百三十一步者曰, 小防墻, 緣山而築, 以截嶺陀。故置兵馬萬戶堡於幕嶺以守之, 管于朔州, 是自龜城達昌城之路也。水凡出於此嶺脊之南者, 皆南流入于大定水, 是六條水也。龜城之北, 有靑龍山及劒隱山, 水出於此兩山者, 北流入于大定水, 是二條水239)也。《勝

---

236) 堡: 奎章本에는 '堡'로 되어 있다.
237) 于: 新朝本에는 '子'로 되어 있다.
238) 出: 新朝本에는 빠져 있다.

覽》云:"兄弟川在朔州南六十八里, 其源有二。一出天磨山, 一出靑龍山。至朔州南合流, 以兩水交流, 故名兄弟也。"○大定水又南得牲洞水。水出於其洞, 北流來合之, 朔州南百里地也。

又東南逕九峰山下, 北受古昌城諸谷之水。

涓水出碧潼郡西南九階嶺。蓋嶺北之水, 入於渌水, 嶺南之水, 爲涓水也。○涓水南流逕恃寨東。寨有同僉節制使以守之, 管于昌城, 亦以防嶺阨也。《備考》云'昌城江, 一名恃寨川, 在昌城南一百里', 卽此。○涓水又東南逕新倉, 右合綏水。水出於昌城府 綏項嶺, 東流來合之。蓋是嶺之水, 北者爲自潺水, 入于渌水, 南者爲綏水也。○涓水又左合甫水。水出於碧潼郡南甫里嶺, 南流來合之。蓋是嶺以北之水, 入于渌水, 以南之水, 爲甫水, 傍有溫泉也。○涓水又南匯爲龍淵, 經[240]植松坪, 出古昌城下。城周一萬七千尺, 西北距今治一百五十里。水貫其城中而南出也。○涓水又南至九峰山下, 入于大定水。《備考》云:"大寧江右過牲洞川, 東南流爲院灘, 北與昌城江會也。"

---

239) 水: 新朝本에는 빠져 있다.
240) 經: 奎章本에는 '逕'으로 되어 있다.

淀水又南逕泰川縣東。

縣本高麗 光化縣也。【一云寧朔, 一云連朔】後爲泰州, 我朝爲泰川縣也。○大寧水又左合松林水。水出於泰川之牛蹄嶺, 西流入于大寧水也。○大寧水又南爲花赤水, 逕烏知遷下。遷者, 古方言水厓石路也。《勝覽》云'烏知川在泰川東十里, 其源有三。一出昌城府 青山,【指昌水】一出朔州府,【指原派】一出古龜州 八嶺【指龜水】'者, 卽此。

西受龜城之水, 號曰滄浪。

龜水出龜城府西八營山, 南流爲皇華水, 過其府東。府本高麗 萬年郡也。後爲龜州, 我朝爲龜城, 陞都護府也。府之西北, 有清涼·青龍·龍藏·窟嵒等山, 而此山之水, 皆南入于龜水也。○龜水又東屈而南, 右合丘林水。水出於天劍山, 東流來合之。《勝覽》云'仇林川源出檢山', 是也。○龜水又屈而東逕泰川縣南, 左合玉浦·甫同之水。水俱出於安泰山, 南流入于龜水也。○龜水又東北流至夾水臺下, 入于大寧水也。○大寧水又南爲滄浪之水, 逕斗尾坡, 有鎭江之目。《勝覽》云'鎭江在寧邊府西四十八里, 源出朔州, 至泰川, 南流三十里, 經寧邊西'者, 是也。○大寧水又右合塔峴水, 左合撫州水。其塔峴之水, 出於泰川之林泉山, 東流來合之。撫州之水出於寧

邊之五峰山, 西流來合之。按, 高麗 撫州, 恭愍王時屬于
泰州, 今屬于寧邊, 在於此水之源, 故有斯目也。《備考》
云：〝大寧江至泰川之北, 左過松林川, 南流由烏知遷, 至
夾水臺。龜城江自西來會, 爲滄浪之水, 經斗尾, 爲鎭江,
右過塔峴川, 左過撫州川。〞

又南逕博川郡西,【句】受其郡前之水。

郡本高麗 博陵也。【一云古德昌】 後爲博州, 我朝爲博川
郡, 而淀水逕其郡之西, 亦嘉山郡東境也。《明一統志·
朝鮮篇》云'大定江在博州城西', 倪謙《使朝鮮錄》云'大
定江在嘉山郡東十五里, 古稱大寧江, 一名博川江', 皆
指此也。今人以此水爲句麗 東明王之所渡, 甚無據也。
○長平水出於三漢峴, 九龍水出於臥龍山, 俱西流入于
淀水, 經所擧郡前之水, 卽指是也。
《後漢書·夫餘傳》云：〝初北夷索離國王出行, 其侍[241]兒
姙身曰, '天上有氣, 大如雞子, 來降我, 因以有身。' 後遂
生男。王令置於豕牢, 豕以口氣嘘之不死。徙於馬蘭, 馬
亦如之。王以爲神, 乃聽母收養, 名曰東明。長而善射,
王忌其猛, 復欲殺之。東明奔走, 南至掩遞水, 以弓擊水,
魚鼈皆聚浮水上。 東明乘之得渡, 因至夫餘而王之。〞

---

241) 侍: 新朝本에는 '待'로 되어 있다.

【《魏略》·《梁書》·《魏書》·《隋書》·《北史》竝大同】〇《魏書·高句麗傳》云："先祖朱蒙。朱蒙母河伯女，爲夫餘王妻。爲日所照，旣而有孕，生一卵，大如五升。棄之與犬，犬不食，棄之野，衆鳥以毛茹之。其母以物裹之，有一男，破殼而出，字曰朱蒙。善射，命之養馬。後夫餘之臣謀殺之，朱蒙乃與烏引·烏違等二人，棄夫餘，東南走。中道遇一大水，欲濟無梁，夫餘人追之甚急。朱蒙告水曰，'我是日子，河伯外孫，今日逃走，追兵垂及，如何得濟。'於是，魚鼈竝浮，爲之成橋。朱蒙得渡，魚鼈乃解。朱蒙遂至紇升骨城居焉。"【《北史》·《隋書》竝大同】〇《句麗史》云："始祖東明聖王諱朱蒙。【節】夫餘人謀殺之，乃行至淹㴲水，魚鼈成橋。乃至卒本都焉。"〇晴案 日子·卵孕·豕嘘·鼈橋之說，鄙俚妄誕，不可稱述，而諸史所記，參錯不同。《後漢書》及《魏略》·《梁書》竝謂'東明自北夷而南走，乘鼈橋而至夫餘'，《魏書》謂'朱蒙自夫餘而南走，乘鼈橋而至卒本'，《北史》·《隋書》則別而二之，以朱蒙之鼈橋，屬於句麗始祖，東明之鼈橋，屬於百濟始祖。至金富軾之作《三國史》，總以屬於句麗，東明·朱蒙合爲一人。蓋其說都是夸誕，然第當就論耳。夫餘者，今之開原縣也，卒本者，今之興京界也。據《後漢書》，則鼈橋之水，當在開原之北，今威遠門外遼河上流，或烏喇西界易屯河上流, 必其所渡也。據《魏書》, 則鼈橋之水, 當在開原之南·興京之北, 今開原之淸河, 或盛京之渾河, 必其所渡也。蓋朱蒙之始起, 其跡不得踰淹㴲水南一步地, 則所謂鼈橋所渡之水, 明明與我國疆界毫不相涉也。

唐 李賢注《後漢書》云:"今高麗中有蓋斯水, 疑此水是掩㴲水也。"○金富軾云:"淹㴲水, 一名蓋斯水, 在今鴨淥東北。"【《句麗史》】 ○《星湖僿說》云:"朱蒙所渡淹㴲水, 恐亦鴨淥之源也。"○安順菴云:"㴲音斯。"金富軾云:"在鴨綠東北。" 以鴨淥上流源出處言也。 ○鏞案淹·㴲二字, 諸本不同。《後漢書》作掩㴲水,《魏略》作施掩水,《梁書》·《北史》作淹滯水,《隋書》單稱淹水,《句麗史》作淹㴲水, 轉譯之殊也。但唐時句麗據有遼東·章懷, 所稱蓋斯水, 必指淸河若渾河也。金富軾所云'在鴨淥東北'者, 亦甚不核, 然明非我國之地也。前人或已知之矣。○又按《高麗史·世家》, 宣宗五年, 遣使于遼, 請罷榷場。表曰:"自天皇鶴柱之城, 西收彼岸, 限日子鼈橋之水, 東割我疆。"此直以鴨淥水爲淹㴲, 誤甚矣。董越《朝鮮賦》云:"自新安而度大定。"自注云:"大定江在博川郡。卽古朱蒙南奔到此, 魚鼈成橋處, 又名博川江。"○《勝覽》云:"大寧江在嘉山東二十里, 古稱蓋泗江, 又名博川江。俗傳, 朱蒙自北扶餘南奔到此, 魚鼈成橋, 因之利涉, 故名。"○《備考》云:"大寧江, 一名大定, 古稱蓋泗江。"○晴案《勝覽》之云蓋泗者, 以與蓋斯聲近也。然句麗之始起也, 其疆界不出於淥水以北, 而今平安一道, 終爲中國之所管轄。至其太武神王之時, 漸得漢地樂浪諸縣, 半得疆理。故其末年,【漢建武二十年】與漢爲界。始以薩水以南屬漢, 以北屬句麗, 上距朱蒙建國之時, 已八十一年矣。然則朱蒙未嘗夢到於博川, 安有所謂魚鼈成橋之事乎？況卒本者, 今之興京界也。自博川而到興京, 則是北走也, 非南走也, 烏可乎哉? 此皆絶無考據, 而憑空爲說, 斷不可信也。

淀水又西南逕嘉山郡東, 未遠入于薩水。

郡本高麗信都郡也。後爲嘉州, 又稱撫寧。我朝爲嘉山郡, 而淀水逕其東北, 亦博川郡界也。嘉慶辛未冬之末, 土賊洪景來·禹君則·李禧著·鄭敬行等, 聚黨於多福洞, 夜襲嘉山郡, 郡守鄭蓍死之。分兵行掠, 郡縣守令, 或降或走。壬申正月, 咸從府使尹郁烈等, 倉卒起兵擊賊, 至博川津頭, 賊走保定州城。義州人金見臣·許沆·崔致綸等, 起義助官軍。朝廷遣巡撫副使朴基豐, 尋罷, 更遣柳孝源, 賊堅守不下, 時或出兵襲之, 官軍多死。城固難拔, 諸將合議, 乃鑿穴至北將臺。實火藥於穴中, 從以火之,城乃崩, 諸軍乘而入。五月, 賊黨悉平。○《勝覽》云: "博川江源出昌城府 浮雲山, 過泰川縣, 合于安州之老江。"《備考》云: "大寧江經沙土峴, 爲博川江。右過佳之川, 左過長坪川·九龍川, 至老江之海望隅, 東與淸川會。"《水道提綱》云: "大定江東北出靑泉江北源之西隔山,【案, 卽溫水】西南流合北來一水,【案, 卽正源】折而西。又西南經博川城南·白碧山南, 合北來雲山之水。又西南合北來龜城東北山水。又西南流受北來一水。南循大山北麓, 經嘉山城南境·安州城西北境, 西南入海。此水源流長四百餘里。" ○海口東南與靑泉江相去二十里。自源及流, 與靑泉江不過[242]隔山。

---

242) 不過: 新朝本에는 '過不'로 되어 있다.

浿水 一
【辨說, 寧遠, 德川, 价川, 順川, 慈山, 殷山, 江東】

古經曰:"浿水出樂浪 鏤方縣東,【句】南過於臨浿縣東,【句】入於海。"

　此桑欽《水經》文也。浿水, 今大同河也。樂浪, 郡名, 今平壤府也。鏤方縣, 漢時屬於樂浪郡, 今德川・价川等地也。臨浿縣卽浿水縣, 亦屬於樂浪郡, 今甑山・江西等地也。大同水始出西南流, 中屈而南, 終之以西南。故此經記之以南流也。

　酈道元注云:"許愼云'浿水出鏤方東, 入海', 一曰'出浿水縣'。【見《說文》】《十三州志》曰, '浿水縣在樂浪東北, 鏤方縣在郡東。【闕駰著】蓋出其縣而逕鏤方也。'昔燕人衛滿, 自浿水而至朝鮮, 朝鮮, 古箕子國也。漢 武帝 元封二年, 遣楊僕・荀彘討右渠, 破渠於浿水, 遂滅之。若浿水東流, 無渡浿之理, 其地, 今高句麗之國治。余訪蕃使言, 城在浿水之陽, 其水西流逕故樂浪・朝鮮縣而西北流, 故〈地理志〉曰, '浿水西至增地縣, 入海。'又漢興, 以朝鮮爲遠, 循遼東故塞, 至浿水爲界。考之今古, 於事差謬,蓋經誤證也.” ○先生云:“浿水者, 平壤之大同江也. 桑欽之經, 本無差謬, 而酈道元枉生疑惑. 經曰, ‘泗水出魯卞縣北, 沔水出武都氐縣東, 汝水出梁縣沔鄉西, 濕餘水出上谷居庸關東.’ 若是者, 不可勝數, 浿水之頭一句, 卽此文例也. 經曰, ‘沔水東逕武侯壘南. 泗水南過平陽縣西, 又南過高平縣西, 又南過方與縣東. 濰水北過平昌縣東, 又北過高密縣西, 又北過淳于縣東.’ 若是者, 不可勝數, 浿水之次一句, 卽此文例也. 經曰, ‘湘水北至巴丘山, 入於江夏水, 東至雲杜縣, 入於沔.’ 若是者, 不可勝數, 浿水之末一句, 卽此文例也. 經曰, ‘沮水南至枝江縣北,【句】入於江.’ 經曰, ‘澮水出江夏 平春縣西,【本絕句243)】南過安陸, 入於澴.’ 若是者, 尤其文例之酷肖者也. 桑欽何嘗以浿水爲東流哉? 今平壤之大同江, 明出德川縣東,【出德川東北二百餘里狼林山】 南過甄山縣東,【江西·甄山本一縣】 入于海.《漢書》所謂‘浿水西至增地入海’者, 此也. 雖其下流微近西南, 平壤以前, 本是南流, 直云南流, 未爲不可. 酈道元一反其師說, 乃謂之西北流, 抑何以哉? 藉使雖荒, 必無是言. 且衛滿·荀彘本不渡大同江,【見下文】 執此跡而求此水, 將亦終年而不得矣.” ○晴案 兩漢及晉·魏地志, 竝無臨浿縣之目, 此卽浿水縣也.

---

243) 句: 新朝本에는 ‘台’로 되어 있다.

浿水 一

許叔重之云'出浿水縣'者, 已是傳聞之誤, 而酈善長乃謂'出其縣而逕鏤方', 則顯與經背, 不可從也。闞駰之說, 亦是傳聞也。

浿水者, 平壤之水也。

古今浿水之說, 總有五家。其一, 以鴨淥河爲浿水, 《史記·朝鮮傳》所載, 是也。其一, 以大同河爲浿水, 桑氏《水經》及班氏〈地志〉所言, 是也。其一, 以潊灘水爲浿水, 《麗史·地志》及《勝覽》所言, 是也。其一, 以薜芊瀯爲浿水, 《遼史·地志》及《一統志》所言, 是也。其一, 以淸川水爲浿水, 韓久菴地志所言, 是也。諸書之中, 桑氏《水經》最得其正, 故此經特云'平壤之水'者, 從桑氏之經也。《史記·朝鮮傳》云: "全燕時, 嘗略244)屬眞番朝鮮, 爲置吏, 築鄣塞。【謂燕署長吏, 使治朝鮮】秦滅燕, 屬遼東外徼。漢興, 爲其遠難守, 復修遼東故塞, 至浿水爲界, 屬燕, 燕王盧綰反入匈奴。滿亡命【衛滿也】東走, 出塞渡浿水, 居秦故空地, 稍役屬眞番朝鮮, 王之, 都王險。"【《漢書·朝鮮傳》同】○先生云: "《史記》明以今鴨淥河, 謬指爲浿水。按, 燕與朝鮮畫浿爲界, 若以大同江當此浿水, 豈復有朝鮮乎? 王險者, 平壤也, 衛滿旣渡大同, 自不得復都平壤,

---

244) 略: 新朝本에는 '明'으로 되어 있다.

浿水之爲鴨淥, 不旣明乎! 今人或執此文, 又以巨流河【大遼水】爲浿水, 尤大謬也。漢興, 復修遼東故塞, 則旣度遼矣。旣度遼, 寧復得以遼水爲界乎? 遼河·淥水之間, 更無大水, 浿水者, 鴨淥也。"

《史記》又云: "元封二年, 涉何誘諭右渠, 終不奉詔, 何去至界上, 臨浿水。使御刺殺裨王,【送何者】卽渡馳入塞。其秋, 樓船將軍楊僕浮渤海, 左將軍荀彘出遼東, 討右渠。樓船將軍先至王險, 右渠擊樓船。楊僕失其衆, 遁山中, 十餘日復聚, 左將軍擊浿水西軍。"【《漢書》同】 ○先生云: "右渠宮城在浿水之西, 直臨浿水, 涉何安得去至界而臨浿水, 又安得渡浿水而馳入塞乎? 浿水者, 鴨淥也。" 又云: "左將軍出遼東, 尙在鴨淥之西, 而楊僕敗於平壤逃, 自山中還出海口, 從椴245)島前洋, 西至窟窿山下【在鳳城南二百里】下陸, 與左將軍相會也。若云浿水, 是大同246)以解矣。"

《史記》又云: "衛山往諭右247)渠, 右渠遣太子, 方渡浿水, 疑左將軍詐殺之, 遂不渡浿水。【節】左將軍破浿水上軍, 乃前至城下, 圍其西北, 樓船亦往, 會居城南。"【《漢書》同】

○先生云: "右渠出師, 軍於鴨淥河西北, 此所謂浿水上

---

245) 椴: 新朝本에는 '椵'으로 되어 있다.
246) 同: 奎章本에는 이 뒤에 '何'가 있다.
247) 右: 新朝本에는 '石'으로 되어 있다.

軍也。【前所云浿水西軍】旣破此軍, 乃進圍平壤城之西北也。"
《魏略》云:"朝鮮王否死, 其子準立。及漢以盧綰爲燕王, 朝鮮與燕界於浿水。及綰反, 衛滿東渡浿水, 詣準降。"
○臣瓚《漢書》注云:"王險城在樂浪郡 浿水之東。"【〈地理志〉】○鏞案 魚豢·薛瓚之說, 亦以鴨淥河爲浿水者也。
【師古亦以瓚說爲是】
《勝覽》云:"漢興, 修遼東古塞, 至浿水爲界。衛滿亡命, 東渡浿水, 都王險, 則以鴨淥江爲浿水也。" ○《備考》云:"鴨淥卽馬訾也, 馬訾與浿水, 同時分見於樂浪·玄菟二郡,【謂《漢·志》】鴨淥之非浿水[248], 明甚。" ○安順菴云:"《輿地勝覽》及吳澐《東史纂要》, 疑衛滿之渡浿, 而以鴨淥江當之, 後人亦多從之, 誤矣。浿水·馬訾若爲一水, 則《漢·志》何分言之耶? 大同稱浿之說, 最爲明白。《史記》曰'遼東外徼', 曰'燕築障塞', 曰'古秦空地', 似今海西之地也。今之漢陽, 亦有平壤之名。據《三國史》, 新羅 金憲昌之子立, 都于平壤, 百濟 近肖古王取高句麗南平壤都之, 皆指今漢陽也。意者, 戰國之末, 箕氏失地[249], 東遷于今之漢陽, 而遂稱舊號耳。然則衛滿所都之平壤, 亦今漢陽也。浿水之爲大同江, 信然矣。" 又云:"列口卽今江華之地, 而《史記》'楊僕先至王險, 及定朝鮮, 帝以

---

248) 水: 新朝本에는 빠져 있다.
249) 地: 新朝本에는 '之'로 되어 있다.

僕至列250)口, 擅先縱, 失亡多, 贖爲庶人', 上云'先至王險', 下云'至列口', 則其不遠可知。"○先生251)云:"楊僕先至王險, 而罪之以先至列口, 則順菴以漢陽爲王險, 而謂司馬遷不錯認浿水, 其說有據。然今黃海・京畿之地, 本以臨屯, 後爲樂浪南部, 若如順菴之義, 則今之平壤, 當爲樂浪北部, 無緣以漢陽爲南部也。畢竟是司馬遷錯認, 不可立新252)義也。"○晴案 順菴專據平壤之稱, 以漢陽爲衛滿所都。然平壤之名, 起於曹魏之時, 在漢但稱王險而已, 不可以此證之也。況武帝之置四郡, 以右渠所都爲樂浪郡, 故其治曰朝鮮縣也。而今黃海・京畿之地, 後屬於樂浪南部, 今若以漢陽爲樂浪, 則其南部當在於忠淸・全羅之道, 烏可乎哉? 列口者, 今之江華也, 江華・椒島不過一帆風之間,【大同江入海之口, 有椒島】楊僕自靑州發船, 風勢少差, 誤至列口, 不是異事也。班固之志, 始知其謬, 馬訾・浿水分而二之, 此正文也。○又按陳琳檄吳將文云: "若使水而可恃, 則朝鮮之壘253)不刊, 南越之旌不拔。" 此謂右渠恃浿水以爲固也, 則是鴨淥河也。《皇華集》亦以鴨淥爲浿水, 蓋從《史記》也。

---

250) 列: 新朝本에는 '別'로 되어 있다.
251) 生: 新朝本에는 '王'으로 되어 있다.
252) 新: 奎章本에는 '斯'로 되어 있다.
253) 壘: 新朝本에는 '疊'으로 되어 있다.

浿水 一

　　　　　　　　　　右辨淥水非浿水。

《漢書·地理志》'樂浪郡屬縣有浿水', 自注云:"水西至增地入海。"莽曰:"樂鮮亭。"【《後漢書·郡國志》'樂浪屬縣亦有浿水'】 又'西蓋馬縣', 自注云:"馬訾水西北入鹽難水, 西南至西安平入海。" ○先生云:"班固撰〈地志〉, 始正《史記》之謬, 大同曰浿水, 鴨淥曰馬訾水。增地者, 今之甑山縣也。【高麗時, 甑山·江西合爲一縣】 班固於〈朝鮮列傳〉, 純用《史記》之文, 無所改正, 至撰〈地理志〉, 始別二水。蓋其學術與桑欽淵源本同, 故其詳核勝前人也。" ○晴案 王莽之改浿水縣爲樂鮮亭者, 以近於樂浪 朝鮮縣也, 則其縣當與今平壤接界。

《北史·高句麗傳》云:"其王都平壤城, 隨山屈曲, 南臨浿水。"【《隋書》·《唐書》同】 ○《隋書·來護兒傳》云:"遼東之役, 護兒時爲右翊衛大將軍, 率樓船指滄海入, 自浿水去平壤城六十里, 與高麗相遇。" ○《唐書·蘇定方傳》云:"定方破高麗衆於浿江, 奪[254]馬邑山爲營, 遂圍平壤。" ○《明一統志》云:"大通江在平壤城東, 舊名浿水。" ○晴案 自桑氏《水經》及班氏〈地志〉, 以後史傳所記, 皆以大同河爲浿水, 更無異論, 隋·唐之書, 所記甚多, 今不復提論也。【互詳下平壤條】

---

254) 奪: 新朝本에는 '奮'으로 되어 있다.

張守節《史記[255]正義》云:"浿水出遼東塞外,西南至樂浪縣,西入海。"【顔師古《漢書注》云:"浿水在樂浪縣。"】○鏞案 唐時皆以大同江爲浿水,則張說正指大同江也。

《新羅史》云:"文武王十年,【唐 高宗 咸亨元年】 句麗 水臨城人年岑大兄,收合殘民,自窮牟城至浿江南,殺唐官人。○宣德王二年,【唐 德宗 建中二年】發使安撫浿江南州縣。三年,巡幸漢山州,移民戶於浿江鎭。○元聖王元年,【唐 德宗 貞元元年】浿江鎭進赤烏。○憲德王十八年,【唐 敬宗末年】命牛岑【卽牛峰,今合于金川】太守白永,徵漢山北諸州郡人一萬,築浿江長城三百里。○孝恭王二年,【唐 昭宗 光和元年】弓裔取浿西道。八年,浿江道十餘州縣,降於弓裔。"○〈弓裔傳〉云:"聖冊元年,【其年號】分定浿西十三鎭,平壤城主黔用降。"○《東國總目》云:"新羅 聖德王丙子,【其三十五年】帝勅賜浿江以南。"【唐 玄宗 開元二十四年】○鏞案《新羅史》所稱浿水,皆大同江也。若《句麗》·《百濟史》所記浿水,是上流之能成江也。詳在瀧水中。

甄萱與高麗 太祖書云:"掛弓平壤樓,飮馬浿江頭。"○金富軾云:"浿水,大同江也。何以知之?《唐書》云,'平壤城,漢 樂浪郡也,隨山屈繚爲郛,南涯浿水。'【〈高麗

---

255) 史記: 新朝本에는 빠져 있다.

浿水 一

傳〉】又志云, '登州東北海行, 南傍海壖, 過浿江口椒島,
【在今豐川北】 得新羅西北。'【〈地理志〉】 又隋 煬帝東征詔
曰, '滄海道軍, 舟艫千里, 橫絶浿江, 遙造平壤。'【《隋書》
作橫斷浿江遜造平壤】以此言之, 今大同江爲浿水, 明矣。"
○鏞案 浿水者, 大同江之正名。

　　　　　　　　　　　　　右辨大同河爲浿水之正。
《高麗史·地理志》:"平州有豬淺, 一云浿江。" ○鏞案
《勝覽》及安順菴說, 竝以薩灘水爲浿水, 謬矣。詳見薩
水中。

　　　　　　　　　　　　　　　右辨256)薩水非浿水。
《遼史·地理志》:"東京道 遼陽縣本漢 浿水縣。浿水, 亦
曰泥河, 一曰蒢芋濼水, 多蒢芋草。" ○《大明一統志》
云:"淸河源出蓋州 衛分嶺, 西南流經城南, 又西流合泥
河, 入于海。泥河, 一名浿水, 又曰蒢芋濼水, 多蒢芋之
草。"【見遼東都司】○《盛京通志》云:"淤泥河在海城縣西
南六十五里。" 按257)《遼史》, 遼陽縣在漢 浿水縣北。浿
水, 亦曰淤河, 一曰蒢芋濼。《明一統志》從之, 乃又以朝
鮮 大通江爲浿水。今淤泥河源出聖水山, 流至迷眞山西
散漫,　則此河卽遼之蒢芋濼,　其與朝鮮界內浿江不同

---

256) 辨: 新朝本에는 '辦'으로 되어 있다.
257) 按: 新朝本에는 '接'으로 되어 있다.

也。○《備考》云:"燕略朝鮮,置吏築鄣,而漢以其遠難守,築遼東故塞,至浿水爲界,【見《史記》】則燕之置吏,至於浿水之南,明矣。燕・秦經理,未嘗及於鴨江,則浿水乃在鴨江之北・遼東之南者,而泥河之爲浿水,是矣。"自唐以來,皆以大同江爲浿水,而其實非漢縣之浿水也。又云:"增地縣是浿水入海。"則當在今海城縣之迷眞山西。○安順菴云:"《漢・志》'遼東郡 西安平縣有馬訾水入海處',則鴨淥以北,皆屬遼東。樂浪諸縣,何以攙入其間耶? 大抵《遼史・地志》多不可信。"○先生云:"我邦之振威縣有淸淮,又漣川縣謂之臨漳,豈卽爲淮水・漳水乎? 名稱偶同,不足辨也。"○晴案 樂浪屬縣不得在於遼東,《遼史》之說,非也。泥河小流不足爲界,《備考》之說,非也。蘇秦說燕 文侯曰:"燕東有朝鮮・遼東。"朝鮮者,淥水以南也。〈始[258]皇本紀〉曰'東至海曁朝鮮',而《魏略》云'箕否服屬于秦',則燕・秦疆域,踰淥水而南矣,何苦覓浿水於淥水之北乎?

右辨蕲芋瀦非浿水。

韓久菴 百謙云:"秦・漢皆以浿水爲朝鮮北界,其非大同江,明甚矣。又馬訾水出西蓋馬,入西安平,則此當爲鴨淥江,而淸川江在鴨淥・大同之間,恐此爲浿水。《唐書》

---

258) 始: 新朝本에는 '治'로 되어 있다.

浿水 一

以爲平壤城南洌浿水者, 非是。蓋隋·唐之間, 朝鮮郡縣, 廢之已久, 邑號地名, 皆懸聞錯傳, 多失眞, 今當以《漢書》爲正。" ○又云: "淸川江至永柔·甑山之間, 入海。甑·增相類, 當與浿水入增地, 互相參驗。" ○**晴案** 秦·漢所界者, 鴨淥也, 淸川者, 薩水也, 非浿水也。平壤之洌浿水, 是信筆, 非懸錄也。久菴說, 誤甚矣。

右辨薩水非浿水。

李芝峯云: "我國浿水有三。【鴨綠·大同·豬水也】《戰國策》, '朝射東莒, 夕發浿丘。' 蓋指我國浿水而言。" ○**晴案** 《楚國策》, 繳鴈者之言, 有浿丘一節, 其下卽云: "夜加卽墨, 則泰山之北, 擧矣。" 此指齊地, 非指我國也。《左傳》'齊侯游于姑棼, 遂田于貝丘', 杜預注云: "貝丘, 齊地也, 樂安 博昌縣南, 有地名貝丘。"【莊九年】《水經》注: "博昌縣南近澠水, 有地名貝丘, 在齊西北四十里。"【文止此】其字或加水作浿, 故《楚國策》有浿丘之文。《史記·楚世家》亦作浿丘。《括地志》云: "浿丘在靑州 臨淄縣西北。" 此明是齊地, 非所擬於我國也。

南藥泉云: "《漢·志》'遼東 番汗縣有沛水', 沛·浿字雖異, 而音旣同, 似是一水。" ○安順菴云: "沛·浿雖云相混, 《史》·《漢[259]》二書皆稱浿, 而終不言沛, 則豈皆誤耶?"

---

259) 漢: 新朝本에는 '漠'으로 되어 있다.

○晴案 沛水非浿水, 藥泉以意言之也。但今人又[260]或以大遼[261]河爲浿水, 亦非也。朴楚亭 齊家〈靑石嶺詩〉曰: "今之巨流古之浿, 茲山恰在箕封內。"【又有浿上絶句, 亦遼河上作】蓋《水經》稱'浿水出鏤方縣', 而《盛京通志》引《遼史》云: "紫蒙縣本漢 鏤方縣, 在今開原界內。"故遂有此疑也。然《漢·志》'鏤方縣本屬樂浪', 樂浪諸縣, 皆在淥水之南, 豈可遠引北夫餘之地, 以爲屬縣乎? 遼制, 郡縣之名, 本於新地, 冒以舊名, 句麗·渤海之跡, 因此多亂, 而撰《遼史》者, 不辨本末, 多致紕繆, 有此眩晦也。【或疑《史記》所載浿水爲遼河, 亦謬。見上文】

《唐書·高麗傳》云: "已平百濟, 諸將出沮江·遼東·平壤道, 討高麗。"○晴案 沮江者, 浿江之形誤也。《魏略》'燕界浿水', 今本多作淏[262]水, 亦形誤也。又《佩文韻府》, 浿[263]水下, 錄《唐書·高麗傳》之文, 而別錄浿水, 非也。浿[264]是浿字之誤也。又《唐書·地理志》'貝江口椒島', 亦浿字之省也。

右辨浿水雜說。

---

260) 又: 新朝本에는 빠져 있다.
261) 遼: 新朝本에는 '還'으로 되어 있다.
262) 淏: 新朝本에는 '浿'로 되어 있다.
263) 浿: 新朝本에는 '浿'로 되어 있다.
264) 浿: 新朝本에는 '浿'로 되어 있다.

浿水 一

其源出寧遠郡東北狼林山, 合其左右諸谷之水。

狼林山, 亦云樂林山, 在寧遠東北一百七十里, 薛罕嶺之南幹也。跨據咸鏡·平安兩道之界, 有內外山之別, 浿水出於內山。其發源處有寧城堡, 置僉節制使, 以防嶺阨, 即寧遠東北一百一十里地也。○狼林山南大幹, 爲三劍山【上中下】·馬踰嶺·橫天嶺, 而此幹以西之水, 皆西北入于浿水, 此左谷諸水也。狼林山西南一麓, 爲呪幕山·廣城嶺, 而此麓以南之水, 皆東南入于浿水, 此右谷諸水也。《備考》云:"大同江源出寧遠內樂林之白山, 南流至樂倉, 右過箕隱川, 左過小龍川。西南流至黑倉, 左過劍山川, 右過池莫之川,【即呪幕山水】爲黑淵。經新倉, 西北流爲仇非津, 左過寧城川, 至古倉, 右過廣城川。折而南流經長遷。"《勝覽》云:"黑淵之源, 一出狼林山, 一出池莫山, 合而南流。天旱禱雨。"

南流過其郡西, 又西南至金[265)]城山。

郡本漢 鏤方縣界也。高麗爲寧遠鎭。我太祖時, 合于永淸縣, 爲永寧。世祖時, 別之爲寧遠郡。○金城山在德川郡東二十里, 三面絶壁, 頻臨浿水。上有金城, 周三千一百二十尺。我太祖時所築, 今廢。

---

265) 金: 新朝本에는 '今'으로 되어 있다.

屈而北流, 左合漠水。

漠水, 亦云瘼灘。出孟山縣北安都山, 西流逕德林, 至其縣北。縣本高麗 鐵瓮縣, 後爲孟州, 我朝爲孟山縣也。○漠水又西南至北倉, 左合二條水。一出於巨雙嶺, 曰東川, 一出於朴達山, 繞孟山縣之南, 曰南川, 俱北入於漠水也。○漠水又北流逕獨將嶺, 入于浿水。《勝覽》云: "大川在孟山北二十里, 朴達・豆無・安都里山之水, 合而爲一, 西流至德川郡東, 爲瘼灘。"

浿水又屈而西逕德川郡南。

浿水又西北爲三灘, 以寧遠【原派水】・孟山【漠水出】・德川【長林水】三邑之水, 合于此, 故名。【德川東十五里】灘邊有窟, 窟中爲淵, 深不可測。世傳, 天旱, 沈虎頭則雨。○浿水又右合長林水。水出於德川北檢山, 東南入于浿水也。○浿水又西流逕德川郡南。郡本漢 鏤方縣地也。高麗爲遼原郡,【一云長德鎭】後稱德州, 我朝爲德川郡。○浿水又西至大德山南, 右合矢梁水。水出价川郡 謁日嶺, 東流與妙香山南之水合, 又與頓山水合, 南入于浿水也。《備考》云: "大同江至寧遠郡西, 爲仇淵。又西南流至金城山, 北流左過瘼灘, 右過長林川。西流爲凝江, 經德川郡, 南至大德山, 右過矢梁川。"

浿水 一

又南匯爲龍嶼。

　浿水又南左合月浦水。水出順川郡東彌勒嶺之北石穴, 爲月浦。北流逕龍巖, 巖有騰龍之跡, 故名。順川東八十里地也。月浦水又北逕古順川郡城, 卽今郡東一百五里地也。月浦水又北流, 合天將·玉井·琴勿之水, 入于浿水。天將水, 亦謂之釜淵, 在古順川北山谷中。旱不渴, 冬不氷, 流至三里, 滲入于月浦也。○龍嶼在古順川北, 周四百餘尺。嶼北七里有湫, 周亦四百餘尺, 流入于浿水也。黃江漢 景源云:"順江之東, 其洲曰臥龍之洲, 洲南十步, 爲葭潭。潭之上爲峯者七, 在洲內, 皆削奇石, 以爲壁, 舟由葭潭行壁下, 七峰之影, 見於水。又西二里, 爲露潭, 潭之右爲峰者五, 在洲外, 亦削奇石, 以爲壁, 舟由露潭行壁下, 五峰之影, 見於水。自洲以北泝洄之, 入于凝江, 自洲以西泝游之, 出於橫溪。洲四面皆臨澄江, 而一面可泊舟者, 謂之東津。東津者, 晏平津也。"
【〈秋水亭記〉】臥龍洲者, 卽龍嶼也。

折而西流逕無盡臺。

　浿水又西逕貍站[266], 至無盡臺。按《勝覽》, 安平津·豆音津·鼇墅津·貍站[267]灘, 俱在順川郡東一百十里。又有廣

---
266) 站: 新朝本에는 '岾'으로 되어 있다.

泉, 南流入安平津。皆此浿水之渡也。○浿水又西逕价川縣南。縣本高麗 安水鎭, 後爲連州,【又爲朝268)陽鎭, 又爲翼州】改爲价州, 我朝爲价川也。

浿水又南逕順川郡東, 右受九曲之水。

浿水又南爲靜戎江, 逕順川郡東。郡本高麗 靜戎郡, 後爲順州, 我朝爲順川也。黃江漢 景源云:"浿水東出狼林山, 西流五百三十里, 爲順北江。上有斜灘, 下有歧灘, 其南流爲城巖津, 入禹淵。順之爲郡, 處順江·歧灘之陽, 其東曰龍駐之山, 其西曰鳳栖之山。 由浿水逆流而上者, 順流而下者, 風帆相屬, 皆出于兩山之間。"【〈淸遠樓記〉】順江者, 靜戎江也。○浿水又左得貴出水。按, 浿水至順川東, 爲斜灘, 爲城巖津, 而其東三十里, 石壁之下有穴, 周圍數十尺。飛泉瀉出, 流入于城巖津, 是貴出水也。 ○浿水又南左與錦溪水合。溪出於順川江 栖山之石穴, 南流逕新倉, 爲長善浦, 西流與崇化山水合, 入于浿水也。○浿水又右合九曲水。水出安州 悟道山, 東南流逕金谷院, 爲金水, 入于浿水。《勝覽》云'金川在順川西南十里, 源出安州 檢山, 入城巖津', 是也。

---

267) 站: 新朝本에는 '岾'으로 되어 있다.
268) 爲朝: 新朝本에는 공란으로 되어 있다.

《備考》云:"大同江南流爲三月江,左過古城川,【月浦水】匯爲龍島。折而西流爲269)貍站270)淵,經無盡臺,南流爲靜戎江,經順川郡東,爲斜灘·城巖之津。左過錦溪,爲歧灘,右過金川。"

浿水又南逕慈山府東。

府本高麗 文城郡,後爲太安州,復改爲慈州,我朝爲慈山府。浿水逕府東,爲禹家淵。

屈而東流至殷山縣南,【句】受其縣北之水。

縣本高麗 興德郡,【一云同昌】後爲殷州,我朝爲殷山也。其縣北之水,出於臥龍山,西南流與天聖山水合,逕其縣之西北,入于浿水。

浿水又南未遠至叉波曲,降仙水從東來注之。

叉波曲在江東縣東北三十里,亦云叉派灘。《勝覽》稱雜派灘也。○降仙水,俗稱沸流江,自成川府來注也。
《備考》云:"大同江南流爲禹家淵,右過淸水川,東流爲叉波河,東與沸流江會。"

---

269) 爲: 新朝本에는 빠져 있다.
270) 站: 新朝本에는 '岾'으로 되어 있다.

浿水又南逕閱波亭, 逕古江東縣前。

浿水又南逕區芝坡, 右合蛇水。水出慈山府 熊[271]草山, 東流入于浿水,《備考》所稱蛇川也。《唐書·高宗紀》云:"龍朔二年, 沃沮道行軍總管龐孝泰, 及高麗戰於蛇水死之。"又〈高麗傳〉云:"龍朔元年, 蘇定方破虜兵于浿江, 遂圍平壤。明年, 龐孝泰以嶺南兵壁蛇水。蓋蘇文攻之, 舉軍沒。定方解而歸。"皆此蛇水也。《遼史·本紀》:"開泰七年, 詔東平郡王蕭排押爲都統, 復伐高麗。【高麗 顯宗九年】十二月, 蕭排押等至開京, 縱兵俘掠而還, 濟茶·陀二河, 高麗追兵至。諸將皆欲使敵渡兩河擊之, 獨耶律八哥以爲不可曰,'敵若渡兩河, 必殊死戰, 乃危道也。不若擊之於二河之間。'排押從之, 戰于二河之間, 敵夾射, 遼軍失利。排押委甲仗走, 天雲·右皮室二軍, 沒溺者衆。 天雲軍詳穩海里遙輦帳·詳穩阿果達容省·使酌古渤海·詳穩高淸明等, 皆沒于陣。"《淸一統志》云:"蛇水在平壤西境, 契丹伐高麗, 戰於蛇·陀二水, 敗還。"舊志: "二水俱在平壤西北。"【〈朝鮮篇〉】蓋蛇·茶聲近, 故蛇水亦稱茶河也。又《三國史》:"新羅 文武王八年,【唐 高宗 總章元年】發兵赴唐軍營。秋, 總管文穎等遇句麗兵於蛇川之原, 對戰大破之。冬, 以大幢少監本得, 蛇川戰功第一,

---

271) 熊: 新朝本에는 '態'로 되어 있다.

授位一吉湌, 漢山州少監金相京, 蛇川戰死, 贈一吉湌。【句】牙述沙湌【句】求律, 蛇川之戰, 就橋下涉水, 出與賊鬪大勝, 以無軍令, 自入危道, 功雖第一而不錄, 憤恨欲經死。" 亦指此蛇水也。〇浿水又南逕閱波亭, 至江東縣西。縣本高272)麗所置, 我朝因之也。縣西二十里水濱, 有大塚, 周四百十尺, 世傳爲檀君之葬。〇江東古縣在今縣西二十二里, 城依進土峯而築之, 俯臨浿水。按,《元史·高麗傳》云: "太祖十一年, 契丹入金山, 元帥六哥等領衆九萬餘, 竄入其國。十二年九月, 攻拔江東城, 據之。十三年, 帝遣哈只·吉箚剌等, 領兵征之。"《高麗史》: "高宗三年,【蒙古 太祖十一年】契丹遺種金山·金始二王子, 自稱大遼收國王來寇, 王遣上將軍金就礪討之。賊勢窮, 入保江東城, 依水爲險。蒙古將哈眞及札剌, 與東眞萬奴所遣完顔子淵兵來討。會天大雪, 餉道不繼, 哈眞患之, 使人請粮於高麗。王使趙沖·金就礪, 領十將軍兵及神騎·大角·內廂精卒, 往會之。去城三百步而至。哈眞自城南門至東南門鑿池, 西門以北, 委之子淵, 東門以北, 委之就礪, 皆令鑿隍。賊魁噉捨, 王子自縊死。其所署僞平章以下官人軍卒五萬餘人, 開門出降。賊黨悉平。" 今其城臨水, 而俗稱水曰西江。水中有石橋, 廣

---

272) 高: 新朝本에는 빠져 있다.

七八尺, 高十三尺, 長七十餘步。橋上水深五六尺, 人不可渡。俗謂之龍橋。此或哈眞等之所爲也。按,《勝覽》云:"西江源出高原縣 豆無山, 與三登縣 能成江合。"其說甚疏矣。

屈而西流, 未遠左與瀧水會。

浿水又南左合水晶川。亦云水精川, 出於成川府 九龍山, 西流入于浿水也。○浿水又屈而西爲馬灘, 是平壤府東北四十里也。《高麗史》'顯宗九年, 契丹 蕭遜寧來侵, 兵號十萬, 直趨京城。侍郎[273]趙元擊於馬灘, 斬首萬餘級',【見〈姜邯贊傳〉】'仁宗十三年, 僧妙淸等據西京反, 遣金富軾討之, 以金良秀將後軍, 守大同江。賊選卒練兵以拒之。富軾慮後軍寡弱, 夜密送步騎一千以益之。賊不知, 黎明渡馬灘·紫浦, 直衝後軍, 燒營突進。僧寇宣應募從軍, 擐甲荷斧, 先出擊賊, 殺十數人, 官軍乘勝大破之。賊皆蹂躪, 赴江溺死',【出〈金富軾傳〉】'高宗八年, 馬灘邊大石自移',【〈五行志〉】'四十年, 蒙古引兵來侵, 涉大同江下馬灘, 指古和州', 皆指此浿水也。○浿水又西流, 而瀧水從三登縣來注之, 是能成江也。

《備考》云:"大同江南流經區地, 爲錢浦, 右過蛇川·神識

---

273) 郞: 新朝本에는 '卽'으로 되어 있다.

川, 經閱波亭, 至古江東之城, 爲西江。右過水晶川, 西折而爲馬灘, 東與能成江會, 爲王城灘。"

《水道提綱》: "浿水, 今日大同江, 卽大通江也。有南北二大源。南源有二。一東出文川城西北百六十里大山西麓。【案, 卽沸江也】山源一西流, 一西北流而合, 又西北合東北來一水, 西流。稍北百餘里有一水, 北自德陽【案, 卽274)陽德275)】之東南大山, 西南流百數十里來會。【案, 卽草川】又西流, 是爲浿水, 至成川城東南境。其南源,【案, 能成水】東南自谷山城西北百餘里大山, 西北流合南來一水, 又曲曲西北流, 共二百里來會。又西經谷山城南,【案, 此似誤】西流百數十里, 經三登城 大木山,【案, 大朴山】南經祥原城北境, 而北源來會。○北源有三。一東北出陽德縣北之遇仙山西麓,【案, 卽錦溪】西流與東北出孟山城東南山者合而西, 稍南曲曲二百里, 至殷山城北境, 而自北來一水合焉。又北一源【案, 卽瘲灘】出定平城西北鼻白山西麓, 西流經孟山城北境。又西合北一小水, 西南流經德川城南境, 又西南至价川城東北境。正北一源【案, 此原派】出寧遠城東北百餘里大山, 南流經寧遠城東境·德川城西境。又南至价川城東北境, 二源旣合, 又南數十里,

---

274) 卽: 新朝本에는 빠져 있다.
275) 德: 新朝本에는 빠져 있다.

大東水經 其三

而前源自東來會。○稍西折而南經殷山城西南境, 又西南流經燕山【案, 慈山也】城東境。又南折而西經江東城西北境。又南數十里, 至祥原北境, 而南源來會。○西流百里, 經中和城東北境, 折而南流經平壤城之東。又折而西經城南。自平壤城南西稍北數十里, 折西南流百三十里, 曰大同江。過江西·龍岡二城之東南, 至三和城之東南, 而黃州北之黑河, 自東西流合南來, 安岳水西北流來會。○大同江旣合南水, 又西南入海, 此水源流八百里, 國西北巨川也。"276)

浿水又西南逕龍塘。

龍塘在平壤府東北二十里, 浿水至此, 有王城江之目, 以近於平壤之城也。高麗 妙淸之難, 金富軾於順化縣【今順安】王城江, 各築小城, 數日而畢, 峙兵積穀, 閉門休士, 涉夏至秋, 與賊相持者, 此也。中有淺灘, 旱則徒涉。明萬曆二十年,【我宣祖二十六年】日本大擧來寇, 我宣祖出幸平壤277)府。未幾敵兵到浿水之南, 宣祖復出幸義州, 以左議政尹斗壽·都元帥金命元·巡察使李元翼, 留守平

---

276) 水道提綱浿水今曰大同江~國西北巨川也: 奎章本에는 이 자리에 '提綱說當於此辨之'가 있는데, 新朝本은 이에 따라 浿水三의 水道提綱 논의를 이곳으로 옮겨온 듯하다.

277) 壤: 新朝本에는 '壞'로 되어 있다.

壤。旣而敵兵知此有淺灘, 徒涉而入, 遂陷平壤。西厓柳成龍云:"賊至大同江, 結陣於江東岸上, 將渡江。時久不雨, 江水日縮。曾遣宰臣禱雨于檀君·箕子·東明王廟, 猶不雨。賊乃分兵, 作十餘屯, 結草爲幕, 旣累日不得渡, 警備頗怠。金命元等自城上望見, 以爲可乘夜掩襲, 抄擇精兵, 使高彦伯等領之, 從浮碧樓下綾羅島, 潛以船渡軍。初約三更擧事, 而失時刻, 旣渡已昧爽矣。見諸幕中賊猶未起, 遂前突第一陣, 賊驚擾。我軍多射殺。土兵任旭景居先力戰, 爲賊所害。奪賊馬三百餘匹。俄而列屯賊悉起大至, 我軍退走登船。船上人見賊已迫, 中流不敢艤船, 溺死者, 甚衆。餘軍又從王城灘亂流而渡。賊始知水淺可涉, 是日暮, 擧衆由灘以渡。我軍守灘者, 皆散走。賊旣渡, 疑城中有備, 遲徊不前。是夜, 尹斗壽·金命元等, 沈軍器火砲于風月樓池水中, 由普通門而出走順安。明日, 賊至城外, 登牡丹峯, 良久觀望, 知城空無人, 乃入。"

浿水 二
【平壤, 中和, 江西】

浿水又西南至平壤府南。[278)]

浿水又西南逕二巖下, 卽平壤東北十里地也。一曰酒巖, 世傳, 酒嘗流出於巖間, 遺痕尙存, 故名。一曰德巖, 亦云衣巖, 在於大同門外, 屹然能捍水, 府人德之, 故名。○浿水又右與合掌浦水合。水出慈山府 熊草山, 南流入于浿水也。○浿水又西南逕錦繡山下, 爲白銀灘, 卽平壤東城外也。灘南有綾羅嶼, 周回十二里。背負錦繡山, 山頂有乙密臺, 亦稱四虛亭。石壁臨水曰靑琉壁。壁盡有浮碧樓。高麗廢王禑十四年, 如大同江, 張胡樂于浮碧樓。我世祖十八年, 駕幸于西京, 登臨此樓, 親題宸章, 命羣臣和進。又每歲, 平安道觀察使登此樓, 觀落火戲也。自樓而西有永明寺, 寺中有九梯宮, 世所稱句麗 東明王之舊宮也。宮內有麒麟窟, 窟內有朝天石。又有靑雲·白雲二橋, 自然天成, 世所稱東明王時梯也。《高麗史·地志》云: "乙密臺下層厓之旁, 有永明寺, 卽東明王 九梯宮。內有

---

278) 浿水又西南至平壤府南: 新朝本에는 빠져 있다.

麟贊窟, 窟南白銀灘, 有巖出沒朝水, 名曰朝天。"《勝覽》云:"東明王養麒麟馬于窟中, 後人立石誌之。世傳, 王乘麒麟馬入窟, 從地中出朝天, 其馬跡至今在石上。"而金克己詩曰:"朱蒙駕馭欲朝眞。"朱蒙者, 東明也。然句麗始祖東明王始建國於卒本, 今之興京地也。其後嗣王, 又徙國內城, 又徙丸都城, 皆淥水以北之地也。至東川王二十一年, 始徙平壤279), 上距東明之時, 已二百八十餘年矣, 已傳九世矣。則東明未嘗夢到於平壤, 安有所謂舊宮與馬窟乎？何況麟馬朝天之說, 荒怪妄誕, 不可傳述。而東儒不考史籍, 不驗實理, 順口輒言, 認爲故實, 謬之甚矣。明唐皐〈練光亭記〉曰:"練光亭前爲德巖, 巖倚江可以衝流, 城中居民咸德之, 故名。其左三四里許爲錦繡山, 山之顚有乙密臺, 甚平敞。上有四虛亭。在山復有峯巋然, 號牡丹峯。山椒有浮碧樓, 亦憑江。下有麒麟窟, 東明王養馬處。又有朝天石, 世傳王於此乘馬朝天。前有綾羅島, 島連白銀灘, 東北又十餘里, 有酒巖, 謂嘗有酒從巖中出, 皆聚於亭之左280)也。其右爲挹灝樓, 在城東門上, 又南去五里許, 有井田之制, 存焉, 則亭之右也。"【又有史道詩】董越《朝鮮賦》云:"錦繡峯遠接龍山之

---

279) 壤: 新朝本에는 '壞'로 되어 있다.
280) 左: 新朝本에는 '在'로 되어 있다.

兀兀, 浮碧樓下瞰浿水之滔滔, 麒麟尙餘乎石窟, 駝羊半棄於山腰。"自注云:"大同江卽古之浿水。麒麟石在浮碧樓下。世傳, 東明王乘麟馬入此窟, 從地中出朝天石上昇, 今馬跡尙存。"【又云:"舊時石馬銅駝皆在荆棘。"】麟馬朝天之說, 中國人亦述之, 此蓋傳聞於東人, 因以言之, 不復深考耳。○浿水又西南至平壤府南。府卽三朝鮮及高句麗之古都也。東方初無君長, 唐堯二十五載, 有神人降于太白山檀木下, 國人立以爲君, 號曰檀君, 都于朝鮮, 因爲國號, 卽今之平壤, 是前朝鮮也。周 武王元年, 封箕子于朝鮮, 敎其民以禮・義・田・蠶・織・作, 施八條之約, 是後朝鮮也。箕子之後四十餘世, 至朝鮮侯準, 當秦・漢之際, 而自稱王。及漢 惠帝元年, 燕人衛滿, 亡命東走, 襲準而滅之, 都于王險城, 卽今之平壤, 是衛滿朝鮮也。至滿孫右渠, 不奉漢詔, 武帝 元封二年, 遣楊僕・荀彘, 討滅之, 置四郡。以王險城爲樂浪郡, 其治曰朝鮮縣。至曹魏正始八年, 句麗 東川王【其二十一年】始築平壤城, 自丸都而移居之, 蓋平壤之稱, 肇於是也。至故國原王時, 還移於丸都, 甫二年, 又還平壤之東黃城。及長壽王十五年, 又移於平壤城, 當元魏 太武帝 光始四年也。至唐 高宗 總章元年,【句麗 寶藏王二十七年】遣李勣滅句麗, 置安東都護府於此以統之, 尋入於新羅。至高麗爲西京, 復稱鎬京。元宗十年, 城附於蒙古, 蒙古置東寧府於此, 畫慈嶺爲界。《元史·地理志》: "東寧路尋還之。" 及我朝爲平壤府, 又置平安道觀察使營于此, 而城臨浿水以爲固。《漢書·地理志》云: "樂浪郡, 武帝 元封三年開。" 莽曰: "樂鮮屬幽州。" 應劭曰: "故朝鮮國也。"《北史·高句麗傳》云: "王都平壤城, 亦曰長安城。東六里隨山屈曲, 南臨浿水。城內惟積倉儲器, 備寇賊至日, 方入固守, 王別爲宅於其側, 不常居之。"《通典·高句麗說》云: "其王所居平壤城, 卽漢 樂浪郡 王險城, 亦曰長安城。" 李賢注《後漢書》云: "平壤城卽王險城。"【《括地志》云: "平壤城本漢 樂浪郡 王險城。"】《明一統志》云: "平壤城在鴨淥江東, 一名王險城, 卽箕子之故國城。外有箕子墓, 漢爲樂浪郡治。"【見遼東都司】董越《朝鮮賦》云: "惟彼西京, 寔曰平壤。爰自有國, 已高築臨水之維城, 曾幾何時, 又近移北山之疊嶂也?" 自注云: "平壤城最古, 箕子初封時, 已有之。" 至高句麗, 又病其不據險, 復就城北增築一城, 東瞰大同江, 北接錦繡山。 蓋其城歷代增修[281], 而外城乃箕氏舊址也。故人物繁庶, 貨財委輸。李重煥《擇里志》論'國中可居之地, 以平壤外城爲第一', 可見其佳麗也。有井田, 世傳箕子所畫, 田中有井, 世稱箕子井。按, 明 王圻《三才

---

[281] 代增修: 新朝本에는 빠져 있다.

圖會·朝鮮篇》云: "井田在平壤府外城內, 箕子區畫井田, 遺282)跡宛然." 董越《賦》自注云: "平壤舊城內, 箕子所畫井田形制, 尚有存者, 如直路之類, 是也."《高麗史·地理志》云: "平壤府有古城基二。 一箕子時所築, 城內區畫, 用井田制。 一高麗 成宗時所築."《勝覽》云: "箕子井田在平壤府南外城之內." 其說之流傳, 尚矣。 故韓久菴 百謙欲究其制, 考殷·周尺寸之差, 逐畝打算, 計其區畫, 遂作井田說, 以明殷·周制之不同。 其說曰: "其所區畫, 皆爲田字形, 分爲四區。 區皆七十畝。 界區之路, 其廣一畝, 界田之路, 其廣三畝。 大路之內, 橫而見之, 有四田八區, 豎而見之, 亦有四田八區。 凡十六田, 總六十四區。【卽所謂每區七十畝, 各爲小界限, 而縱橫皆八, 通計六十四區, 爲一大界限者也】六十四區之三傍, 又有九畝之路, 由城門達之江上。 其尖斜欹側, 不能成方處, 或一二區, 或二三區, 隨其地勢而爲之, 鄕人至今傳之爲餘田。 亦皆七十畝, 而皆正正方方, 遺跡宛然延袤數里, 含毬·正陽兩門之間, 益分明, 乃作圖以記之." 至乾隆時, 洪趾海爲平安道觀察使, 以溝洫之間陳廢, 可惜遂漫其經界, 近有一人, 按舊跡而修復之。 乾隆末, 勅使來求井田說, 蓋皇旨也, 遂以久菴說及柳磻溪 馨遠諸說進之。 先生云: "孟子所言

---

282) 遺: 新朝本에는 '遣'으로 되어 있다.

夏·殷·周分田多少之數, 本據龍子之說, 徵諸實理, 不能脗合。久菴乃云'殷·周尺寸有差', 以立其義, 然百畝可以開方,【十十百也, 可開方】七十畝不可以開方。【八八六十四也, 開方賸者六】尺寸長短, 不足爭也。況井田本是九區, 今乃曰四田八區, 八八六十四爲一大限, 天下有如是井田乎? 一區七十畝, 則其形不能正方, 今乃云'七十畝皆正正方方', 有是理乎? 昔在唐時, 李勣鎭平壤, 劉仁願鎭南原, 皆爲屯田, 屯田之法, 亦有溝洫道涂, 以防敵人之衝突, 此吳玠所謂地網也。箕子井田之說, 吾斯之未敢信也。" 井田之傍, 有詠歸亭, 枕浿水, 而結構其水曰唐浦。【亦云南浦】下有長興寺故基, 浿水分爲二派, 繞寺而復合也。

《通典》云: "平壤城東北有魯陽山, 魯城在其上, 西南二十里, 有葦山, 南臨浿水。" ○晴案 魯陽山者, 今之龍山也, 亦稱九龍山, 在錦繡山之北。

董越《賦》云: "東有箕祠, 禮設木主, 題曰朝鮮後代始祖。蓋尊檀君, 爲其建邦啓土, 宜以箕子爲其繼世傳緖也。墓在兔山, 維城乾隅。" 自注云: "檀君廟在箕子祠東, 箕子墓在城西北隅之兔山, 去城不半里。" ○《淸一統[283)]志》云: "箕子墓在平壤城西北三里, 小山環繞其

---

283) 統: 新朝本에는 '說'로 되어 있다.

前。爲箕子祠, 有參奉二人, 世守其祠, 卽箕子裔。又大同江岸有柴樹林可十里許, 幹似松, 葉似楡。土人常藉以療飢, 相傳其始卽箕子所植云。"〇晴案《史記索隱》, 杜預云:"梁國蒙縣有箕子塚。"然箕子志決罔僕, 道在明夷, 不應反葬於中國, 杜預之見, 非也。今七星門外有兔山, 或稱王荇山。嘉靖丙午四月, 大雨雹, 兔山樹木盡被摧折, 而環箕子墓松杉, 無一所損, 人皆異之。萬曆癸巳, 倭人碎折碑碣, 掘其墓, 及壙有聲, 懼而止。後改封域樹碣, 以鐵釘穿, 附舊石于新碑, 石峯 韓濩書箕子墓三字。月沙 李廷龜〈崇仁殿碑〉云:"馬韓末, 有孱孫三人, 曰親, 其後爲韓氏, 曰平, 爲奇氏, 曰諒, 入龍岡 烏石山, 以傳鮮于世系。韻書曰:"鮮于, 子姓, 周封箕子于朝鮮, 支子仲食采於于, 因氏鮮于。"《綱目》稱:"箕子封於朝鮮, 其子食采於于. 因姓鮮于。"趙孟頫贈鮮于樞詩曰:"箕子之後多髥翁。"鮮于之爲箕子後, 不旣章明較著矣乎? 洪武間, 有鮮于景者, 爲中領別將。其七世孫寔, 自泰川來, 居殿側, 請立箕子祀。今壬子春, 命揭殿號曰崇仁。官鮮于寔爲殿監, 子孫世授焉。〇晴案 國初未有箕子之祀, 光海君四年, 因儒生曹三省等上疏, 始立其祠, 明年賜號曰崇仁, 是月沙碑之所記也。今其殿有令有監, 以鮮于氏世襲焉。又箕子宮在正陽門外井田之側。英宗乙巳,觀察使李廷濟狀聞于朝，繚以周垣。宮之南有井，曰箕子井，水味清冽特異。吳祥爲觀察使時，素患渴，喜飲之。汲者憚其遠，易以他水，祥輒辨焉，詰之果服也。
《高麗史·地志》云："東明王墓在平壤府東南中和境龍山谷，號眞珠墓。又仁里坊有祠宇，世傳東明聖帝祠。"
〇晴案《禮志》："肅宗十三年，睿宗十一年，忠烈王四年，俱遣使于西京，祭東明王祠。"然句麗始祖都於卒本，葬於卒本，在渌水之北，則與平壤毫無所涉，曰祠曰墓，何爲紛紛也。今時東明之廟曰崇靈殿，有參奉二員以掌之。

名之曰大同江。

《明一統志》曰："大通江在平壤城東，舊名浿水。中有朝天石。蘇定方破虜兵於浿江，卽此。"《高麗史·地志》云："平壤府有大同江，卽浿江。又名王城江，江之下流，爲九津溺水。"崔滋〈西京賦〉云："衆水所匯，名爲大同。"
《高麗史·樂志》有大同江曲："周 武王封殷太師箕子于朝鮮，施八條之敎，以興禮俗，朝野無事。人民懽悅，以大同江比黃河，永明嶺比嵩山，頌禱其君。此入高麗以後所作也。"
崔豹《古今注》云："箜篌引者，朝鮮津卒霍里子高妻麗玉所作也。子高晨起刺船，有一白首狂夫，披髮提壺，亂

流而渡。其妻隨呼止之不及，遂墮河水死。於是援[284]箜
篌而鼓之，作公無渡河之歌，聲甚悽愴。曲終，亦投河[285]
而死。子高還以其聲語麗玉，麗玉傷之，乃引箜篌而寫
其聲，聞者莫不墮淚掩泣焉。麗玉以其聲傳隣女麗容，
名曰箜篌引。"【其歌曰："公無渡河，公終渡河，公墮而死，將奈公
河。"】○晴案 朝鮮縣者，樂浪郡之所治，卽今之平壤府
也，則朝鮮津者，大同河也。然唐 李白詩有公無渡河之
歌，首叙大禹之治河。此以黃河當之也，與崔說異矣。
《北史·高句麗傳》云："每年初，聚戲浿水上，王乘腰轝列
羽儀觀之。事畢，王以衣入水，分爲左右二部，以水石相
濺擲，諠呼馳逐，再三而止。"○《高麗史》云："靖宗七年，
幸鎬京，駕至大同江，留守使參知政事皇甫穎，奉迎江
頭。王御龍舟，賜宴輔臣，命將軍承愷等射，右拾遺金尙
賓諫，乃止。又文宗七年，御大同江樓船，東望江岸，命將
軍鄭會等八人射。郞[286]將惟現矢過江，王嘉獎之。"【又仁
宗·毅宗皆幸西京，爲大同江之游】
《唐書·高宗紀》云："顯慶五年，左驍衛大將軍契苾何力，
爲浿江道行軍大總管，以伐高麗。"○晴案 唐人之伐句
麗也，每水陸竝進。其云'平壤道總管'，自陸路來者也，

---

284) 援: 新朝本에는 '授'로 되어 있다.
285) 河: 奎章本에는 이 뒤에 '水'가 있다.
286) 郞: 新朝本에는 '卽'으로 되어 있다.

浿水 二

其云'浿江道總管',自海路來者也。龍朔元年,任雅相爲浿江道行軍總管,總章元年,劉仁軌兼浿江道行軍總管,【亦出〈高宗紀〉】皆此之謂也。【又詳下】
《高麗史·妙淸傳》云:"仁宗十年,幸西京,僧妙淸·日者白壽翰等,密作大餅,空其中,穿一孔,盛熟油,沈于大同江,油漸出浮水面,望之若五色。因言曰,'神龍吐涎,作五色雲,此嘉瑞也。'請百官表賀。又說王曰,'神龍吐涎,千載罕逢,請上應天心,下順人望,以壓金國。'王遣大臣文公仁及李俊陽等,審視之。時有業油韀者言,'熟油浮水,則有異色。'使善泅者,索得大餅,乃知其詐。元戬上書請戮妙淸等,不報。"○又〈金富軾傳〉云:"仁宗十三年,妙淸·趙匡等叛,以富軾爲元帥討之。命中軍屯川德部,左軍屯興福寺,右軍屯重興寺。又以大同江爲往來之衝,使金良秀等將兵屯守,號後軍。明年,富軾分兵爲三道,將軍公直以所領兵入石浦道,將軍良孟入唐浦道。"
柳西厓云:"萬曆壬辰四月,日本入寇。五月,陷京城,車駕入平壤,諜報賊已至鳳山。余謂左相尹斗壽曰,'賊之斥候,應已至大同江外矣。此間詠歸樓下,江水歧而爲二,水淺可涉,賊若暗渡,則城危矣。'乃遣李鎰守之。鎰至萬項臺下,距城纔十餘里,望見江南岸,賊兵來聚者,已數百。江中小島居民,驚呼奔散,而賊已在水中。鎰急令武士射之, 賊退, 鎰乃守渡口。六月, 車駕出平壤, 左相尹斗壽・元帥金命元・巡察使李元翼, 與余在練光亭, 本道監司宋言愼守大同城門樓, 兵使李潤德守浮碧樓以上江灘, 慈山郡守尹裕後守長慶門。城中士卒, 合三四千, 分配城堞, 而部伍不明。散掛衣服於乙密臺松樹間, 名曰疑兵。隔江望賊兵, 不甚多。東大院岸上, 排作一字陣, 列豎紅白旗。又出十餘騎, 向羊角島, 入江中, 水沒馬腹。皆按轡列立, 示將渡江之狀。其餘往來江岸者, 或一二, 或三四, 荷大劍, 日光下射, 閃閃如電。或云, 劍以木爲之, 沃以白鑞, 以眩人眼。又有六七賊, 持鳥銃到江邊, 向城放之, 聲甚壯。丸過江入城, 遠者入大同館, 散落瓦上, 幾千餘步, 或中樓柱, 深入數寸。有紅衣賊, 見練光亭上諸公會坐, 挾鳥銃, 邪睨漸進, 至沙渚上。放丸中亭上二人, 然遠故不重傷。余令軍官姜士益, 以片箭射之, 矢及沙上, 賊逡巡而退。後賊從王城灘而渡, 遂入城中。【詳見下】癸巳正月, 提督李如松來援, 進攻平壤。賊乘冰過江遁去。"《懲毖錄》】 ○晴案 癸巳[287])平壤之戰, 官軍塡土攻城, 賊極力守禦。侍郞葉夢熊計用水攻, 相城東北岸卑下處, 築堤千二百餘丈, 沒[288])大壩, 水浸城八九丈。都

---

287) 癸巳: 奎章本에는 빠져 있다.
288) 沒: 奎章本에는 '決'로 되어 있다.

司胡世顯所築堤埂衝壞, 斬以徇。再築灌, 城東西二面崩百餘丈。賊始大懼, 仍乘勢以復之也。

《淸一統志》云:"大通江在平壤城東, 亦曰大同江。明 萬曆二十一年, 李如松援朝鮮至平壤, 倭悉力拒守。如松度地形, 東南竝臨江, 西枕山陡立, 惟迤北牡丹峯高聳, 最要害。如松乃遣將攻牡丹峯, 督兵四面登城, 遂克之。旣而如松駐開城, 別將楊元軍平壤, 扼大同江, 以通餉饋。"是也。

《備考》云:"大同江西南流至龍塘, 右過長水川, 經衣巖·酒巖, 右過合掌浦, 經綾羅島·朝天石, 爲銀灘, 至平壤之南, 爲大同江。"

浿水又西未遠, 右受發蘆之水。

浿水又西南爲梯淵, 在平壤府南三里。高麗 宣宗四年, 幸此淵, 御樓船置酒, 沂流至大同江, 觀射。肅宗七年, 又幸此淵, 命善泅禁軍, 尋舊梯基, 禁軍奏云'去水十尺, 有梯基石云'。淵之傍有貍巖, 下有羊角嶼。董越〈風月樓記〉云'自貍巖亂浿水, 登東門樓', 是也。○浿水又爲九津溺水, 在平壤西南十里, 一名麻屯津。其岸有巖曰猿頭。每春秋, 降香以祭也。○浿水又左合鷲浦水。水出中和府 靈鷲山, 西北流迳栽松院, 爲永濟浦, 入于浿水。

《勝覽》云: "燕[289]浦源出平壤東唐洞召池, 入于九津溺水。" ○浿水又西南至豆老嶼。嶼周二十里。傍有豆丹嶼, 周六里,【亦稱豆段島】平壤西南十里地也。其下又有禿鉢嶼, 周十九里。【平壤西南十二里】伊老嶼周二十三里,【平壤西南三十[290]五里】碧枳嶼周二十二里,【平壤西南二十五里】皆在浿水中者也。○浿水又右合發蘆水。水出慈山郡 慈[291]母山, 西流爲門巖水, 與巖赤水會。水出於順安縣 法弘山, 東南流與黑龍山之合掌水合, 入于發蘆水。倪謙《使朝鮮錄》云'巖赤川在順安縣北十五里, 東南流入平壤江', 是也。○發蘆水又西至王山, 又[292]合靈溪水。水出葛坡嶺, 南流入于發蘆水也。○發蘆水又東南屈逕順安縣西。縣本高麗 順和縣, 我朝徙治于安定站, 爲順安也。○發蘆水又屈而東, 左合紫始水。水出星州峴, 西流入于發蘆水也。○發蘆水又南屈至禿隅, 爲長鼓水, 逕鷲巖, 至平壤府西, 爲西江, 由普通門外, 入于浿水, 而亦稱平壤江。《勝覽》曰: "平壤江源出順安縣, 經普通門外, 與九津溺水合。"《句麗史》'寶藏王十九年, 平壤河水赤如血, 三日乃止'者, 此也。又《唐書·高麗傳》

---

289) 燕: 新朝本에는 '鷰'으로 되어 있다.
290) 十: 新朝本에는 이 뒤에 '十'이 있다.
291) 慈: 新朝本에는 '兹'로 되어 있다.
292) 又: 奎章本에는 '右'로 되어 있다.

浿水 二

云: "總章二年, 高麗大長鉗牟岑反, 詔高偘 東州道·李謹行 燕山道竝爲行軍總管, 討之。偘破叛兵于泉山, 俘新羅援兵二千, 謹行破之于發盧河, 再戰俘馘萬計。謹行留妻劉, 守伐盧城, 虜攻之。劉擐甲勒兵守, 賊引去。帝嘉之, 封燕郡夫人。"《明一統志》云: "發盧河在平壤城西, 唐 李謹行破新羅兵於此。" 余按, 伐盧與發盧聲近, 伐盧城當在發盧水之濱, 疑今之順安縣也。《淸一統志》云'或曰伐奴城在營州境內'者, 非矣。○浿水又有揚命浦之稱, 亦云揚名, 在平壤城西五里。《高麗史·金富軾傳》云: "仁宗十三年, 妙淸·趙匡等反, 富軾討之。西人沿江築城, 自宣耀門至多景樓, 凡一千七百三十四間293), 置六門以拒之。富軾命諸將起土山, 先於揚命浦山上, 豎柵列營, 移前軍據之。發西南界州縣卒二萬三千二百, 僧徒五百五十, 負石集材木。令諸軍就前軍屯所, 起土山, 跨揚命浦, 抵賊城西南隅, 晝夜督役。賊驚駭294), 於城頭設弓弩砲石, 盡力禦之。官軍隨宜捍禦295), 鼓譟攻城。有僑人趙彥, 獻計制砲機, 置土山上, 其制高大, 飛石重數百斤, 撞城樓靡碎, 繼投火毬焚之, 賊不敢近。土山高八丈, 長七十餘丈, 廣十八丈, 去賊城數丈。"

---

293) 間: 新朝本에는 '門'으로 되어 있다.
294) 駭: 新朝本에는 '骸'로 되어 있다.
295) 禦: 新朝本에는 '禮'로 되어 있다.

又〈五行志〉云: "康宗二年, 西京 揚命浦水中, 石大如甕, 自出陸, 移一百二十尺許。高宗六年, 有石出西京 長命浦水中登陸, 向北轉行一百六十七尺。又有二石出多慶樓淵中, 轉沙石間, 宛然成蹊。始則竝行百步許, 終則一石向北行八十三步, 一石向東南行八十三步。元宗二年, 西京 羊皿浦, 石出水陸行。" 其云長命浦・羊皿浦, 皆揚命浦之聲轉也。舊於此浦上對岸築石, 架樓其上。樓下可通舟楫²⁹⁶⁾。名多慶樓, 亦云萬景臺。今樓頹, 存遺²⁹⁷⁾址, 是趙匡等築城之所也。其西有鳳凰臺, 祀典以浿水爲西瀆, 祭其神于此。其下曰石浦, 西岸有大石, 故名, 是將軍公直所入之道也。○浿水又右合狄橋水。水出江西縣 舞鶴山, 北流至斑石里, 與抄道洞水合, 屈而東南流逕沙峴, 至龍岳下, 爲廣濟水, 至萬景臺下, 入于浿水。

西南至江西縣東,【句】受其縣前之水。

浿水又逕中和府西北境。府本句麗 加火押, 新羅爲唐岳縣, 高麗爲中和府, 我朝因之也。○浿水又西南逕保山, 南至江西縣東。縣本高麗 仁宗所置, 我朝因之也。

---

296) 楫: 新朝本에는 '揖'으로 되어 있다.
297) 遺: 新朝本에는 '遣'으로 되어 있다.

浿水 二

　　浿水又右合鶴水。水出咸從府 檢巖山及牙善山,東流逕華表山,爲勿古浦·菁山浦,至江西縣南,爲雲川,入于浿水。經所擧縣前之水,指此鶴水也。○浿水又西南爲朔氏津,左合觀仙水。水出中和府 游[298]郞山,北流逕其府西,至萬里橋,西北流爲昆陽津,入于浿水。○浿水又東南屈爲官津,又爲梨津,中和府西四十里也。○浿水又左合黑橋水。水出黃州 高井山,西北流入于浿水。按《勝覽》,馬井在中和西二十里,周五十尺,深不可測。井水溢出爲小川,西流入大同江下流,此亦合于梨津者也。

　　《備考》云:"大同江至貍巖·羊角之島,爲九津溺水,左過鷺浦,經豆老·豆丹之島,右過發蘆川,經鳳凰·萬景之臺,右過狄橋川之保山,右過鶴川·觀仙川,【此當云左過觀仙川】東南流爲官津·梨津,左過黑橋川。"

浿水又南至黃州西界,爲急水門,注于絶瀼海。

　　急水門在平安·黃海兩道之界,是黃州西三十里,龍岡縣東南九十里也。《備考》云:"急水門卽大同江與絶瀼海會處,水口稍隘,水勢悍急,故名。舟行甚難,比之瞿塘。隋 煬帝·唐 太宗之征高句麗,舟師皆由此入焉。"○絶

---

298) 游: 奎章本에는 '淤'로 되어 있다.

瀼, 亦云濟梁299), 渤海一曲陡入如熨斗, 間於平安·黃海二道, 爲小海, 而浿水注入于此。挾絶瀼海而爲界者, 北則曰三和府, 曰龍岡縣, 東則曰黃州, 曰鳳山郡, 南則曰載寧郡, 曰安岳郡, 曰長連縣也。《魏書·高句麗傳》云: "世祖時, 遣散騎侍郎李敖, 至平壤城, 訪其方事云, '南至小海, 北至舊夫餘。'"《明一統志》云: "西大海在黃州長命鎭, 東流入大通江。" 董越《朝鮮賦》云: "大同旣渡, 山漸崔嵬, 望波濤於海上, 識洪量之恢恢。" 其所稱海, 皆指絶瀼海也。《備考》云: "海在鳳山·安岳之間者, 名絶瀼, 廣三十里, 北流與大同江合, 爲急水門, 西流至三和縣南, 爲大津, 入于海。"

《隋書·煬帝紀》: "討高麗, 詔曰, '追奔邌北, 徑踰浿水, 滄海舟楫, 衝賊腹心!'" 又〈周法尙傳〉云: "遼東之役, 以舟師指朝鮮道。"○《綱目》云: "隋 大業八年, 親擊高麗。將軍來護兒帥江·淮水軍, 舳艫數百里浮海。先進入自浿水去平壤300)六十里, 與高麗相遇, 進擊大破之。護兒欲乘勝趣其城, 副總管周法尙止之, 請俟諸軍俱進。護兒不聽, 直造城下, 高麗兵伏郭內, 出兵與戰而僞敗。護兒逐之入城, 縱兵俘掠, 無復部伍。伏發, 大敗而還。高

---

299) 梁: 新朝本에는 '棠'으로 되어 있다.
300) 壤: 新朝本에는 '壞'로 되어 있다.

麗追至船所, 周法尙整陣待之, 高麗乃退。"○《唐書·高麗傳》云:"貞觀十八年, 將伐高麗, 以冉仁德·張文幹·龐孝泰·程名振爲總管, 帥江·吳兵凡四萬, 吳艘五百, 汎海趨平壤。二十一年, 牛進達·李海岸自萊州渡海。乾封二年, 郭待301)封以舟師濟海, 趨平壤。"○鏞案 隋·唐之伐句302)麗, 其舟師每自淄·靑渡海, 直衝平壤, 凡此皆自絶瀛海, 由急水門, 入浿水者也。

《高麗史·金富軾傳》云: 仁宗十三年, 討妙淸, 王遣內侍祗候鄭襲明等, 往西京 西南島, 會弓手水手四千六百餘人, 以戰艦百四十艘, 入順化縣 南江, 以禦賊船, 又遣上將軍李祿千·大將軍金台壽等, 自西海領舟師五十艘助討。祿千至鐵島, 欲徑趣西京, 會日暮潮退。襲明曰, '水道狹淺, 宜乘潮而發。' 祿千不聽, 行至半塗, 水淺舟膠。西人以小船十餘艘, 載薪灌油火之, 隨潮而放。先於路傍叢薄間, 伏弩數百, 約以火發, 同時齊擧。及火船相迫, 延燒戰艦, 衆弩俱發, 祿千狼狽, 不知所圖。士卒溺沒殆盡, 台壽死, 祿千蹈積屍登岸, 僅以身免。"○鏞案 鐵島在黃州西三十里絶瀛海中, 周回四十里。

《勝覽》云:"大同江, 一名浿江。其源有二。一出寧遠郡

---

301) 待: 新朝本에는 '侍'로 되어 있다.
302) 句: 新朝本에는 '高'로 되어 있다.

大東水經 其三

加幕洞, 南流至孟山縣北, 又折而西流至德川郡界, 與三灘合, 而南流至价川郡界, 爲順川江, 至順川郡界, 爲城巖津, 至慈山郡界, 爲禹家淵。自此而東[303]流至江東縣界, 爲雜派灘。一出陽德縣北文音山, 西南流至成川府界, 爲沸流江, 又折而南流至江東縣界, 與雜派灘合流, 爲西津, 至平壤城東北, 爲馬灘, 至城東, 爲白銀灘, 又爲大同江。自此而西爲九津溺水, 下與平壤江合流, 至中和縣西, 爲梨津, 至龍岡縣東, 出急水門, 入海。"

與猶堂全書 第六集 第七卷 終

---

303) 東: 新朝本에는 빠져 있다.

與猶堂全書 第六集 第八卷
地理集

大東水經 其四

浿水 三

其會于絶瀇海者, 東南則黃州之簇錦水, 鳳山之月唐水, 載寧之箭防水, 文化之九月水, 通謂之鐵和匯。

   簇錦水, 亦云淤草水, 出遂安郡 天子山, 南流至栗界, 折而西至細坪, 左合善積水。水出瑞興府之新塘, 北流注之也。○簇錦水又西爲鯉魚淵, 右合看東水。水出中和府境, 南流來合也。○簇錦水又西迤黃州南。州本句麗冬忽, 新羅爲取城郡, 高麗爲黃州,【又爲固寧郡】我朝亦爲黃州, 而又置兵馬節度使營于此。州城枕水而築, 城之南角, 山勢岧嶢, 月波樓在其頂焉。○簇錦水又西爲 莐沙水, 入于絶瀇海。

   月唐水出瑞興府 熊波山。山在府東三十五里, 中有釜淵, 深不可測。李詹詩曰'道左[304]靈湫深幾許, 懸流盤渦盤石巨'者, 是也。月唐水源於此淵。《勝覽》曰:"釜淵出瑞興 古音波山, 與龍泉合。"古音波卽熊波也。○月唐水南流至高項山下, 西折而北至屛巖, 左合龍泉。倪謙

---

304) 左: 新朝本에는 '在'로 되어 있다.

《使朝鮮錄》曰:"龍泉在瑞興府南二十二里,山麓有水,涌出成川。"又云:"屛風巖在龍泉西十里。"○月唐水又西北逕瑞興府西。府本句麗 五谷郡,新羅爲五關郡,高麗初爲洞州,後爲瑞興縣,我朝陞爲府也。○月唐水又西逕德巖,右得興水。水出羅帳山,南流來合之。傍有院曰興水也。○月唐水又西北至仇山,有劒水之名。傍有驛路,是鳳山郡東四十里也。 ○月唐水又西逕鳳山郡南。郡本句麗 鵂鶹城,亦云鵂巖郡,新羅爲棲巖郡,高麗爲鳳州,又爲鳳陽郡,我朝爲鳳山郡。其西南二十里也。《高麗史·咸有一傳》云:"鳳州有鵂鶹巖淵,世謂靈湫。有一集郡人,塡以穢物,忽興雲暴雨,雷電大作,人皆驚仆。俄頃開霽,悉出穢物,置遠岸。仁宗聞之,命近臣祭之。"然今未聞也。○月唐水又西右合銀波水。水出平山府界,西北流逕剡橋來注之也。○月唐水又西逕唐城古縣。縣在鳳山郡西十二里,其城周四里。今廢,沿革未詳也。○月唐水又西爲梧里浦,爲栗津。《備考》曰:"梧里浦在鳳山西南三十里。大川橋水【卽月唐水原派】分二派,西流四里,爲大橋浦,又西流十里,爲梧里浦,達于三支江,有漕倉。"又曰:"自鳳山由載寧至安岳,則官路一百三十里,而徑路則栗津·延津二水隔其間而已。"○月唐水又逕三支古縣北。縣在載寧郡北四十里,本屬豐州者

大東水經 其四

也。其水曰三支江, 謂月唐水·箭防水·九月水三條, 皆來會於此也。○月唐水又會于絶瀷海, 其下曰艾津, 其上曰鐵和匯。《明一統志》云:"月不唐江在黃州 安岳縣, 東西流入大海。"李重煥云:"瑞興之東五十里, 劒水出焉, 西走百餘里, 入于海。"

箭防水出海州之首陽山。山名蓋模[305]擬於中華也。山有造化洞, 水源於此也。○箭防水東流爲黑微水, 至立石坡,【載寧郡南六十里】與樹密洞水合, 逕鐵峴, 與狐水合。又折而北環長壽山城, 爲蛤灘, 與平山之琵琶水合, 爲歧灘, 與信川之淸水合。又北爲唐灘, 入于絶瀷海, 卽栗津·三支江相合爲一者也。

《水道提綱》:"黑河出祥原東南境大山, 合三源, 西流共三百里, 經祥原南境。又西經黃州北境·中和南境, 又西經南至三和城東南, 有南來一水, 自安岳來會。"【案, 黑河卽黑橋川】○安岳水二源。一東北出黃州東山, 西南流經黃州南·鳳山北, 又西南合南來一水, 又西經載寧城北境, 至安岳東北。【案, 此指淤草水】一西南出海岸長淵城東北之傅石山,【案, 卽縛石山】東流百里, 經松花城·有信山城北,【案, 當云松禾城南·信川城北】與信川 南山水, 東北流經海州城北者合。【案, 此指迎津及箭防水】又東北流百餘

---

305) 模: 新朝本에는 '摸'로 되어 있다.

里, 經安岳城東南, 又東北與東北一源合,【案, 淤草水】而北流九十里, 合東來之黑河, 西北流入大同江。

九月水出文化縣 九月山。亦云阿斯達山, 檀君所終之處也。○九月水東南流逕溫井院, 東至葛山, 爲鏡地水, 又逕文化縣北。縣本句麗 闕口縣, 高麗初爲儒州, 後爲文化縣, 我朝因之也。○九月水又北與雲溪山水合, 播爲馬鳴水, 右與迎津會, 又北流入于絶瀜海。

迎津水出海州 達摩山, 北流逕燒橋, 至信川郡南。郡本句麗 升山郡, 高麗爲信州, 我朝306)爲信川郡也。○迎津又北逕樓橋, 與婦貞水合。《勝覽》云:"樓橋川在信川南四里松禾縣 燒橋川下流。婦貞川在信川南十里, 源出天奉山, 與樓橋川合流也。"○迎津又北逕三橋坪, 至小牛山下, 與九月水合, 入于絶瀜海。

李重煥云:"瑞興以西·海州以北之水, 都會於載寧之北, 作一大湖,【所謂大湖, 卽絶瀜海】南北四十里, 東西半之。西至海門, 殆近百里。挾大湖而爲邑者, 鳳山與安岳相對, 黃州與長連相對, 而大湖東西之岸, 皆築長堤。長堤之內, 皆水田秔稻, 一望無際。米之産於此者, 顆粒長大, 體性粘潤, 用以爲御供。"○《備考》云:"黃柄串在鳳山西三十五里, 西繞大海, 東圍鶴臺, 三十里曠野, 四望無

---

306) 朝: 新朝本에는 빠져 있다.

際。稻田最膏沃, 濱海之產, 名於西土。"

鐵和古縣在黃州西三十里, 高麗所置也。黃州·鳳山·載寧·安岳之水, 都會爲小海, 其北曰絶瀁海, 其南曰鐵和匯, 中有鐥島。《高麗史》云:"恭愍王八年, 江浙平章火尼赤, 漂風來泊黃州 鐵和江, 賜米一百石·苧布二十匹, 以行省員外申仁適女妻之, 火尼赤獻水精鈇。二九年, 紅頭賊船入安岳郡 元堂浦, 掠錢穀, 又侵黃州 鐵和浦, 牧使閔玨與戰, 斬二十餘級。"

《備考》云:"月唐江源出瑞興 熊坡山之釜淵, 南流至高項山, 西折而北至屛巖。左過龍川·栗里川307), 經瑞興縣, 西流經德巖。右過興水, 西北至仇山, 右過釖水·鳳山之前川·銀波川,【案, 此當云'至仇山, 爲釖水及鳳山之前川, 右過銀波川'】環唐城古縣, 爲唐城浦。至西倉, 播爲梧里浦, 爲栗津。南與箭防川合, 爲三支之江·艾津之浦。右過迎津, 爲鐵和江, 北與大同江, 會于急水門。"○晴案梧里浦·三支江以下, 皆小海也,《備考》總屬於月唐下流, 疎矣。

其西北則龍岡之縣前水, 三和之南川水, 皆赴絶瀁海。

龍岡縣卽高麗之黃龍城也。其縣前之水, 出黃龍山, 南

---

307) 川: 新朝本에는 빠져 있다.

流入絶瀇海, 而南與安岳郡隔水相對, 中有赤島, 周三里, 猪島周二十五里也。○絶瀇海又南受自東水。水出安岳郡 日出山, 北流注之也。○絶瀇海又西至長連縣北, 有大津之名。其縣卽高麗 長命鎭也。我中宗十八年, 以商船私通上國, 設關於大津, 置權管給水軍以禁之, 今廢。○絶瀇海又南受淸水。水出安岳郡 隱寂山, 北流注之也。○絶瀇海又西至三和府南, 右受其南川之水。府本高麗所置。其水出於龍岡縣 烏石山, 逕牛山, 而東南流注之。《勝覽》'安市城在於烏石山上, 險固無比', 非也。安市在今遼東之蓋平縣界, 與龍岡無涉也。

至廣梁口, 遂爲大海。

廣梁在三和府西五十二里。有水軍僉節制使堡, 所以防海寇也。○浿水自急水門以下, 混爲小海, 西出廣梁口, 遂爲大海, 而大海之口, 北有三和府·咸從府, 南有長連縣及殷栗縣·豐川府, 又有椵島·熊島·席島·椒島之等, 列於海中, 扼其咽喉。《唐書·地理志》云'自登州東北海行, 過浿江口椒島, 得新羅西北長口鎭',《備考》云'自席島右夾熊島, 左夾環鈴島, 入大同江'者, 是也。
《備考》云: "大同江由急水門, 左過於草川, 南與月唐江, 會爲絶瀇海。左過自東川, 爲大津, 左過淸川。右過三和

大東水經 其四

南川, 至廣梁, 西入于海。" ○又云: "劍山·馬蹄·鐵瓮
【至308)原派】·吳江【梧溪水】·花餘·載靈【瀧水之所函】以西, 樂
林·廣城·桂川·謁日·姑射以南,【原派之所受】 德業·彥眞
【瀧水南】·滅惡【月唐南】·首陽【箭防水】·達摩【迎津水】以北,
九月以東,【九月水】諸山之水, 入此。"

降仙水309)【俗稱沸流水310)】

降仙水出陽德縣 浯江山, 南流環兎城堡。

降仙水, 俗稱沸流水。【詳見下】浯江山, 亦云吳江山。山
在陽德縣北一百五十里。狼林山南大幹, 走爲鐵瓮山,
又爲此山, 咸鏡道 永興府界也。降仙水出於山之西南,
而逕兎城堡南。堡有兵馬同僉節制使以守之, 亦所以防
嶺阨也。

西折南折未遠, 左受草川之水。

降仙水又屈而西, 右與觀音水合。水出於孟山縣南孔嵒
山, 南流來合也。○降仙水又屈而南逕降仙臺, 左合琵

---

308) 至: 新朝本에는 '指'로 되어 있다.
309) 降仙水: 奎章本에는 '浯溪水'로 되어 있다.
310) 水: 奎章本에는 이 뒤에 '○當改以降仙水'가 있다. 이 원주 내용에 따라 新朝本
에서는 奎章本의 '浯溪水'를 모두 '降仙水'로 고쳤다.

琵水。水出陽德縣琵琶山,西北流來合也。〇降仙水又南至麻訖山下,草川水注之。水出於陽德縣東北三方嶺,南流逕溫泉院,折而西逕陽德縣南。縣本高麗陽巖·樹德兩鎮,我朝合置一縣也。草川水又西逕樹德古鎭,【今縣之西七十里】西北流入于降仙也。

北折西折,逕成川府北。

降仙水又北屈爲犬灘,是陽德縣西一百二十里也。〇降仙水又西流,右合廣水。水出順川郡遠陰山,南流來合也。〇降仙水又西南至成川府北。府本高麗剛德鎭,後爲成州,我朝爲成川也。

抱巫山而西。

成川府北有山岧嶢,其峯十二,故土人擬於巫山,因以名之。亦稱紇骨山,而降仙水迴抱其下,俗稱此爲沸流江。臨水有降仙樓,樓西有山城。《勝覽》云:"沸流江,俗稱游車衣津。在成川客館西三十步,其源有二。一出陽德縣吳江山,一出孟山縣大母院洞,【觀音水】至成川府北三十里,合流歷紇骨山下。山底有四石穴,水入穴中通流,沸騰西出,故名。"又曰:"降仙樓俯臨沸流江,西岸有奇峯,削立如屏。紇骨山城在降仙樓西,可容千兵,沸流水廻抱其下。高麗 太祖朝築之,周三千五百十尺,高五尺,有軍倉。"李重煥曰:"成川府在於江上。萬曆壬辰,光海君奉廟社主,避難府中。及卽位,使府使朴燁大修降仙樓,爲三百餘間,結構宏壯。前有紇骨山十二峯。余按,《勝覽》以成川府爲松讓故都,謂降仙曰沸流江,亦曰卒本川,謂巫山曰紇骨山。其說絶無所據,不可從也。"
《魏書·高句麗傳》云:"朱蒙自扶餘東南走,遇一大水,魚鼈成橋,得渡。遂至普述水,遇見三人,與至紇升骨城,遂居焉,號曰高句麗。"【《北史》同】〇《句麗史》云:"朱蒙行至卒本,觀其土壤肥美,山河險固,廬於沸流水上,居之。見菜葉流下,知有人在上流。尋至沸流國,其國王松讓,出見與之鬪。【節】二年,松讓以國來降,以其地爲多勿都,封松讓爲王。"〇先生云:"卒本故地,要在今開原縣之東南,涉二水之處。【開原,古扶餘】今按,開原縣南十餘里,有淸河,卽占[311]泥河之下流也。朱蒙始逃,追騎在後,則其所謂魚鼈成橋者,今之淸河,是也。又其所謂普述水者,旣渡淸河,東南走近二百里,至尖頂山北,有一河中橫,卽今渾河之上流,納綠河之下流也。其所謂沸流水者,今興京之北五河合流,遶興京而西南,又北流爲蘇子河,西入渾河者,是也。"

---

311) 占: 奎章本에는 '古'로 되어 있다.

浿水 三

《高麗史·地志》云: "成州本沸流王松讓之故都, 高麗顯宗九年, 改今名, 別號松讓,【成廟所定】有溫泉。" ○《勝[312]覽》云: "沸流江在成川府西北, 卽卒本川也。"【府之沿革與《麗史》同】○先生云: "鄭史之紕謬, 指不勝屈, 此其尤甚者也。大抵句麗之跡, 起於扶餘,【今開原】南渡爲卒本,【興京界】又南爲國內【楚山府隔水之地】·丸都,【滿浦堡隔水之地】又南爲平壤。其勢有進而無退。若如鄭說, 先都成川, 密近平壤, 忽又北遷, 邑于句麗, 殆三百年, 始乃南遷, 得都平壤, 有是理乎?" ○晴案 卒本, 亦名紇升骨, 沸流水, 亦名卒本川。松讓之國, 依於此水, 與卒本相接也, 卒本之地, 明在今興京之界, 則沸流之水, 亦當與興京相接, 今之成川府, 何與[313]於是哉?

《魏志·高句麗傳》云: "伯固死,【新大王】有二子。長子拔奇詣康降,【公孫康】還住沸流水。【據卒本】小子伊夷模【山上名】更作新國, 今日所在, 是也。【謂丸都】" ○先生云: "公孫康時據遼東, 則伯固二子之中, 必其附於康者, 居近遼之地, 其惡於康者, 居遠遼之地也。卒本西接遼陽, 故拔奇藉公孫之勢, 以居卒本,【今興京界內】丸都東窮鴨綠[314], 故伊夷模避公孫之鋒, 以居丸都, 於理宜然。若如鄭說,

---

312) 勝: 新朝本에는 '騰'으로 되어 있다.
313) 與: 新朝本에는 '興'으로 되어 있다.
314) 綠: 新朝本에는 '緣'으로 되어 있다.

大東水經 其四

則伊夷模居於丸都, 猶近遼東, 拔奇居於成川, 與遼隔絕, 豈理也哉? 若使拔奇果在成川, 伊夷模執而殺之, 如瓮中捉鼈, 又安得外交遼酋, 內攻其國哉? 沸流之非成川, 誠確然矣."

《魏志·毋丘儉傳》云:"正始五年, 儉出玄菟, 討句麗, 句麗王宮進, 軍沸流水上, 大戰梁口。宮連破走, 儉遂束馬縣車, 以登丸都。"【《北史》·《梁書》亦云】○先生云:"毋丘儉自西玄菟, 東出石城山下, 不過二百里, 便至今興京, 又東走四百餘里, 可至我江界之北,《魏志》所謂'戰於沸流, 追至315)丸都'者, 此之謂也。若如鄭說, 毋丘儉旣涉淥水, 穿到平壤, 戰於成川, 又追至江界之北, 豈理也哉? 成川在平壤之東百餘里亂山之中。毋丘儉自西驅來, 而句麗王東至成川, 則此退軍也, 非進軍,《魏志》謂'進軍於沸流水上', 又何解也? 沸流之非成川, 誠確然矣."

《句麗史》云:"太武神王四年, 出師將伐扶餘, 至沸流水上, 得寶鼎。"【王莽時】○先生云:"琉璃王時, 已遷都國內。國內城者, 我楚山隔水之地也。【詳見鹽難水】自楚山出師, 將伐北扶餘者,【今開原】次於興京, 可乎? 次於成川, 可乎? 成川在楚山之南五百餘里, 北扶餘在楚山西北六百餘里, 欲伐扶餘, 而路由成川, 必無是事, 沸流之

---

315) 至: 新朝本에는 '去'로 되어 있다.

268

浿水 三

非成川, 誠確然矣."○晴案 沸流水者, 卒本川之上流也. 前此, 東明王乘葦索而渡水, 以至沸流王都,【《句麗史》云:"朱蒙西狩獲白鹿[316], 倒[317]懸於蟹原. 呪[318]曰, '天若不雨, 而漂沒沸流王都者, 我固不汝放矣.' 其鹿哀鳴聲徹于天, 霖雨七日. 漂沒松讓都, 王以葦索橫流, 乘鴨馬, 百姓執其索. 朱蒙以鞭畫水, 水卽減."○案, 此說甚荒唐】琉璃王子祭須溺水而死, 沸流人得其屍.【琉璃末年事】其後大臣仇道‧逸求‧焚求等三人, 爲沸流部長,【太武十五年】皁衣‧陽神爲沸流那守臣.【國祖王十八年事】國相陰友爲沸流沛者.【中川王七年】王孫乙弗逃難於沸流河邊.【烽上王殺其弟咄固, 咄固之子乙弗, 避禍於外, 爲人家傭, 販鹽以食. 群臣欲廢烽上王, 迎乙弗立之, 遣祖弗‧蕭友等訪之. 至沸流河邊, 見一丈夫在船上, 雖形容燋悴, 而動止非常. 蕭友等就拜曰:"今國王無道, 國相與群臣議廢之. 以王孫仁慈, 可嗣大業, 故遣臣等奉迎耳." 乙弗疑之曰:"予野人, 非王孫也." 蕭友等曰:"群臣之望, 王孫甚勤, 毋[319]疑焉." 遂迎歸而立之, 是爲美川王】沸流者, 句麗之近畿, 如晉室之丹陽尹也, 今之成川府, 安得如是?

《遼史‧地理志》云:"正州在淥州【渤海時鴨綠府】西北三百八十里. 本沸流王古地有沸流水, 渤海時爲沸流郡."○

---

316) 鹿: 新朝本에는 '虎'로 되어 있다.
317) 倒: 新朝本에는 '側'으로 되어 있다.
318) 呪: 新朝本에는 '兜'로 되어 있다.
319) 毋: 新朝本에는 '母'로 되어 있다.

《備考》云:"漢 昭帝 元鳳二年,置二郡,而句麗開國,在元帝 建昭二年,其間爲四十四年。是時漢道全盛,而樂浪太守在於今平壤。自平壤至成川,不過百數十里,松讓·句麗何以割據乎?且今咸鏡道爲沃沮縣,屬於樂浪,句麗又何以介於其間乎?所謂紇升骨·沸流水,不當在於鴨江以南,而《遼·志》所載,似得矣。"○韓久菴 百謙云:"句麗本起於西安平,則東史以卒本·扶餘爲成川者,非是。西安平,今屬遼東外徼,馬訾水入海處。沸流水亦在其地,恐今狄江是也。"○晴案 淥州者,今虞芮郡隔水之地也。【詳見綠水中】虞芮西北殆四百里,爲興京之界,則沸流水當接於興京之近畿,明在淥水之北,與成川不相涉也。久菴又以狄江當之,恐不然也。

至叉波曲,入于浿水。

《備考》云:"沸流江源出陽德縣 吳江山,南流環菟城鎭,西折而至新倉,右過觀音川,南折而至降仙臺。左過琵琶川,至麻訖山之陰,左過草川,爲犬灘。西流經石倉,右過廣川,西南流至成川府。北環巫山北,折而西入叉波。"案,《淸一統志》:"沸流江在江東郡南,自漢江分流,西合於大同江。"【〈朝鮮篇〉】其以洌水混爲沸流者,傳聞之誤也。

浿水 三

瀧水

瀧水出陽德縣東豆流山西南, 逕舊縣西。

 瀧水, 亦云能成江。豆流山在陽德縣東五十里, 狼林山南走之大幹也。○瀧水西南流, 左合牛水。水出牛嶺, 西流來注也。○瀧水又逕陽巖古鎭西, 卽陽德舊縣也。○瀧水又右合亐羅水。水出陽德縣北亐羅鉢山, 東南流來注之, 《勝覽》所稱南川也。○瀧水又西南至松山, 右得馬背水。水出陽德縣北琵琶山, 南流來合也。

南入谷山府界, 右受四嶺諸谷之水。

 谷山府本百濟 十谷城, 新羅爲鎭瑞縣, 高麗爲谷州, 我朝爲谷山也。○四嶺在文城堡之北, 嶺凡有四, 故名。上頭曰奇嵐山, 亦曰河南山。中有馳馬道, 我太祖馳馬之所也。或云, 山形周圍, 如婦人之裳, 方言謂裳曰馳馬, 故名, 未知信然也。四嶺之水, 亦有四條, 東流合于瀧水。正宗御製馳馬道碑略曰: "谷山府北一百有五十里, 曰河南山, 正中而有岡, 曼衍如砥而直者, 卽馳馬道也。其上有紫檀一樹, 葳蕤如羽葆, 可蔭十數畝, 而凡草不敢生。道之前後, 有祭星壇, 東行十有餘里, 有路出兩山之交, 曰上踰嶺。循嶺而南又十有餘里, 有聖祖城, 以石而築,周約三十餘武。城之東三里有泉[320],瀚然而瀉於山中者,曰水剌泉。【方言謂御膳曰水剌】泉甘而馨,嘗如漢高帝之進飯於沛水也,故名焉。其源甚弘長,與溪澗諸水,入于文城之江。中有亭,亭然特立於衆山之表者,曰龍駕。世傳,我聖祖執御之所,而龍潛地,名云。"【文止此】然碑文旣成,以事在然疑,仍不立碑也。

瀧水又西至北倉,受大谷水。

北倉在谷山府北八十里。大谷水出於成川府 三道看嶺,西南流由承阿洞,東南至仙內村北,【句】東流逕大谷,南入于瀧水也。

先生〈游谷山北坊山水記〉云:"北倉放糧訖,行十里,到蘭瀨橋。乘小舟流下,一湍一潭,或駛或汎。峯巒遞隱遞現,種種奇妙。方其駛也,峯之羅列如屛者,瞬息之間,回幻作尖頭銳角,崒然仰衝。又過一廻,尖頭銳角,又如雲消霧釋,還作屛障,一如蜃樓烟樹,起滅變幻,洵奇境也。行十里,東見數峯嶻崒澹碧。問之曰峩眉山,其下曰眉山村。西見江岸平鋪,有人家數十,曰石屛村也。行十里,有大灘,名曰鐵耙灘。瀨如瀑布,舟直倒瀉,白浪遞入舟中,衣帶盡[321]濕。湍盡,復作穩流。江岸平鋪柳陰,曰

---

320) 泉: 新朝本에는 '淸'으로 되어 있다.

松峴村也。對村有平阜如臂。其上皆茂林脩樾，亦可好也。行五里，到東倉，卽笙簧村也。"

又南爲紫霞潭·芝田·柳浪，西爲烏淵。

此皆谷山府南322)北三十餘里地也。　先生〈游北坊山水記〉曰："東倉放糧訖，晚汎前溪。東望兩峯峷崒。問之曰達雲山。石角嵯峩，峯前截壁，衺可數里，高千仞。壁上有古城址，四門皆天作石門也。山下發水，與江合，其北有烏吟洞，卽成牛溪 渾避難處，今稱長楊村。又笙簧村西對岸，有奇峯矗立，名曰降仙巖。【一云蟠木巖323)】又其西有石壁赤色，名曰鵃鷮嵒。嵒之北，洞門平闢，其內爲324)五柳洞。牛溪亦嘗棲止云。村之東南，有大山，亦頗森峻，名五倫山。行過數湍，泊遏雲嶺下。【俗名遏加芝】山勢環抱，下作澄潭，嫩綠照水，如綾如緞，名曰紫霞潭。潭中有小嶼五六，皆石山。高者丈許，廣可坐百人，或容數十人。蒼嵒赤壁，雄壓江心，對岸明沙，晶白可喜。舟一轉，兩石夾岸對立，宛作洞門，高皆百丈。東卽遏雲嶺，西曰候月臺，【余所名】候月臺壁立如削，衺數百武，其頂

---

321) 盡: 新朝本에는 '盤'으로 되어 있다.
322) 南: 奎章本에는 '東'으로 되어 있다.
323) 巖: 奎章本에는 '叢'으로 되어 있다.
324) 爲: 奎章本에는 '有'로 되어 있다.

大東水經 其四

可坐數百人。有蒼松數十株,皆崎崛森秀。或側挂,或橫盤。放船而下,西望一峯嶒崒,問之摘星嶺也。其下曰門巖村。村北有兩岸,對立作門。村前麥田,可耕百日,亦有水田平鋪閒曠,名曰325)芝田村。【亦稱陽地覓美】在水東者,曰柳浪村。【亦稱陰地覓美】二村四圍之內,方各十餘里。豁然開朗,風氣調和,土性柔沃。背山臨流,可漁可樵。北有霞潭之勝,南有烏淵之奇,眞士大夫可居處。少頃,轉至烏淵,其峯巒總之爲十二。大而高者六,小而低326)者六。高者千仞,低327)者百丈。其形與贜花家所謂怪石之絶奇者328)同。潭色純黑如漆,其深不測。雖靑春白日到此,陰森凜冽,不可久也。行十里,至摩訶灘,【《備考》謂之末訖灘】其上卽文城堡也。"

至文城堡南,左受龍淵之水。

堡在摩訶灘邊檢巖嶺下。嶺上築小城,設門開閉,有同僉節制使以守之。《備考》329):"南距谷山府二十五330)里也。"331) ○龍淵水,《備考》:"稱堂底灘,出於谷山府 牛

---

325) 曰: 新朝本에는 빠져 있다.
326) 低: 新朝本에는 '抵'로 되어 있다.
327) 低: 新朝本에는 '抵'로 되어 있다.
328) 者: 新朝本에는 빠져 있다.
329) 備考: 新朝本에는 빠져 있다.
330) 五: 新朝本에는 빠져 있다.

浿水 三

嶺, 西南流至梧桐嶼, 屈而北至谷山府, 東爲龍淵。又北入于瀧水。龍淵者, 神德王后 康氏故里之所在也。"野史云: "太祖 康獻大王微時, 從咸興行過龍淵,【其路蓋由陽德之四嶺·谷山之劒巖嶺】渴甚思飲。溪邊有一女子洴澼, 太祖駐馬求飲, 女子取一匏水, 摘楊葉糝之以進, 太祖怒曰, '何不潔若此?' 女子曰, '吾聞, 渴而急飲者, 傷人, 願將軍吹而徐飲之。' 太祖大奇之, 下馬問其姓氏, 卽入其家, 告于康府院君, 乞娶爲妻, 是爲神德王后也。" 時神懿王后 韓氏在永興本第。太祖遂攜康氏, 仕于松京。宋尤菴以韓氏爲鄕332)妻, 康氏爲京妻, 此之謂也。嘉慶己未夏, 先生以谷山都護, 承召還朝, 奏龍淵故里形狀。正宗大王特撰碑文, 於龍淵之上·龍峯之下, 建閣立碑, 令新都護趙德潤, 敦匠事。其碑文曰: "海西之谷山府東五里神留之山, 峯曰龍峯, 淵曰龍淵。負峯而面淵, 有地可居。古礎一歸然人立, 蓋象山府院君舊基, 神德聖后誕降于此云。" 稽之《輿誌》, 國初二年, 聖后正位中壼, 賜邑號, 陞爲府。象山, 谷之一號。姓康而居於谷者, 尙稱望族。【舊傳, 聖祖龍潛, 道渴飲于龍淵。聖后臨溪, 而汲斛溪水, 汎楊葉以進。聖祖奇其對, 遂定迎渭之禮。府北岢嵐山, 有聖祖馳馬舊蹟。野老至今相傳云】昔我仁烈·仁顯兩聖母誕降之基, 在

---

331) 備考南距谷山府二十五里也: 奎章本에는 원주로 되어 있다.
332) 鄕: 新朝本에는 '卿'으로 되어 있다.

鶴城之里盤松之坊, 我寧考建碑以表章之, 況是地也, 毓虹月之祥, 迓舟梁之儀, 實爲我家之塗·莘, 則獨無紀蹟之典, 非所以仰述追復貞寢之聖意. 小子嗣服之二十三年己未夏, 敬書于石, 系之銘詩, 以傳示來許, 銘曰: "壆配嫄簡, 軒輔嫘方, 天作之合, 地靈協祥. 猗顯聖母, 厥初黃裳. 寢廟奕奕, 象設將將. 彼匯者溪, 源遠流長. 潛鱗之宅, 上有神光, 華渚瑞月, 觀津舊鄕. 宮礎百尺, 航淵古梁. 大書貞珉, 馳臺在傍. 於千萬億, 保佑无疆."【大提學洪良浩書】

先生〈游北坊山水記〉云: "己未春, 余攜二子, 於摩訶灘放船, 至月現嶺下, 打魚. 順流七十里, 至西倉之下, 沿水村落, 其山川333)氣色, 明媚可悅. 西倉西通平壤, 北通成川, 貨物湊會, 民人繁庶, 亦山中一都會也."

《百濟史》云: "溫334)祚王十三年,【漢 哀帝 建平元年】就漢山下, 立柵, 遂畫定疆域. 北至浿河, 南限熊川.【今公州】西窮大海, 東極走壤.【今春川】三十八年,【王莽時】王巡撫, 東至走壤, 北至浿河. ○近肖古王二十六年,【東晉 簡文帝時】高句麗擧兵來, 王聞之, 伏兵於浿河上, 俟其至, 急擊之, 句麗兵敗北. ○阿莘王四年, 左將眞武等伐高句麗, 麗王親帥兵七千, 陣於浿水之上拒戰, 我軍大敗." ○先

---

333) 川: 新朝本에는 '水'로 되어 있다.
334) 溫: 新朝本에는 '福'으로 되어 있다.

浿水 三

生云："古史諸文如此，而此時水谷城【今新溪】·十谷城【今谷山】·獐塞【今遂安】等三縣，皆被百濟巡撫，謂之北鄙。【亦見《百濟史》】故東儒或疑，黃海之地，本屬百濟，大謬也。漢·魏以來，浿水以南·洌水以北，每爲中國之所轄，或屬公孫，或屬慕容，或屬馮弘，或屬元魏，首尾六百餘年，或斷或續，蓋無久閒之日，句麗·百濟安得以據有其地哉？《百濟史》所謂'北至浿河'者，當時道路，原自今谷山·伊川，南由朔寧·麻田，涉七重河，以達積城·楊州，其道里視今徑捷，溫祚當時，偶由此路，巡撫谷山等數縣，句麗之南侵也，亦由此路。故近肖古之時，伏兵於能成江上，謂之浿河也。"【謂所云浿河，非中和·黃州之地】○鏞案《百濟史》所稱浿河，必指瀧水而言也。瀧水是浿之一源，則同謂之浿，未爲不可。今《水道提綱》以大同之南源爲浿水，【詳見上】其意與此同也。

瀧水又西至三登縣，南逕赤壁，爲鸚鵡洲。

瀧水又西逕江鎭山下，卽遂安郡北界也。又西南至三登縣南。縣本成州，所屬狗牙等三部曲地也。高麗仁宗，合而置縣，我朝因之。縣南二里，有鸚鵡洲，洲邊石壁削立者，曰赤壁。有石入水如鼇背，可坐。岸上有黃鶴樓，是摹擬於中華也。○瀧水又西右合阿次水。水出成川府九龍山, 南流注之也。○瀧水又左合防垣水。水出遂安郡 蔓嶺, 北流逕文山保。防垣之阨, 由道洞, 爲大浦, 入于瀧水。其堡有兵馬萬戶以守之, 管于黃州。堡城曰防垣, 周六百餘尺, 左右有行城, 高山對起, 自作門戶。我仁祖二年, 李适反兵到此, 不敢犯而退。○瀧水又西逕建達山下, 卽三登縣西二十五里也。

屈從縣西北, 至祥原郡東, 左受文浦之水。

郡本句麗 息達縣, 新羅爲土山縣, 高麗爲祥原郡, 我朝因之。郡東北三十七里, 有於打灘,【或作於丁灘】是瀧水也。○文浦水出祥原郡, 竝雲山, 西北流逕紅巖, 至黑隅, 與天谷水合, 至郡東, 爲龍頭浦, 北流逕鷹巖 何許亭, 入于瀧水也。

又西至馬灘, 會于浿水。

《備考》云:"能成江源出豆流山, 南流至陽德縣南, 左過牛嶺川, 至縣西。右過亏羅川, 西南流至松山。右過馬背川, 經伊令買乙之界, 爲鳴灘。右過大谷川, 爲烏淵·末訖灘, 至文城鎭。左過堂底灘, 西北流經江鎭山, 西南流經架山, 至三登縣南, 經赤壁, 爲鸚鵡洲。右過阿次川·防垣川,【案, 此當云左過防垣川】爲建達江, 西北流爲於打灘。左

浿水 三

過文浦西, 與大同江會于馬灘。"

瀦水【亦名禮成江】

瀦水出遂安郡 彦眞山之南。

豆流山西一支, 爲開蓮山, 又西爲德業, 爲甀擊, 至遂安郡北四十五里, 爲彦眞山。浿水以南·瀦水以西, 諸邑之山, 皆祖於此, 而瀦水出焉。彦眞之南笏谷之中, 産黃金。嘉慶初, 土人設金店, 鑿卝。水原留守徐有鄰以店主, 差爲監官, 收鑛稅, 月致金百兩, 而店主歲得金數千斤。營窟廬居者, 萬餘戶, 鑿斷山脈, 下達黃泉。出高價, 買良田淘之, 皆得金, 山下田結日蹙。觀察使禁止, 不得。錦繡綾羅, 蠡甍胚胾, 堆積成市。駿馬美女, 彈琴吹簫, 雜色之人, 日益聚會, 藏亡匿奸, 爲害不小。自嘉慶庚申以後, 笏谷之金, 少衰, 而博川 多福洞之金, 漸盛, 土賊洪景來之亂作焉。凡卝採之地, 朝廷宜差官監撫, 勿令土人自作店主, 然後可無嘯聚起難之虞, 謀國者所宜慮也。土人潛商, 輸金于燕京, 生金貴於熟金, 不知其故。乾隆皇帝旣崩, 生金之利, 少335)衰。北使至, 象譯詢其故, 蓋和珅盛時, 取生金, 以實花盆數百, 皆揷珊瑚樹以觀之, 故金價刁踊, 和珅旣敗, 不甚貴也。

---

335) 少: 新朝本에는 '小'로 되어 있다.

南流逕其郡東,【句】受其左右諸谷之水。

  郡本百濟 瞀塞縣, 高麗爲遂州, 我朝爲遂安郡。潴水至郡東二十里, 爲黑石灘, 郡東南二十五里, 爲春灘。《勝覽》稱甫音灘, 以方言謂春曰甫音也。○蔥嶺古堡在遂安郡東四十里, 今惟倉廠在焉。倉之西數百步, 有石穴出泉, 一日三潮, 午336)潮特盛。先生爲谷山都護, 路過蔥嶺, 觀其午潮焉。黃潦之水, 滿穴而出, 其大如楹, 及其衰也, 潺潺之水, 淸而不黃, 洵可異也。【詳見潢水 犬灘條】蔥嶺之水, 西流入于潴水。又郡南一里, 有龍潭, 源出巖穴, 匯而爲淵, 東流入于潴水。樗軒道人【姓名未詳】〈龍潭詩序〉曰:"去遂安郡南一里許, 有巖如口, 噴出淸泉, 淙淙而流, 瀹泫成淵。冬不能冰, 旱337)不能竭338), 雨不能溢。崖石高起, 可坐五六人, 毫髮皆鑑。穴轉而陀, 狀若咽喉, 莫敢窺其源。"【文止此】又有水出於造山, 東流入于潴水。《勝覽》云'大橋灘出遂安 北陶洞, 入甫音灘', 卽此也。經所擧左右諸谷之水, 指此諸水也。

潴水又南逕新溪縣西,【句】受其縣前之水。

---

336) 午: 新朝本에는 '五'로 되어 있다.
337) 旱: 新朝本에는 '早'로 되어 있다.
338) 竭: 新朝本에는 '渴'로 되어 있다.

縣本百濟 水谷城, 高麗初爲新恩縣, 後爲覃州, 我朝爲新溪也。瀦水逕縣西八里, 爲沙八灘, 左合烏巢水。水出伊川府界開蓮山, 西流逕西村西南, 入于瀦水, 而北蘇宮在烏巢水邊。高麗 恭愍王時所建也, 至今猶有砌石焉。【在縣北八十里】 ○縣前之水, 亦稱楡南川, 又云南灘, 出於華蓋山, 西流入于瀦水也。 ○瀦水又南爲栗灘, 左與迎新水合。水出於華蓋山, 及薪坡峴, 西流來注也。

又南爲歧灘, 南逕金郊驛東, 右會蔥秀之水。

歧灘在平山府西北二十五里。《高麗史·地志》'開城縣有歧平渡', 卽此。廢王禑十四年, 如平壤。五月, 我太祖自威化島回軍, 至安州, 禑渡大同江, 夜至中和郡, 聞諸軍已近, 從間道疾馳, 至歧灘, 詰朝還京。《勝覽》云: "歧灘之源有二, 一出遂安郡 彦[339]眞山, 一出平山府 冷井院等處,【蔥秀川】至瀦灘合流也。" 金郊驛在平山府北二十里, 有察訪一人以治之也。 ○蔥秀水出平山府 滅惡山, 東流至安成撥。西關大路, 凡三十里, 有擺撥幕, 是其一也。自此屈而南流, 逕蔥秀山下, 至寶山館, 與楮斤水合, 入于[340]瀦水也。蔥秀山在平山府北三十里。董越《朝鮮

---

339) 彦: 新朝本에는 '產'으로 되어 있다.
340) 于: 新朝本에는 빠져 있다.

賦》云:"環翠羃飛, 葱秀雲連。"自注云:"葱秀山壁立臨水濱, 聳拔秀麗, 舊名聰秀, 予爲易今名, 嘗作記, 其記略曰, '自寶山館西行可十里, 有山焉。峭壁懸厓, 下瞰流水, 蟠松怪石, 層見疊出乎谽谺空洞間, 石齒齒如齦齶, 點以雨苔, 翳以蔦蘿, 危而欲墮者幾半, 斜汭其中, 若分賓主焉。流水自北來, 汨汨出石罅, 激射濺沫, 如跳珠振鷺。盤折而東, 不知其所止。【指葱秀水也】時越與王敞同游此山, 臨流觀漁, 因以改名。'"倪謙《使朝鮮錄》云: "崇水院在葱秀山之東。有川出山之巖穴, 流懸三條, 至冬凍爲冰柱, 或長或短。老農以占來歲豐歉, 有驗。以此俗亦謂之神水院。"麟坪大君云:"葱秀山有玉溜石榻, 石勢參差, 聳出于上, 川流淸絶, 環繞于下。華人浪留, 翰墨深刻塡朱, 曰玉乳靈巖, 卽翰林侍讀劉鴻訓所題, 曰玉溜泉, 曰聽泉仙榻, 卽翰林編修朱之蕃所書, 曰懸珠, 卽太監盧維寧借筆, 曰玉乳, 曰珍珠泉, 卽副總兵程龍所題。最高處, 太監冉[341]登刻其像, 今已刓矣。"

瀦水又南逕太白山城東, 左受蛤灘之水。

瀦水又逕桃花坡 將軍石, 至平山府東十五里, 爲箭灘, 又至太白山城下。其城在府東五里, 東臨瀦水, 三面峻

---

341) 冉: 新朝本에는 '再'로 되어 있다.

急, 直壓西關大路, 誠必守之地也。城中有三太師祠堂, 祀高麗開國功臣申崇342)謙·卜智謙·裵玄慶三人, 而以庾343)黔弼配之。有鐵塑列立, 其小如八九歲童子, 苦窳無本像。又有土塑, 女子像數枚, 蓋巫覡之所爲也。朝廷猶歲降香祝焉。○蛤灘水出於金川郡 首龍山, 北流逕龍巖, 與帝釋山之武陵洞水合, 西流逕兔山縣界, 爲飛羅水, 又西爲源中浦, 至金川郡北界, 入于瀦水。

又南至平山府東南, 爲豬灘。

府本句麗 大谷郡, 新羅爲永豐郡, 高麗爲平州, 我朝爲平山, 而豬灘在府東南十五里, 亦金川郡西北界也。董越《朝鮮賦》自注云: "近寶山一溪, 名曰楮灘, 闊二十餘丈, 取松架橋。" 倪謙《使朝鮮錄》云: "豬灘在平山府東二十五里, 源出遂安郡, 流入于江陰, 爲助邑浦。"《勝覽》曰: "豬灘源出彥眞山, 過新溪縣, 至平山府北, 爲歧灘, 府東爲箭灘。豬灘至此, 其流始大, 下流于江陰, 爲助邑灘。豬灘之傍, 有興義驛, 管于金郊道。"《高麗史·姜邯贊傳》云: "顯宗十年, 契丹兵過龜州, 邯贊時爲元帥, 邀戰於東郊。丹兵奔北, 我軍追擊之, 涉石川, 至于盤嶺,

---

342) 崇: 新朝本에는 '宗'으로 되어 있다.
343) 庾: 新朝本에는 '廋'로 되어 있다.

僵尸蔽野。邯贊率三軍凱還, 獻俘獲。王親迎于迎波驛, 結綵繃備樂, 宴將士, 以金花八枝, 親挿邯贊頭, 左執手, 右執觴, 慰嘆不已, 邯贊拜謝不敢當。遂改驛名爲興義。" 在牛峯古縣西三十里者, 是也。我仁祖二年, 平安道兵馬使李适反, 都元帥張晩向鳳山路, 約與先鋒合, 擊於豬灘。副元帥李守一等在平山府, 相議進兵, 約與夾擊, 黃海道防禦使李重老守豬灘。既而賊兵來迫之, 官軍盡溺于水, 餘者降賊, 重老死之。前部大將鄭忠信進至馬灘, 隔水而陣, 鏖戰。移時, 賊以一騎, 載送重老等八將之首。既而賊兵乘勝, 渡豬灘也。

《高麗史・地志》: "西海道 平州有豬淺, 一云浿江。" ○金寬毅《編年通錄》云: "唐 肅宗以天寶十二載, 涉海到浿江 西浦。【卽錢浦】" ○《勝覽》云: "《史記・朝鮮傳》'漢修遼東古塞, 至浿水爲界, 衛滿亡命, 東走出塞, 渡浿水', 則以鴨綠江爲浿水矣。又《唐書》'平壤城, 漢 樂浪郡也。隨山屈繚爲郛, 南涯浿水', 則指今之大同江也。又《高麗史》'以平山府 豬灘爲浿江', 則百濟始祖, 北以浿江爲界, 及唐帝泊浿江 西浦, 布錢下陸, 到松岳郡, 疑指此也? 以此觀之, 本國境內, 自有三浿水。" ○晴案 豬灘非浿水也。《麗・志》之說, 本係臆見, 何況肅宗東來之說, 極是荒誕, 則《通錄》所論, 不足據也。溫祚定界之水, 乃是

浿水 三

瀧水, 則《勝覽》所據, 不足信也.

《勝覽》又云: "興義驛在牛峰西三十里, 古名臨浿."【牛峰今合于金川】又豬灘條云: "百濟始祖十三年, 定疆域, 北至浿河." 若平壤 浿江, 則在高句麗都城傍, 豈得爲百濟之境? 所謂浿河, 疑卽此水. 或曰'新羅 宣德王三年, 巡幸漢山州, 移民戶於浿江鎭. 憲德王十八年, 命牛峰太守白永, 築浿江長城'者, 亦此也. ○倪謙《使朝鮮錄》云: "豬灘, 一名浿江. '百濟始祖定疆場, 北至浿河', 卽此水." 又云344): "興義館古名臨浿." ○先生云: "瀧水·浿水原不相入, 何以同名乎? 特以溫祚王畫定疆域, 北至浿河, 而百濟之跡, 不及於中和·黃州, 故欲麤其道里, 以瀧水當之也. 然百濟之跡, 仍不及於金川·松岳, 又將奈何? 溫祚所謂浿河者, 谷山之能成江也. 此水西流至祥原郡北, 與大同江合流, 亦浿水之上流也. 溫祚王一至此水, 撫定遂安·谷山·新溪之民, 其往來之路, 本由朔寧·伊川, 溫祚王何嘗北至於瀧水哉?"【詳見瀧水條】○晴案 臨浿縣者, 浿水縣也. 明在於大同河之沿, 與平壤接. 此與興義驛何干? 且新羅 聖德王之時, 浿江以南, 始入版籍, 自此以後, 新羅疆域, 限於大同之河. 故憲德築浿江城三百里, 所以防邊垂也. 瀧水旣在內地, 又何爲築

---

344) 云: 新朝本에는 빠져 있다.

城也? 若云, 牛峯之郡, 無與大同之水, 則牛峯西距浿水之濱, 不過二百餘里, 其時郡縣疏闊, 牛峯守之往城浿水, 又何疑哉?

安順菴云:"溫祚王北至浿河。《麗史》'豬淺, 一云浿江', 故《勝覽》亦言之。此豬灘稱浿之一證也。唐 肅宗到浿江 西浦, 卽錢浦也。在今開城府西, 卽豬灘下流, 則肅宗東來之說, 雖荒誕不足信, 豈可幷與地名而非之耶? 此豬灘稱浿之二證也。句麗 平原王十三年, 畋於浿河之原, 五旬而返, 此時麗都平壤, 則其非大同江, 明矣。且百濟·句麗之戰, 多在浿水上, 蓋在兩國之界故也。聖王元年, 句麗兵至浿水。此豬灘稱浿之三證也。《水經》'浿水過臨浿縣', 《勝覽》'興義驛古名臨浿', 則《水經》所稱也。亦爲豬灘稱浿之證。" ○晴案 麗·濟之所戰, 平原之所畋, 明是谷山之瀧水, 不可擬於豬灘也。【詳在瀧水中】臨浿縣者, 漢之浿水縣也。明與今平壤相接,【詳在浿水中】則興義之驛, 何與於是?《勝覽》所言, 絶無援據, 安得引此以證之乎? 總之, 浿水自浿水, 豬灘自豬灘, 不可以相混。順菴所擧四證, 皆不足以爲據也。

又迤金川郡西, 左受朴淵之水, 爲馬灘。

郡本句麗 牛岑郡,【一云牛嶺】新羅爲牛峯縣, 高麗因之,我朝與江陰合,置金川也。○朴淵水出於開城府 天磨山及金川郡 聖居山,西流爲鈷鉧潭,西北流爲語早水。又西北逕金川郡前,西入于瀦水也。馬灘在金川西北三十里。《高麗史·地理志》云:"牛峯郡有朴淵,上下淵深皆不測。遇旱禱雨,輒應。上淵心有盤石,可登覽。文宗嘗登其上,忽風雨大作,石震動。文宗驚怖,時李靈幹扈從,作書數龍之罪,投于淵,龍卽出其脊。乃杖之,淵水爲之盡赤。"○〈五行志〉云:"忠烈王十八年,大雨,天磨山 朴淵漲,漂沒人家。十九年十二月,朴淵水忽盡涸。"

《三才圖會》曰:"大興洞在天磨·聖居兩山之間,樹木翁鬱,泉石光潔。夏則綠陰蓋地,木蓮花開,清香滿洞,秋則赤楓黃葉,倒暎水底,眞佳境也。朴淵在天磨·聖居兩山之間,狀若石瓮,窺之正黑。有盤石,湧出中心,曰島巖。水赴絶壁,怒瀑下垂,可十餘丈,宛如白虹映空。飛雪灑矶,霆奔電激,聲震天地。"傳云:"昔有朴進士者,吹笛淵上,龍女感之,引以爲夫,故名朴淵。"○董越《朝鮮賦》云:"聖居·松岳·天磨·朴淵,蟄神物於靈湫,掛瀑布於長川。"自注云:"朴淵,山湫也。山頂有龍湫瀑布。相傳,王氏都開城時,遇旱,王自往禱,不應。有道術者檄,龍出水面。啓王杖之,去其數鱗。今鱗仍收其國庫中。"

《勝覽》云:"朴淵,窺之正黑。世傳,昔有朴進士者,吹笛淵上, 龍女引之爲夫, 故名朴淵。朴之母來哭, 墜死下潭, 遂名姑母潭。"高麗 李奎報詩曰: "龍娘感笛嫁先生, 百載同歡適性情。" 李穡歌曰: "翠巖壁立千仞强, 上有小淵如鏡光。中安盤石生孤松, 松今不見苔痕蒼。天磨北厓衆壑水, 奔流到此如津梁。" ○《備考》云: "大興洞在天磨·聖居兩山間, 距開城府北五十九里。有朴淵瀑·觀音窟·龜潭·馬潭等諸勝。" 又云: "聖居山, 狀若石瓮。有白淵瀑, 石峯湧出水中。又稱朴淵, 下有姑潭, 潭上有神祠。兩崖有石佛, 東曰坦坦朴, 西曰努肹夫得。" ○晴案朴淵, 亦稱白淵, 鈷鉧潭, 或稱姑母潭, 又稱姑烟潭, 以聲音之相近也。但術士杖龍·龍女引夫等說, 荒怪不經, 然東人·華人無不稱述, 蓋順俗而傳疑也?

《勝覽》又云: "自朴淵而上, 水益清, 石益奇。上流有大興洞 觀音窟, 窟後有巖竅如屋, 建寺於其中。窟前水深成池, 錦鱗游泳, 有石出水心, 曰龜潭。又上數里, 有石光潔, 長可數步。流泉汨汨, 細布其上, 滑緩無聲, 下射沙堤, 逗爲深湫, 澄淨徹底。四面皆石, 或如案榻, 或如墻屋。其上皆萬歲矮松。又上數里, 有泉出自東厓, 曰普賢洞。又上數步, 曰馬潭, 又上數里, 曰大興寺。" ○李月沙廷龜云: "自深川洞到知足菴。菴在天磨山 清涼峯絶頂。遂歷大興寺, 至觀音窟。窟南有巖如屋, 其上盤石, 可坐百人, 名曰太宗臺。臺下溪水積焉, 有魚可數百尾。溪自普賢洞, 群水匯, 衆壑趨, 如萬馬赴敵。石之突怒偃蹇, 爭爲奇怪者, 不可數。湍遇石, 必激激, 而水勢益壯, 爲重洲, 爲急瀨。平者深黑, 峻者沸白。其曰淸心潭·妓潭·馬潭·龜潭者, 是而殊狀異態, 皆奇絶。此卽大興洞泉石也。朴淵則兩山中坼天門。呀然大石如剖瓮, 有龍居之, 深不可測, 而水瀉絶壁, 爲長瀑。"○晴案 大興洞·普賢洞諸潭諸溪之水, 其終皆匯于345)朴淵者也。

許眉叟 穆《記言》云: "朴淵在聖居·天摩二山之間, 爲大瀑, 有上下淵。水旱, 用牲幣。淵之水, 北流過帝釋山下, 爲五祖川。【語早水】淵上, 古題明寺。題明者, 麗僧。上有千樹栗, 又海松千樹。皆題明所樹云, 八月貢其實。"○金農巖 昌協〈松京記〉云: "自天磨山 普賢菴, 抵萬景臺, 轉而西下行五里, 到大興寺舊基。寺前磐石, 可坐數百人。溪水自普賢洞, 匯衆流而下, 平布石上, 流若織文。循溪行二里, 得淸涼潭, 又前一二里, 爲馬潭。懸瀑直下四五丈。石受瀑處, 窪然成坎, 類馬槽, 水之積者, 深不可測。其畔石皆白色, 凝滑如脂膏, 令人立不定武, 不可近也。自是以下, 水益壯, 石益多。其隨勢逞奇, 爲湍瀑, 爲淵潭者, 殆不可一二。又下數里, 得太宗臺。溪流環之

---

345) 于: 奎章本에는 '爲'로 되어 있다.

如玦, 臺傍有立石, 頂戴老松。前行百餘步, 爲觀音寺。自寺徑走朴淵, 兩山夾水而下, 至此忽陡斷, 爲大石壁, 磅礡奇壯。不假層累, 高凡三十仞, 上下皆有潭。上潭直穿石以成, 其規如滿月, 其色深綠。當中有圓石隆然, 若穹龜之伏於淵而出其背。世傳, 高麗 文宗登其上鞭龍, 不可信。下潭廣袤幾六七畝, 其黑黝然, 類有物伏焉。上潭之水, 匯于注于下潭者, 爲瀑。其始猶著壁耳, 旣而懸空直下, 如滾雪, 如垂虹, 奇逸不可狀。飛沫噴薄, 人在數十步外, 面髮皆濕, 如立雨中。" 又〈西游記〉云:"朴淵瀑之所墜, 卽爲鈷鉧潭。其潭從上視, 不見其止, 從下望, 不見其源。測之高凡三十仞, 懸而流, 若從天上, 其聲類雷霆, 其沫類大冬之霰。潭上者半畝, 下者十之。厥色青綠346), 云有龍居之。" ○李疏齋 頤命〈關防圖說〉云:"大興山城在天磨·聖居兩山間, 今上庚辰,【卽我肅宗】命大將柳赫然築之。周五千九百九十七步, 北門在朴淵上, 南門在土峴上。"

倪謙《使朝鮮錄》云:"吾助川在牛峯縣西三十里。源出聖居山, 流入豬灘。岸上有石, 迤邐如屛, 高十丈餘, 甚奇偉可愛。" ○《備考》云:"語早川源出松都 天摩山, 西流爲姑姻潭。朴淵瀑經島巖,【廻瀾石】西北流環金川郡, 西

---

346) 綠: 新朝本에는 '緣'으로 되어 있다.

入助邑浦."○睛案 語早水, 或云吾早川, 或云吾助川, 或云347)五祖川, 以聲音之相近也.

瀰水又南逕江陰古縣, 東爲助邑浦, 爲錢浦.

瀰水又南右與賜梅水合. 水出平山府 滅惡山之陽, 東南流至細谷, 西合禿水. 自白川郡 黃衣山, 南流注之也. 賜梅水又東流逕吹笛山下, 入于瀰水. 本稱賜每川. 昔參贊愼希復居於川邊, 明宗手書金字'梅川閑閤'四字以賜之, 故改稱賜梅也. ○瀰水又逕江陰古縣, 東南爲助邑浦. 縣本句麗之屈押縣, 今屬于金川也. 助邑浦在其縣南五里, 古之漕轉處. 水西曰江西坊,【白川郡界】即丁氏舊居也. 丁衍以高麗遺民, 當國初, 隱居不仕. 有厚德, 常備水火, 以待求者. 有大石, 土人尙呼曰丁衍巖也. 又有江西寺, 産龍鬚席, 即傳記所稱滿花席也. ○瀰水又南左得靑石水. 水出於天磨山西之靑石洞, 西北流來合之. 洞在金川・松都之間, 重巒疊嶂, 廻谿斷壑, 相縈相抱, 其道路雖在平地, 眞是伏兵之所. 疏齋 李348)頤命云: "靑石洞在開城府西北三十里. 天磨山西支與聖居山北支對峙, 束峽峻壁削立, 自西關走京城之大路, 緣匡

---

347) 云: 新朝本에는 '作'으로 되어 있다.
348) 李: 新朝本에는 '朴'으로 되어 있다.

傍壁。僅通人馬,盤旋偪側,餘二十里。南北兩口俱隘,而北口尤窄,兩厓間不滿三百步,自昔稱至險。議關防者,皆謂宜設一關於北口,團束居民。龍峴,一名礪峴,在洞西。路平闊,遵江而下,直通臨津。此路不遮,雖守青石,亦無益也。"【卽〈關防圖說〉】又李德履《桑土志》云:"世稱,大淸皇帝到銅仙嶺 靑石洞,欲斬龍骨大者再,此皆野人之說也。曾見《西堂私載》,【大提學李德壽撰】載開城留守時上疏,槩言,'淸兵之來也,不由靑石,而由府邊山麓之路,今可養樹木,以爲日349)後之備云。'"又聞,銅仙之南山盡處海堧,有平地廣五里許,故淸兵取此路而行。據此諸文,可知要害也。且東人所稱龍骨大,卽英俄爾岱也。丙子之役,皇帝親征,而和碩350)親王·代善·多爾袞等爲首將,英俄爾岱351)·馬福塔等,皆夾助之352)。又考《開國方略》,所記詳細。無欲斬英岱之語,則《桑志》之說,是也。353) 然此兩處,宜重重設險,以示前車之戒,可也。○瀦水又東南流爲錢浦。浦在白川郡東二十里,開城府西界也。按,《周官六翼》云'唐 宣宗隨商船渡海,初到開州 西浦。時方潮退,泥濘滿渚。從官取船中錢,

---

349) 日: 新朝本에는 '曰'로 되어 있다.
350) 碩: 新朝本에는 '順'으로 되어 있다.
351) 代善多爾袞等爲首將英俄爾岱: 新朝本에는 빠져 있다.
352) 之: 新朝本에는 빠져 있다.
353) 考開國方略~桑志之說是也: 奎章本에는 원주로 되어 있다.

浿水 三

布泥上, 然後下陸, 因名錢浦', 而《編年通錄354)》, 以此爲唐 肅宗事, 故《勝覽》載'唐 肅宗潛邸時, 欲遍游山川, 涉海到松岳郡, 寶育以女薦枕. 留期月而別, 遂生男曰作帝建, 卽高麗 太祖之祖也'. 世傳, 忠宣王在元, 有翰林學士謂曰: "聞, 王之先, 出於唐 肅宗, 何所據耶?" 王不能對. 閔漬在傍對曰: "非肅宗, 乃宣宗也." 學士以爲然. 李芝峯云: "按《事文類聚》, 唐 宣宗微時, 以武后忌之, 遯跡爲僧, 游方外云. 考其時世, 宣宗似然." 余按, 唐帝東來說是荒唐, 布錢涉泥事屬妄誕, 都是東儒之孟浪也. ○瀦水又西南爲金谷浦,【白川東二十五里】爲末籠浦,【古江陰南六十里】白川·金川之界也.

瀦水又南至白川郡東, 爲禮成江, 卽松京漕轉之所會也.

白川郡本句麗 刀臘縣, 新羅爲雛澤縣, 高麗爲白州, 我朝爲白川也. 松京本句麗 扶蘇岬, 新羅爲松岳郡, 高麗合開城郡, 爲開州, 建都于此, 享國四百七十五年. 至我朝, 國除爲開城府也. ○禮成江在松京西三十里·白川東二十五里, 亦名後西江. 高麗時, 諸道漕轉355)總會于此. 又其朝宋時, 於此發船. 故名禮成江.

---

354) 錄: 新朝本에는 '綠'으로 되어 있다.
355) 漕轉: 奎章本에는 '轉漕'로 되어 있다.

《明一統志》云:"禮成港在開城府南,通海。"○《高麗史‧樂志》云:"禮成江歌有兩篇。昔有唐商賀頭綱,【頭綱猶言領首也】善棊。嘗至禮成江,見一美婦人,欲以棊賭之。與其夫棊,佯不勝,輸物倍。其夫利之,以妻注。頭綱一擧賭之,載舟而去。其夫悔恨,作是歌。世傳,婦人去時,糚束甚固,頭綱欲亂之不得。舟至海中,旋回不行,卜之曰,'節婦所感,不還其婦,舟必敗。'舟人懼,勸頭綱還之。婦人亦作歌,後篇,是也。"又〈嬖幸傳〉云:"恭讓王時,【二年也】禮成江水赤沸三日,王有憂色。申元弼曰,'安知其不爲祥也?'"

《麗史‧地理志》云:"開城府有東江‧西江。"○〈恭愍王世家〉云:"八年,倭寇禮成江,以倭賊充斥,禱于太廟。十四年,倭寇喬桐,命東西江都指揮使崔瑩,出鎭東江。夏,倭復寇喬桐‧江華,至于東西江,命安遇慶‧李龜壽,領兵禦之。十五年,倭屠喬桐,京城大震,安遇慶等領三十三兵馬使,出屯東西江。"○鏞案 東江者,帶水之下流也,西江者,禮成江也。

瀦水又右會白川郡前之水。

此卽星水也。出白川郡 金山之金沙洞,爲虎溪,東流至其郡東,爲甘勿羅水,與黃衣‧高麗‧龍縛諸山之水合,爲大橋浦。又與樓橋水合，爲蛇水，東入于瀦水。《勝覽》曰：“大橋浦在白川南五里。一出白川 黃衣山，一出高麗山，一出延安 龍縛山，至白川西甘勿羅浦合流，歷匡正渡，入海。匡正渡者，禮成江下流也。”○瀦水又南逕永安城西。城是高麗始祖作帝建舊居。傍有陵曰昌陵，世祖 王隆之墓也。按《高麗史·世系》，康忠娶永安村女爲妻，至康忠孫作帝建，將西入唐，至海中，娶龍女，還到昌陵窟前江岸白州。正朝劉相晞等，率四州三縣人，爲築永安城，營宮室焉。後作帝建生世祖，世祖生太祖。然龍女之說，夸誕甚矣。【城今不在也】又恭愍王十四年，倭寇喬桐356)，遂入昌陵，取世祖眞以去。陵是麗代之追封也。○瀦水又南左得鷽溪水。水出於開城府 蜈蚣山及龍首山，西至大川橋而合流，逕智安坊，入于瀦水也。○瀦水又左合東方浦水。亦云新里東方浦，出於松岳北月老洞，至余摩里，與大井水合，西入于瀦水。大井在松京西二十里，其深二尺許。世傳，井水赤濁，則有兵禍，恭愍王十年，井水黃沸。其下流入于東方浦。世稱，高麗 作帝建娶龍女，初到松岳之麓，以銀盂掘地，水隨湧出，因以爲井，每春秋致祭，是名大井。然說甚夸誕也。明 洪武時，有張道士，奉皇帝命，賚祭文而來，至松京，問楓川，

---

356) 桐: 新朝本에는 ‘洞’으로 되어 있다.

人以大井對, 遂於是致祭而去。

又南爲碧瀾渡, 入于海。

渡在松京西南三十六里。岸上有息波亭, 舊稱碧瀾亭。高麗時, 宋使皆渡海, 至此登岸焉。○瀦水入海之口, 卽京畿·黃海二道之交也。西有延安府, 南接喬桐357)·江華二府, 東有豐德府, 與洌水入海口相近。高麗時, 船道之抵京者, 皆由此入焉。蔡壽《松都志》云: "餠岳西有小峯, 斗絶控海, 曰堂頭, 舟人賽神之所也。碧瀾江自北南入于海, 曰禮成江。漢水·洛河交流, 而西注于海, 曰祖江。堂頭正據其衝。"
《宋史·高麗傳》云: "自明州 定海縣, 遇便風, 三日入洋, 又五日抵墨山, 入其境。【今羅州之黑山島】自墨山過島嶼, 徘徊礁石間, 舟行甚駛, 七日至禮成江。江居兩山間, 束358)以石峽, 湍激而下, 所謂急水門, 最爲險惡。又三日抵岸, 有館曰碧瀾亭。使人由此登陸, 崎嶇山谷四十餘里, 乃其國都。" ○宋 徐兢《高麗圖經》云: "宣和四年五月十三日, 自明州 定海縣發船。六月初九日, 次紫燕島。【今屬仁川府】十日, 到急水門。其門不類海島, 宛如巫峽。

---

357) 桐: 新朝本에는 '洞'으로 되어 있다.
358) 束: 新朝本에는 '求'로 되어 있다.

山圍屈曲, 前後交錯, 兩間卽水道也。水勢爲山峽所束, 驚濤迫岸, 轉石穿厓, 喧豗如雷, 雖千勻之弩・追風之馬, 不足喩其湍急也。由後抵蛤窟。十一日, 至龍骨。十二日, 隨潮至禮成港。使・副率都轄・提轄官, 奉詔書于綵舟, 麗人以兵仗・甲馬・旅幟・儀物, 共萬計, 列於岸次, 觀者如堵墻。綵舟及岸, 都轄・提轄奉詔書, 入于綵輿, 下節前導。使・副後從, 上・中節以次隨之, 入于碧瀾亭, 奉安詔書。"○《明一統志》云: "急水門在開城南海中, 宛如巫峽。"○《備考》云: "以《宋史》觀之, 蓋自明州放舟, 直向我南海, 到羅州之黑山島, 西北循海而至, 入禮成江也。急水門, 亦禮成江下流之稱, 與安岳・龍岡水會處不同。"○晴案 徐兢之來也, 自今黑山島, 而北至紫燕島, 次至急水門, 又二日抵碧瀾渡, 則其行必自今江華府之東南, 踰孫突㲼, 而北復繞江華之北, 而入于禮成江也。其所擧急水門, 似指孫突㲼而言也。

《高麗史・叛逆傳》云: "明宗二十六年, 崔忠獻子至榮, 以碧瀾江 普達院爲願刹, 欲跨江作橋。攜妓往安西都護府,【官海州】令吏民助其費。吏民畏禍, 抽斂白金七十斤與之, 民不堪其弊。"【出〈崔忠獻傳〉】又云: "辛禑二年, 沈僧小英于碧瀾渡。"【〈禑本傳〉】 ○陽村 權近〈碧瀾亭記〉云: "松都西北衆壑之水, 會爲長江, 流入于海, 其渡處曰碧瀾。近國, 故涉者衆, 近山, 故流駛, 近海, 故潮悍, 而涉者亦甚病, 國家爲置官以掌之。"

《勝覽》云: "江陰縣 助邑浦, 至開城府西, 爲梨浦, 爲錢浦, 爲碧瀾渡。又東爲禮成江, 南入于海。"【碧瀾渡上下, 通稱禮成江】〇李重煥云: "豬灘之水發源於彥眞山, 直南下三百餘里, 入于海。"

《備考》云: "禮成江源出遂安之彥眞山, 南流至谷山之東,【案, 谷山當作遂安】爲黑石灘。右過龍潭, 爲春灘。右過造山之川, 爲沙八之灘。左過烏巢川, 西南流至新溪西, 左過南川, 又南流爲栗灘。左過迎新浦, 爲歧灘。右過葱秀川, 經桃花之谷·將軍之巖, 爲箭灘。左過源中川, 爲豬灘。左過語早川, 爲馬灘。右過賜梅川, 爲助邑浦。左過靑石川, 經江陰古縣, 東南流爲錢浦。右過星川, 爲金谷浦。西南流至彌羅山之東南, 爲禮成江。左過東方浦, 爲碧瀾渡, 入于海。" 又云: "開蓮·彥眞·天子以南, 秀龍·聖居·天磨以西, 葱秀·滅惡·雲達以東, 諸山之水, 入此。"

《水道提綱》: "豐德城稍西北, 爲一水口。水源自東北谷山城之東北山, 西南流經城南, 合東一小水。又西南流經新溪城北, 折西北流, 至遂山。【案, 卽遂安】城之西南有大水, 自北合二源, 南流來會, 折西南流, 經兔山城北。又西南受東南來一小水, 又西經松岳山 開昌府【案, 開城府】北境。又西北循北山南麓，而西經東金川城南境，又西北至西金川城南境。有金川河，東北自大山，西流經東金川城之北，又西稍北合北來二源，西南流經平山城南者。西來之金灘河，西經西金川城東南，又西南來會，又西南曲曲經豐德城北境，而西入海，北水源流五百餘里。"○案《提綱》所記，溮水源流及所經城邑之名，多胡亂失序，不可詳也。且此水直是南流，間無北折也。

帶水

帶水[359)]**出安邊府 老人嶺。**

帶水今稱臨津，漢之帶方縣在於此水之沿，故名之也。老人嶺在咸鏡道 安邊府西北一百□□里，陽德縣 豆流山之大幹，東南走爲盤龍山，爲馬息嶺，又南爲此嶺，卽白山南下之大麓也。《勝覽》稱老伊峴，《備考》稱蘆嶺。萬曆壬辰，日本將淸正，自黃海道 谷山府地，踰老里峴，而入咸鏡道，老里峴者，老人嶺也。嶺脊以東之水，東流自達于海，其西谷之水，合而西南流，是帶水之源也。案360)，《懲毖錄》云："日本將淸正‧平行長，同渡臨津，至黃海道 安成站，謀分搶兩界，各議所向，未決。二賊拈

---

359) 帶水: 新朝本에는 빠져 있다.
360) 案: 新朝本에는 빠져 있다.

大東水經 其四

闥, 行長得平安道, 淸正得咸鏡道。於是, 淸正擒安成居民二人, 使361)嚮導。其人辭'以生長此地, 不諳北路', 淸正卽斬之。一人懼請先導。從谷山地, 踰老里峴, 出於鐵嶺北, 日行數百里, 勢如風雨。" 先生云: "淸正北搶之路, 由新溪縣 新谷院, 經谷山府, 東行六十里, 踰高達嶺, 從門巖谷口, 出永豐倉, 北踰老人嶺, 以出于永興。" 老里峴者, 老人嶺也。自高達嶺以東, 盤厓束峽, 徒行亦艱, 穹林亂藤, 有時晝晦, 使有一枝伏兵, 賊雖有火砲長劍, 何得以過此哉? 嗚呼! 惜哉!

《漢書·地理志》'樂浪郡屬縣有帶方, 又含資縣', 自注云: "帶水西至帶方入海。" ○晴案 漢之帶方縣, 至公孫康時, 別自爲郡。其地屬於樂浪南部, 明是今豐德·交河等地。詳檢帶方本末, 可以知也。然則帶水是臨津也, 含資362)縣亦在臨津之沿者也。

《百濟史》云: "沸流·溫祚奉母南游,【自卒本而來】渡浿·帶二水, 至彌鄒忽【今仁川】以居之, 溫祚都慰禮成。○溫祚王三十七年,【王莽時】漢水東北部落饑荒, 亡入句麗者一千餘戶, 浿·帶之間, 空無居人。" ○先生云: "溫祚始都之地, 卽今惠化門外漢陽古城也。【卽慰禮】浿水者, 今平壤

---

361) 使: 新朝本에는 빠져 있다.
362) 資: 新朝本에는 '自'로 되어 있다.

300

浿水 三

之大同河也。以此言之, 其云帶水者, 必在浿水之南・漢水之北, 若非豬灘, 必是臨津。豬灘之水, 發源不遠, 且高麗以前靑石谷之路未開, 自平壤而之楊州者, 自祥原・遂安・新溪・兔山, 由安峽・朔寧・麻田・積城, 以達楊州。若然, 豬灘之水, 不過微涉, 其上流與溪澗等耳, 不足與浿水竝稱。惟臨津上流, 其在積城者, 當時謂之七重河。【詳見下】 溫祚之渡浿・帶二水者, 謂渡大同河及七重河也。"又云: "漢水之東北部落, 豈非鐵原・伊川・安峽・新溪・遂安等地乎? 帶水之爲七重河, 無疑也。"

《備考》云: "帶方卽帶水入海處也。帶方之地, 蓋在西海之沿, 而南與百濟鄰比, 東與牛頭城, 北與平壤, 不甚相遠。帶水乃在漢山・豬灘之間, 似今臨津也。"○安順菴云: "溫祚渡浿・帶二水, 居彌鄒忽。【節】東人以豬灘爲浿水, 則帶水疑今臨津也。《漢・志》云'帶水西至帶方入海', 則帶方疑今松京・豐德之地也。彌鄒忽卽今仁川, 故或疑漢水爲帶水。然則洌水無可指也。"○晴案 浿水自浿水, 非豬灘也, 漢水是洌水, 非帶水也, 帶水今臨津也。久菴 韓百謙云: "世傳 平安道 龍岡縣爲古帶方, 大同江至龍岡, 入海門, 恐大同江爲帶水。"○晴案 久菴前以淸川爲浿水, 今又以大同河爲帶水。然龍岡之爲帶方, 絕無所據, 不可從也。大同河是浿水也, 臨津水是帶水也,更有何紛紜哉?

西南流逕永豐古縣東, 右會灰峴之水。

永豐古縣在安邊府西九十里。本甑大鄉, 高麗時置縣, 後屬安邊府也。○豆流山西一支, 迤為灰峴, 而是谷之水, 注而南下, 合于帶水, 經所舉灰峴之水, 卽此也。

屈而南由防墻嶺西。

防墻嶺在江原道 伊川府北一百十里, 北距永豐, 南通伊川, 西臨大川, 東壓泰山, 一夫當關, 可遏萬兵。昔時築墻以防賊, 遺跡尚存, 《勝覽》所稱周音洞防墻也。○帶水又南逕高達山東。 山在黃海道 谷山府東六十里, 中有石窟。 先生〈游高達窟記〉云: "自高達嶺循脊而行, 過石磴, 有所謂義相臺。自臺而轉, 皆絶壁萬仞, 緣壁而徑, 其廣尺。行數百步, 石壁嵌空, 其垂如虹。有禪閣曰高達窟。余按,《新羅史》'憲德王十七年, 憲昌子梵文, 與高達山賊壽神等百餘人同謀反, 攻北漢山州', 亦指此山也。"

帶水又西南至板橋之南, 為德津, 未遠左受熊耳之水。

浿水 三

德津在伊川府北三十里, 傍有神祠, 每春秋, 府人祭之也。○熊耳水出安邊府之朴達嶺, 南流至戲靈山下,【平康縣北八十八里】東與楡津水會。水出江原道 平康縣北雪呑嶺, 西南流來合之也。熊耳水又西爲靑龍潭,【平康縣北八十里】入于帶水, 其水口有小洲, 曰蛇嶼。

金守溫〈德津詩〉曰:"伊川之水潄萬壑, 兩水來合山崒崒。人言其下龍所宅, 沈沈水府深莫測。桴人續蔓欲窺覗, 但見大石如瓦屋。"○金三淵 昌翕云:"北越莎峴, 出萬峯間, 歷數曲荒隴, 見一大川, 自伊川 熊耳呑而來。上有船步, 陡然作瀑於其下, 承以大龍湫, 其偉莫比。竦身卽之, 霆霹奪魄, 亂㵼所激射, 體爲之栗。徐乃細絜其瀑身, 高可十餘仞, 潭廣劣十畝。西岸離列以蒼屛, 水道循此窄轉。始焉長趨闊步, 一何浩瀁, 方其赴隘雄入也, 若楚 霸之沈船, 向鉅鹿大肆喑啞, 及夫盡情亂擣, 又如勃勃之築統萬, 萬杵齊力, 聲節奮猛, 觀之爲之擦掌。莊生所謂'呂梁懸水, 黿鼉魚鼈之所不能游', 惟此可以當之。自此歷貴塘, 北望永豐迤東, 得一溪, 曲折屢渡, 而北至溫井, 滿谷硫黃氣, 郁郁觸鼻, 始欲發嘔而旋定。傍有僧舍, 卽世祖時行宮也。僧云, '世祖始尋此泉, 因誕葛之蔓而得之, 故謂之葛山。'"○先生云:"熊耳呑者, 疊嶂廻谿之地也。自古爲賊藪, 産蜂蜜極美, 流貨至千里。"

大東水經 其四

又西南逕伊川府西, 受其府前之水。

府本句麗 伊珍買縣, 新羅爲伊川, 我朝因之, 屬于363)江原道也。府前之水, 出於分枝嶺, 西流至其府南, 爲玉谷水, 入于帶水。其水口有古城山, 其渡曰古城津。【伊川西北九里】《勝覽》曰:"南川出伊川 玉谷山, 經客館南, 又西流入古城津。"

帶水又南逕安峽縣西, 未遠左會靜山之水。

縣本句麗之阿珍押縣, 新羅爲安峽, 今因之, 屬于江原道也。帶水至縣西十二里, 爲深淵。淵邊巖上有祭堂遺址。世傳, 高麗時韃靼兵入寇至此, 望見騎兵萬餘羅列, 不敢進, 以此搆堂祠之云。今天旱禱雨, 名淵曰祭堂淵。○靜山水出於平康縣 分水嶺, 西流由城洞, 而逕朱土郞遷, 爲赤巖水,【平康西三十里】又爲靜山灘,【安峽東北十五里】逕高巖【安峽東二十里】·連景364)【安峽東北十二里】·萬景山之陰,【安峽北二里】入于帶水。金三淵云:"自平康縣而西莽莽數十里, 大抵是荒坡斷隴。歷鵤鶌遷忽, 若地裂, 身墮于萬丈坑底。南是皮木遷, 北是朱土遷, 谺谽對峙, 繚繞作羊腸, 而大川貫其中。乃發源於分水嶺者也。"又云:

---

363) 于: 新朝本에는 빠져 있다.
364) 景: 新朝本에는 '京'으로 되어 있다.

304

浿水 三

"莎峴·貴塘兩谷之水, 皆自北出而南走幾二百里, 合于伊川治東, 自德巖以至廣福等山, 皆在包絡之內, 而又行三十里, 至安峽治東, 與分水之流合焉。是爲靑龍餘脈所止云。" ○帶水又南爲豬轉之灘。灘在安峽西七里,《勝覽》稱豬仇里灘。其石壁産靑石。下流爲浦里津也。【安峽西九里】

又南逕兔山縣東北, 爲北浦。

縣本句麗之烏斯含達縣, 新羅爲兔山, 今因之, 屬于黃海道也。帶水至縣北二十里, 爲北浦, 至縣東二里, 爲東川。又右得長浦水。水出其縣之豆毛山, 東流來合之也。《備考》云: "臨津江源出文川之蘆嶺,【案, 文川當作安邊】南流至永豐古縣, 右過灰峴川, 西南流經伊川防墻峙, 至于板橋之南, 爲德津, 經蛇島東, 與楡津會, 西流經伊川之西, 左過玉谷川。又西南流至安峽, 爲祭堂淵, 左過靜山川, 爲豬仇灘, 至兔山, 爲北浦。"

帶水又東南逕朔寧郡, 南至羽化亭, 左會馬龍之水。

郡本句麗之所邑豆縣, 新羅爲朔邑, 高麗爲朔寧, 我朝因之, 屬于京畿道。帶水沿地, 自此至入海, 皆屬于京畿道也。【水自發源以東逕四道之交, 而自朔寧以後, 皆京畿屬也】365)

羽化亭在郡東南二十里。 眉叟 許穆〈游羽化亭序〉云:
"羽化亭者, 安朔邑治之東江上亭也。自臨湍上流, 數郡
之界, 安朔獨稱江山之勝, 此也。絶岸巖壁上, 江上人指
言臺, 且百年稱絶景。太守李侯山齎作臺上亭, 以臨寥
廓, 前後有茂林岡巒。江岸皆白礫, 其上平蕪。江流灣
洄, 上下渺茫。東有大川, 南流過峭壁, 合於亭下, 有古
渡, 有長橋也。"〇馬龍水出於平康縣之霜峴, 西南流逕
其縣東南。縣本句麗之斧壤縣, 新羅爲廣平縣, 高麗爲
平康, 我朝因之366)也。〇馬龍水又西南與新城山水合,
逕楓川原之南, 卽江原道 鐵原府北二十七里地也。新羅
眞聖王五年,【唐 昭宗 大順二年】弓裔始起。孝恭王五年,
【唐 天復元年】都於鐵圓郡, 修葺宮室, 窮極奢侈, 國號泰
封。景明王十一年,【後梁 貞明四年】爲高麗 太祖所滅, 凡
建國十八年而亡。《高麗史·地志》云:"弓裔宮殿古基,
在東州北二十七里楓川之原。【東州卽鐵原】今其外城, 周
一萬四千四百二十一尺, 內城, 周一千九百五尺, 而半
頹, 宮殿遺址, 猶宛然也。"〇馬龍水又西南逕僧嶺古縣,
西爲孫廳灘。其縣本句麗之僧梁縣, 新羅爲㠉梁縣, 高
麗屬于朔寧也。【在朔寧郡東二十里】〇馬龍水又西南至朔

---

365) 水自發源~京畿屬也: 新朝本에는 빠져 있다.
366) 之: 奎章本에는 이 뒤에 '屬江原道'가 있다.

浿水 三

寧郡北, 爲北川, 又西入于帶水。

帶水又西南逕漣川縣北, 爲澄波渡。

縣本句麗之工木達縣,【一云熊閃山】新羅爲功成縣, 高麗初爲漳州, 後爲漣川, 我朝因之。帶水逕縣北, 而南又逕縣西, 爲澄波渡, 水色澂淸, 故名。高麗廢王禑十一年, 黃濁三日,【出《麗史·五行志》】是爲異也。

《高麗史·地理志》云:"漳州有澄波渡。"又〈李義旼傳〉云:"明宗四年, 趙位寵起兵, 以義旼知兵馬事, 將兵赴戰。方攻漣州, 有興化道逆賊數千, 來屯北川救之。義旼領兵出拒, 冒刃出其屯, 斬一騎將, 賊兵退。"○晴案 北川卽漣川之北川, 是帶水也。

李芝峯云:"萬曆壬辰之變, 士女避亂, 至澄波渡, 爭舟, 指可掬也。有一婦人, 從女奴而至, 不得登舟, 舟人挽其手, 欲上之, 婦人大哭曰, '吾手辱於汝手, 吾何生爲?' 卽投水死。其女奴哭曰, '吾主已沒, 吾何忍獨生?' 亦赴水死。"

許眉叟〈橫山記〉云:"橫山, 漣川北江上佳村, 有松林沙渚, 上下瀰漫。南岸皆層石高巖, 列岫茂林。前有古渡, 江中多石, 挐舟江石而過之, 水急失勢, 則舟橫石上, 不可渡。西望長景石壁, 東南爲石渚峽口。巖壁上有僧舍, 曰倒影菴, 佛壁臨江。僧袈裟緇巾數珠誦佛者, 與持367)

斧而樵者・抱甕而汲者・淅者・洴澼者， 皆倒影於重淵，
俯之如鑑。其下望諸灘，又其下將軍灘，將軍灘下熊淵,
石崖觀石文異書，江干出石鱗石墨。" 又〈熊淵石文記〉
云: "熊淵在長景下十五里漣西之地, 有石文。石靑字
黑，怪怪奇奇，不可名狀。權永叔曰, '石文與石俱生，不
可知，或氣化成之？'" 又云: "石文類龍蛇草木形，變化
奇怪，石靑字黑，苔蘚不沒。前有一邑宰，剗靳之，剗得
數字而去，石剗深二寸，石文二寸。【謂深入不改】此鬼神
之文也，最古不可知。" 又〈澄波渡記〉云: "澄波渡在漣
川縣西十五里實伊勿西境貊地。【伊勿卽伊川】 西岸上下
江壁最奇，東岸皆白沙。上流脩灘，曰鬼灘，又其上松
灘。" ○晴案 自漣川之北，而368)其臨水之地，多奇賞。
曰橫山，曰橫江，曰長景，曰石渚峽・倒影菴，曰望諸灘・
將軍灘・松灘，曰熊淵文石，曰鬼灘・澄波灘・鴻鶴巖，皆
沿水有稱者也。

而砌川之水, 從東來注。

砌水出江原道 淮陽府之雙嶺，南流逕松官村，至金化縣
北，爲末訖水,【金化北二十七里】爲塘灘，逕五神山下，與帳

---

367) 持: 新朝本에는 '指'로 되어 있다.
368) 而: 奎章本에는 이 뒤에 '西'가 있다.

浿水 三

巖之廣灘水及紫烟潭水【平康東南十七里】合流。又西南逕赤賓院, 爲高郞之渡·亭子之淵,【平康南四十里】左合金化之水。水出金化縣 佛頂山, 西流爲草尺水, 至駐蹕峯, 與忠峴之芳洞水會,【金化東二十六里】逕金化縣南五里, 與自登峴之文殊川合, 入于砠水。其縣本句麗 夫[369]如郡, 新羅爲富平, 高麗爲金化, 我朝因之, 屬于江原道也。○砠水又南逕鐵原府東南。府本句麗 鐵圓郡, 新羅爲鐵城郡, 高麗初爲東州, 後爲鐵原, 我朝因之, 屬于江原道也。水至其府東南三十里, 始稱砠川, 兩岸有石壁如階砌, 故名。其石壁上有孤石亭, 俯瞰砠水, 亭傍有古城。高麗僧無畏〈孤石亭記〉云:"自鐵原郡南行萬餘步, 有一神仙之區, 相傳曰孤石亭焉。其亭也巨巖斗起, 僅三百尺, 周十餘丈。緣巖而上, 有一穴。蒲伏而入, 如屋宇層臺, 可坐十餘人。傍有珉石立焉, 乃新羅 眞率王來游而所留碑也。【鏞案, 新羅無[370]眞率王, 是眞興·眞智·眞平中之一也】却出穴, 登絶頂, 盤陀如圓壇, 荒蘇衣以鋪茵, 靑松環而張傘, 又有大川, 自巽而來, 砯厓轉石, 如衆樂俱作。至巖下, 潆爲淵, 臨視之, 兢戰可畏, 如有神物居焉。其水溢奔西走一舍許, 觸坤而南流。【砠水微北折而西, 復爲南流】前後皆

---

369) 夫: 奎章本에는 '大'로 되어 있다.
370) 無: 新朝本에는 빠져 있다.

巖巒壁立, 楓楠松櫟雜生, 其上神妙淸爽, 奇形異狀, 雖工文善畵者, 難得其彷彿矣." 許眉叟云:"禾積淵之北十餘里孤石亭, 水中有層石, 蒼然特起, 水深苔滑, 不可梯而登. 其上流又有七潭·八萬巖, 其上黃氏別業." 李重煥[371]云:"鐵原府卽弓裔之故都也. 弓裔國號曰泰封, 泰封者, 帶方之變音也. 處二水之間. 其一, 自分水嶺而西流過鐵原之北,【馬龍水也, 出分水嶺南霜峴】其一, 自五神山而西流過鐵原之南,【砌水也】皆會於漣川之西, 此鐵原之襟帶也." ○砌水又西南右得涼水. 水出平康縣猪洞而來合之也. ○砌水又西南逕龍華山北, 左合三釜淵之水. 許眉叟云:"三釜落在東州【今鐵原】治南三十里龍華下. 從谷口石磴數里, 石巒巑岏, 當絶壑, 石如削. 上有三石圩如釜, 溪水積焉. 水深路絶, 不可俯而窺, 水三溢爲三瀑, 白波十丈. 石下潭水潭渚, 皆白礫, 往往有磐石可坐. 貊北方言謂瀑爲落, 號曰三釜落云."《備考》云: "三釜淵在龍華山中, 瀑流石壁, 三層成釜."【鐵原條】昔居士金昌翕棲息於此, 自號曰三淵. 其〈石泉谷記〉曰: "踰龍華山而西, 山勢擁阻, 窈然爲谷, 而中藏小寺, 曰石泉. 自谷口而入, 東行不數十步, 漸見溪水淸潔, 積而成潭, 左右有菖蒲被之, 名曰菖蒲潭. 潭東而行幾四五轉,

---

371) 煥: 新朝本에는 '渙'으로 되어 있다.

浿水 三

水道漸高多，側瀉斜注而後爲一潭，名曰流珠。自此以後，屢得潭湍，率皎鏡潔白，最後得一潭，長可五十步，廣半之。由中達外，皆綠淨色，名曰金碧。無何，巖轉路絕，而有一欹石以接之，補以橫木，名曰虛空橋，改之曰通玄。北望有大石屛，屛盡石磴，屢轉而瀑布出焉。乃一大巖石，却立四五十丈，其上陡折者，可三之一焉。瀑從上直瀉，而過陡折處，則布曳迤而下，注于潭中，名之以素雲瀑。從瀑上而望，有石泉寺，左寺而東，兩谷圻焉，有溪流合注，而爲二丈水簾，承以澄潭。"【文止此】所記溪潭泉瀑，皆三釜淵之近地也。〇砯水又南爲磨訖水，左會禾積淵之水。水出於京畿道 永平縣 白雲山，北流爲白雲川。又北爲禾積淵，入于砯水。《備考》云："白雲川在永平縣東五十里。下流爲禾積淵，有石斗，入水中，撐起數百尺，崔崒如禾積狀。其下水噴薄爲匯，深不可測。"按，許眉叟〈禾積淵記〉云："砯川之水，發源於靑華山，【卽雙嶺之北幹】與花江之水合，過陸昌，爲七潭·八萬巖，至永平縣北，爲禾積淵。東岸長壁松林，其下石場，皆白石。北爲石峯，立水中，百尺上有甘潦至靜，令人益氣。傍有龍穴，石下窅竇無底。川流灣洄，當南岸，蒼壁浸淵。石上多松，石場爲祀壇，水旱用牲幣，載中祀。"【文止此】其以禾積淵爲砯水之原派者，謬矣。〇砯水又南爲摩訶水,【漣川東十五里】而白湖水入焉。水出京畿 楊州之碧石峴,北流爲高橋水,一名七里灘,在抱川縣西五里。《勝覽》云:"高橋川,一出抱川南祝石峴,一出水源山,合流爲此川。" 祝石峴者,碧石峴也。白湖水又北與水源山及天寶山水合,爲漢川,迳抱川縣西。縣本句麗 馬忽郡,新羅爲堅城郡,高麗爲抱州,我朝爲抱川,屬于京畿也。白湖水又北至萬歲橋,右得六松水。水出於雲岳,北流迳六松亭來合也。白湖水又北匯爲白鷺洲。許眉叟〈白鷺洲記〉云:"靑城之水,【抱川也】過七里灘,匯爲深淵。中流有石嶼,古松數十株,蒼然離立,石上兩岸,皆蒼壁奇巖,無石則沙。此所謂白鷺洲也。" 《備考》云:"白鷺洲在永平南十一里,匯爲澄潭,中有石峯也。白湖水又北右合雲溪水。水出於白雲山,西流來合也。" 許眉叟云:"白雲山在永平東二十里,有臥龍臺,水中石臺,袤數十丈。水深多石,川上社堂。十里川水發源於山中,兩岸多磐石巉巖。三十里皆然。深入,有石場山,可坐數百人,川水至石下,爲深潭,其下石灣。過石場,山益深,水益淸,潭水綠淨,多儵魚。" 《備考》云:"白雲山下有洞,亦曰白雲。自山羊遷,緣溪而入峽口,始曠然有平野,俗稱注婁坪。"【文止此】蓋白雲山北谷之水,爲禾積淵,西谷之水,爲雲溪也。白湖水又北爲箭灘,迳永平縣西。縣本句麗梁骨縣, 新羅爲洞陰縣, 高麗爲永興縣, 我朝爲永平, 屬于京畿道也。許眉叟云:"永平東七里, 有風流巖, 其外有大川合流。其一, 官道 萬歲橋下流, 其一, 白雲溪・魯淵之水, 入於此。涉川, 永平縣 九里。今二水合於縣之東南, 而逕縣西也。" 白湖水又西北爲金水, 逕蒼玉屏之北, 入于砌水。《備考》云:"蒼玉屏在永平西二十里, 山崖壁立, 周數百尺, 石色蒼翠。白雲溪經其下, 其南又有靑鶴臺・白鶴臺。"許眉叟云:"大灘東二十里蒼玉屏, 有朴政丞祠, 水中觀石峯石刻大字。【韓石峰, 名濩】又東數里餘, 金水亭在牛頭淵上。淵上又刻蓬萊詩, 其字體亦奇玩。【楊蓬萊, 名士彥】其上二十里, 曰白鷺洲。水西流與白雲溪水合, 漫廻過永平西, 爲牛頭淵。"又云:"白雲溪在永平治西五里, 水漫沙平, 巖壁嶄然。溪間盤石上, 有蓬萊・石峯石刻書, 潭上有金氏舊業, 曰金水亭, 下流數里, 有蒼玉屏也。"○砌水又西至靑松谷, 左得樵水。水出楊州 佛谷山, 北流逕樵村來合也。【楊州北五十里】○砌水又西南爲大灘, 入于帶水。《勝覽》云'大灘在楊州北七十里, 其源一出永平 白雲山, 一是鐵原 砌川, 合流經漣川・永平,【句】西南入于臨津', 是也。萬曆壬辰, 日本入寇, 據我京城。九月, 潛渡大灘, 襲京畿監司沈岱, 於朔寧害之。許眉叟云:"禾積之水, 西流至靑松北, 合白雲溪。

其下大灘, 又其下川上, 松林絶壁, 爲松隅。丙子之亂, 有一婦人, 臨巖壁, 自墜死之。余悲其節行無傳, 改之曰節婦隅。此地素稱峽中絶景, 自多人屠殺後, 原野多暴骸, 飛鳥不翔集。"又云："烏江上壺口峽, 其上松隅石壁深松, 有古城, 稱絶景。又其上大灘, 爲靑松谷口。【節】漆潭·白鷺洲下流, 合爲揭灘, 爲維楊, 山水佳處。"

帶水又西逕麻田郡南。

郡本句麗之麻田淺縣, 新羅爲臨湍縣, 高麗爲麻田, 我朝因之。帶水至郡南七里, 爲朽斤渡, 郡西五里, 爲鍾潭。世傳, 古鍾沈於此, 故名。潭邊有仰巖, 下有眉江書院, 祀故右議政許穆, 水北有崇義殿, 祀高麗三王。許眉叟云："鍾潭水發源於陸昌, 安流六七十里, 過熊淵, 爲漳州川。【澄波渡】川上皆石壁嵯巖, 水中多石, 爲石瀨, 至鍾潭, 爲石潭。有怪石當流, 水至此, 爲上下修潭。水中又有大石, 上平可坐。西岸峭絶, 爲三石峯, 其最南者最高。"又云："過烏江上壺口峽, 灘石極險。此摩嵯北麓, 山深水急。永平之水, 至此合流, 謂之上浦。其東陶哥湄。過壺口則栗灘, 栗灘上馬灘。灘上巖壁間有潭, 水積焉, 深險不可測。過馬灘則岐灘, 過岐灘則楡淵, 淵上楡灘。楡灘二三里, 至鳺鶒巖, 其上爲澄波渡。【紀行條】澄

314

波渡下流二十里,仰巖上有石峯,有高壁,有重淵。古有巨鍾沈於此,世遠其事不傳,每收潦水淸,則鍾可見。今不見近百年云。江上人言,國有難則鍾鳴372)。江渚皆奇巖蒼壁。北有麗王祠崇義殿也,其東阿彌寺。仰巖誤爲阿彌云。"李芝峯云:"崇義殿在麻田江岸,高麗 太祖仕弓裔時,自松京往來憩息之所,蓋因太祖古宅而殿之,祭太祖·顯宗·文宗于此。昔有人偸割祭肉而去。其夜祭官夢,三王列坐殿上,怒曳偸肉者斬之。翌朝按其人,卽首服抵罪。又有竊負殿上帷帳器用而去者,未及門,四肢如縛,不能移一步,遂就捕。"又野史云:"我太祖卽位,移恭讓王於關東,毁王氏太廟,以大船載木主,移之臨津,船自逆水上,至麻田郡江上佛寺前而止。郡人以聞,太祖命以木主安之。改寺爲祠,號曰崇義殿。欲求王氏爲監,而王氏皆逃匿,變姓名,或爲馬氏,或爲全氏,或爲玉氏,藏王字於字畫中而隱之,故不得。至莊憲大王朝,始得王循禮一人,依箕氏殿 鮮于氏爲監例,錫以土田奴婢,使世襲參奉,以奉其祀也。"

又西南逕積城縣,西爲瓠蘆灘。

縣本句麗之七重縣,新羅爲重城縣,高麗爲積城,我朝因

---

372) 鳴: 新朝本에는 '嗚'로 되어 있다.

之也。帶水逕縣北,而西自袈裟坪下,爲仇淵【縣東北九里】·梨浦【縣東北八里】·席浦【縣之北】·神直津 戍灘。【縣西八里】按,《新羅史》:"太宗七年,【唐高宗 顯慶元年】句麗侵七重城,軍主匹夫死之,王行渡雞灘,攻王興寺·岑城,七日乃克。"所稱雞灘,亦是帶水之渡也。臨水有紺岳。許眉叟〈紺岳記〉云:"其絶頂有石壇三丈,壇上有碑,舊遠沒字。傍有薛仁貴祠堂。或曰,'王神祠爲淫祠,其神能作妖,以禍福食於人。'山皆石峯,其北大江。自烏江爲峩湄·瓠蘆·石歧·臨津,至祖江一百里。神祠傍山石間石窟,觀石老子,露頂被髮拱手,若有神。攷其石記,成化四年,建等身云。"○帶水又右受沙彌水。亦稱三彌川。水出兎山縣 秀龍山,東南流歷長湍府 大韋坡,又逕臨江古縣,南入于帶水。臨江縣本句麗之獐項縣,今屬于長湍也。○帶水又西南爲瓠蘆灘, 卽長湍府東三十里境也。《唐書·劉仁軌傳》云:"咸亨五年,仁軌爲雞林道大總管,東伐新羅,率兵絶瓠蘆河,攻大鎭七重城,破之。"又《皇明世法錄》云:"自山東 文登縣 成山衛,絶海入瓠蘆河,以入新羅。"皆指此帶水之灘也。《資治通鑑》載李謹行 發盧河破兵事,誤作瓠蘆河。胡三省注引劉仁軌證之,是以發盧·瓠蘆合爲一水,謬之甚矣。發盧自是浿水所受之河,不可混也。【詳見浿水條】乃《淸一統志》云:"發

浿水 三

盧河在慶州西界。舊志, 在高麗南界新羅 七重城之北。唐 咸亨四年, 李謹行破高麗於瓠蘆河之西。【案, 總章二年, 李謹行破高麗於發盧河。《淸一統志》373), 此云咸亨, 尤374)謬】咸亨五年, 劉仁軌東伐新羅, 率兵絶瓠蘆河。" 卽此朝鮮, 則是仍襲胡註之謬, 而合爲一水也。○帶水又西南至卦巖, 下爲高浪渡。許眉叟云:"瓠蘆河在下流鸕鶿巖下, 下有古壘, 因江壁爲固。其灘曰瓠蘆灘。其南涉江, 古七重城, 銅浦在瓠蘆灘上, 高麗 林春江上居云。其下南岸卦巖, 高壁浸江, 石如削。有石刻, 李文靖公題云。今苔深不可見。從其下大書卦巖二字, 仍刻石以表題名古跡。庫碯在卦巖下, 八月收潦, 海子以舟爲家, 來集於此, 販魚鹽, 互市爲利。江北有四賢祠, 小下有觀魚臺。" 又云:"庫碯上有四賢廟, 其浦曰紫涯, 其北岸曰銅浦。【節】瓠蘆灘上有六溪, 又有古壘。前灘極險, 沙彌川入於此。上流有古城, 隔江相對, 因石壁爲固。父老相傳, 古萬戶壘云。"【文止此】今按, 卦巖375)亦謂之赤壁, 高浪渡亦謂之庫碯渡, 而其下又有如意渡・長浦之名。○帶水又西左得牛溪。溪出積城縣 雪馬山, 西北流逕坡州北界,【州北三十里】入于帶水。溪之西岸, 有宮闕遺址, 礎砌尙存也。

---

373) 淸一統志: 奎章本에는 빠져 있다.
374) 尤: 新朝本에는 빠져 있다.
375) 巖: 新朝本에는 '灘'으로 되어 있다.

○帶水又有頭耆津之名,【亦云豆只津】積城縣西境, 長湍府之東界也。【東三十三里】《高麗史·地理志》云:"長湍縣有長湍渡, 兩岸靑石, 壁立數十里, 望之如畫。" 世傳太祖游幸之地, 民間尙傳其歌曲, 卽指此頭耆津也。又高麗忠穆王元年, 大石自涉長湍渡。【《麗史·五行志》】恭愍王二十年, 幸長湍, 謁靖陵, 命大將軍李和, 率工人乘船中流, 奏伎樂, 王觀之樂焉。上將軍金興慶侍側, 請上親自御舟, 王曰:"吾雖樂此, 不爲是也。" 遂乘舟, 張女樂游觀。【出《麗史·世家》】廢王禑時, 日本來寇, 焚掠州郡, 命我太祖爲楊廣·全[376]羅·慶尙道都巡察使, 師出于長湍渡。白虹貫日, 占者以爲戰勝之兆。【出《勝覽》】皆指頭耆津而言也。

帶水又西南爲臨津。

此卽長湍府東南三十七里·坡州北十七里也。水西有臨津古縣, 句麗時爲津臨城, 今屬于長湍府, 則水以縣名也。

董越《朝鮮賦》云:"臨津濟渡, 坡州爰止。" 自注云:"臨津, 江名, 屬長湍府。" ○倪謙《使朝鮮錄》云:"臨津江在長湍府南三十七里, 源出咸鏡道 安邊府, 流入漢水。" ○

---

376) 全: 新朝本에는 '金'으로 되어 있다.

浿水 三

《淸一統志》云: "楊花渡, 或曰卽臨津渡也。明 萬曆中, 倭渡臨津, 掠開城。旣而李如松駐開城, 遣別將查大受, 據臨津, 爲東西策應, 卽此。" ○晴案 楊花渡者, 洌水也。 《淸統志》, 乃以洌水·帶水混而爲一, 傳聞之誤也。

《遼史·高麗傳》云: "聖宗 統和二十八年, 遣排押盆奴, 攻開京, 詢【高麗 顯宗名】棄城遁走, 遂焚開京, 至淸江而還。" ○晴案 盆奴越開京而至淸江, 則淸江當在開城之東矣。

《明詩綜》載本朝李荇〈臨津江詩〉曰: "臨津催早發, 問渡卽淸江。" 據此, 則淸江是臨津也。

《高麗史》云: "靖宗十一年, 賜臨津 課橋院, 號曰慈濟寺。先是, 津無船橋, 行人爭渡, 多致陷溺。命有司作浮梁, 自此人馬如履平地。又毅宗二十一年, 幸臨津縣, 與宰樞金永胤·徐恭·李公升·崔溫·承宣李聃等, 汎舟南江, 中流溯沿, 竟日爲樂。又幸長湍縣 應德亭, 舟中結377)綵棚378), 載女樂, 汎江中流, 凡十九艘, 皆飾以綵帛, 與左右宴樂。又恭愍王十年, 紅頭賊至興義驛, 王南巡渡臨津, 次兜率院。王駐駕江岸, 顧瞻山河, 謂元松壽·李穡曰, '如此風景, 卿等正宜聯句。'"【竝〈世家〉】○晴案 高麗刑法, 有投水之律。故忠烈王二十三年, 以內竪金元呂私

---

377) 結: 新朝本에는 '絶'로 되어 있다.
378) 棚: 奎章本에는 '綳'으로 되어 있다.

大東水經 其四

通宮人柴巨, 竝投臨津。又廢王禑二年, 投宮人般若于臨津。其後誅姦臣林堅味, 以其黨李成林·王福海·李存性·金永珍·林檄·辛權·辛仲興及檄六歲子, 竝投于臨津。【出〈林堅味傳〉】史傳所出如此, 其餘應更多也。
柳西厓云: "萬曆壬辰四月, 倭入寇。三十日, 車駕西巡, 雨下如注, 至臨津, 猶不止, 夜昏不能辨色。臨津南麓, 舊有丞廳, 恐賊取材作桴筏以濟, 命焚之, 火光照江, 得尋路而行。遂渡臨津。【樊菴 蔡濟恭云: "焚屋照江之謀, 本延原府院君 李光庭之執靮奴愛男之所贊也。亂定, 愛男亦錄名于勳券。"】
五月初三日, 賊入京城, 都元帥金命元出走, 更徵京畿·黃海兵, 守臨津, 與申硈同守, 以遏賊西下之路。命元在臨津北, 分付諸軍379), 列守江灘, 斂江中船隻, 悉在北岸。賊結陣于臨津南岸, 無船可渡, 但出游兵, 隔江交戰。相持十餘日, 賊終不能渡。一日賊焚江上廬幕, 撤帷帳, 載軍器, 爲退遁狀, 以誘我軍。申硈素輕銳無謀, 以爲賊實遁, 欲渡江追躡。京畿監司權徵與硈合, 命元不能禁。是日, 知事韓應寅帥平安道精兵三千而至, 亦將悉衆追賊。應寅所將, 皆江邊健兒, 備諳戰陣形勢。告應寅曰, '軍士遠來, 尙未食, 器械未整, 後軍亦未齊到, 且賊之情僞未可知, 願少休, 明日觀勢進戰。' 應寅以爲逗遛,

---

379) 軍: 奎章本에는 이 뒤에 '將'이 있다.

斬數人。命元以應寅新自朝廷來, 且勿令受己節制, 故雖知不可, 而不敢言。別將劉克良年老習兵, 力言不宜輕進, 申硈不聽。克良憤之, 出率其屬, 先渡。我軍旣入險地, 賊果伏精兵於山後, 一時俱起, 諸軍奔潰。克良下馬坐曰, '此吾死地也。' 彎弓射賊數人, 爲賊所害。申硈亦死。【硈自咸鏡北道兵馬使遞來】軍士奔至江岸, 不得渡, 從巖石上, 自投入水, 死者無數。其未及投水者, 賊從後奮長刀斫之, 皆匍匐受刃, 無敢拒者。命元·應寅在江北望之, 喪氣。商山君 朴忠侃適在軍中, 騎馬先走。衆望之, 以爲命元, 皆呼曰, '元帥去矣。' 諸守灘軍, 應聲皆散。命元·應寅走還行在所, 權徵入加平郡避亂, 賊遂乘勝, 渡臨津西下, 不可復止矣。" ○又云: "癸巳正月, 天兵發平壤, 余在軍前先行。時臨津冰泮, 不可渡, 李提督 如松督造浮橋。余令牛峯縣人數百, 登山採葛。至德津堂, 見江冰, 猶未解冰, 上流溯, 舟不得上。京畿水使李蘋·長湍府使韓德遠等, 皆無計。余令牛峰人, 絢葛爲巨索, 大數圍, 長可橫江。江南北各立兩柱相對, 其內偃置一橫木。引巨索十五條, 鋪過江面, 兩頭結橫木。江面旣闊, 索半沈水, 不能起。乃令千餘人, 各指短杠二三尺, 穿葛索, 極力回轉數周, 互相撑起, 排比如櫛。於是, 衆索緊束高起, 穹窿儼然成橋。刈細柳鋪其上, 厚覆以草, 而加之土。唐軍皆揚鞭馳馬而過,砲車軍器,皆從此渡。"

淸《開國方略》云:"崇德元年十二月,太宗親征朝鮮,命禮親王 代善·睿親王 多爾袞·豫親王 多鐸·貝勒·岳託·豪格等,分左右翼。丁酉,太宗至臨津渡江。先是,天氣晴暖,臨津江兩岸冰泮,雖徒步亦不可行。二十四日,天雨驟至,寒冰堅甚。大軍俱安驅而渡,從官軍士,無不驚異。二年正月甲戌,安平 貝勒·杜度等,護送礮車火器,至言,'初六日,遣人往視臨津江,水已盡解,心甚憂之。'及將至渡江之前,一夜雨雪交作,冰旣泮復凝,遂得坦然徑渡。太宗曰,'禎祥荐至,皆天意也。'"

許眉叟云:"臨津北岸爲積雲,師心丈人舊居,其後有師心墓。斯人好謙厚,自守嚴,言必謹,行必果。古人所謂實見實蹈,吾見於斯人也。"

又西逕長湍府南。

府本句麗之長淺城,新羅爲長湍縣,高麗爲湍州,我朝復古名爲府。帶水逕府南,爲德津,爲亭子津。東南流至朔寧,爲羽化津。左過馬龍潭,至漣川,爲橫江,爲澄波渡。東會大灘,爲鍾潭。由袈裟坪,爲淵津,【當云爲九淵津】爲神直津,爲戌灘。右過沙彌川,輕高浪赤壁,爲如意津,爲長浦。左過牛溪,經花石之勝,爲臨津之渡,南流爲亭

浿水 三

子之津。左過廣灘，西爲洛河，過沙川，【當云右過沙川】南流至鼇頭，與漢江會于祖江。○又云："老峙·朴達·雪呑·分水以南，雙嶺·餘巴·佛頂·大成以西，開蓮·華蓋·秀龍·華藏·聖居以東，雲岳·佛谷·弘福·高嶺以北，諸山之水，入此。"

《水道提綱》："臨津江東北出伊川城西北大山，南流合西來一小水，又南合東北來經安峽之北一大水，折西南流，經朔寧城北。又西南有一大水，東南自鐵原之南，西北流來會，又東南有一大水，東南自加平北山西北流，經金化城之南境·永平城之北境及漣川城之西南境來會。折而西流經麻田城南境·積城北境，西至大山南麓，折西南流。其南三十里，即白岳山也。又西北折，而西南經坡州北境·長湍城南，又西南流合東南來一小水。又西南百數十里，有一大水，東北自開昌府東之松岳山南麓，西流經長湍北境及府南境，而西受北來一小水，而西南來會。松岳即朝鮮中岳也。在白岳西北百餘里。又西南爲臨津江，西入海。此江源流七百餘里。"

帶水又折而南，折而西，至東江口。

帶水又南屈逕坡州西。州本句麗 坡害平史縣，新羅爲坡平縣，高麗屬開城府，我朝初合瑞原·坡平二邑，爲原平郡, 今爲坡州也。水至州西十五里, 有鴨浦·豬浦之名。臨水有山, 曰鏖山也。○帶水又左合廣灘水。水出於楊州 蟹峴, 西流逕坡州南, 爲玉石水·山之浦, 右得梨水, 爲長甫浦, 西北入于帶水。《勝覽》云: "廣灘源出楊州 高嶺, 逕坡州西, 爲長甫浦, 入于洛河。" 倪謙《使朝鮮錄》云: "梨川在380)坡州北十里, 源出木嶺, 入長甫浦。" ○帶水又屈而西爲洛河渡, 爲炭浦, 交河郡北二十五里也。許眉叟云: "祖江東北爲炭浦, 其上爲洛河。當燕山甲子之禍, 虛菴逃世匿跡於此云。至帆浦, 水味始淡。" 又云: "鄭希良 淳夫, 自號虛菴, 弘治戊午史禍作, 希良配義州, 後得還廬於德水,【今合于豊德】常嘆息曰, '甲子之禍, 甚於戊午。' 一日亡去以絶蹤, 不知所終。初家踵得之, 祖江沙壖上, 遺其巾履杖而已。以爲溺水死, 五月五日, 其妻埋其遺衣服, 用亡日以祀之。後有甲子之禍。或傳, 嘉靖間, 小白山中有老釋, 疑其爲虛菴也。" ○帶水又有東江之目。《高麗史》'開城府 貞州有東江。恭愍王十四年, 倭寇喬桐, 命東西江都指揮使崔瑩, 出鎭東江'者, 是也。《勝覽》云: "東江在古臨津西十五里·豊德郡東三十里。" ○帶水又西爲江連浦,《勝覽》云'江連浦在古臨津西十里, 卽商船泊處, 其西岸有鳳凰巖', 是也。"

---

380) 在: 新朝本에는 '出'로 되어 있다.

浿水 三

受松京 橐駝橋之水。

此乃沙水也, 出於松京之聖居山。按, 松京北五十里, 有天摩山。其東曰聖居山, 又其東曰五冠山。三山相連, 而洞府廻合, 寺刹陸續。以其近於松京, 故著名者多。蓋此三山北谷之水, 會于朴淵, 入于瀦水,【見上瀦水條】南谷之水, 南流逕松岳, 總注爲沙水之源。王圻《三才圖會·朝鮮篇》云:"五冠山在京畿 長湍府西三十里。山頂有五峯, 團圓如冠, 故名。山下有靈通寺, 洞府深邃, 山勢周遭, 流水縵[381]廻, 樹木蓊鬱。其西樓勝槩, 爲松都第一。" 蔡壽〈松都錄〉云:"五冠山洞口, 翠厓環擁, 石泉潆洄, 而躑躅倒影於水者, 曰花潭。行數十步, 有巖贔屭, 皺如襞積, 奇詭不可狀者, 曰皺巖。崔太[382]尉雪中騎牛處也。" 李月沙 廷龜〈花潭記〉云:"下神菘, 訪紫霞洞, 循山麓, 出古城, 踰炭峴, 見兩山垿爲洞門, 石盤陀。一里許, 大川奔流, 其上如布白練, 明麗刮眼。是乃歸法寺舊基。溪上石柱跨水猶在, 卽崔沖避暑之地。【案, 《高麗史·崔沖傳》云:"每歲暑月, 至歸法寺, 爲夏課, 擇徒中及第學優未官者, 爲敎導, 授以經史也。"】而李奎報憶舊京詩所謂'故國荒涼忍可思, 不如忘却故憨癡, 惟餘一段關情處, 歸法川邊踞送卮'者

---

381) 縵: 奎章本에는 '漫'으로 되어 있다.
382) 太: 新朝本에는 '大'로 되어 있다.

也.【案《高麗史》, 諸王多幸歸法寺游宴】遂抵花潭, 潭是徐先生【名敬德】舊居. 洪元禮與多士卽其地, 建書院而祠之. 山多杜鵑花, 紅映潭水, 得名以此也. 兩山墻立, 水自圓通寺衆壑分流, 合爲大川而墜之潭, 有聲潨然. 潭上有石離列, 其巍然最高大者, 可坐百人." 許眉叟〈山川記〉云: "聖居者, 句麗之九龍山, 或曰樂浪之平那山. 下圓通寺, 西麓通聖窟, 南金身寺, 金身西爲五冠山. 其下靈通寺, 靈通谷口花潭. 潭上古有隱者, 徐敬德先生林居, 今有祠, 其上有徐先生塚."【出《記言》】歸法寺及圓通洞諸溪之水, 又南過松京城外,383) 是沙水之源也. ○沙水南流逕橐駝橋. 橋在保定門外, 古稱萬夫橋, 今稱夜橋. 高麗 太祖二十五年,【後晉 天福七年】契丹遣使, 歸橐駝五十匹. 王以契丹嘗與渤海連和, 一朝珍滅, 無道之甚, 不足遠結爲鄰. 遂絶其交聘, 流其使三十人于海島, 繫橐駝于此橋下, 皆餓死. 故取名之. 明宗時, 李義旼自此橋至豬橋, 築堤種柳, 人稱新道也. ○沙水又南右受松水,《勝覽》所稱熊川也. 其源有三, 一出進鳳山, 一出齊陵山, 一出眞觀寺東. 至圓明寺西合流, 東過靑郊驛, 又逕吹笛橋, 橋在東門內, 入于沙水也. ○沙水又南至板門, 左合板積水. 水出於松林古縣, 西南流與白岳以南之水

---

383) 又南過松京城外: 新朝本에는 빠져 있다.

合，入于沙水。 其縣本句麗之若只頭恥縣，新羅爲如熊384)縣，高麗爲松林縣，今屬于長湍府。按鄭掌令地圖，有水出長湍西北華藏山下，西南爲分之川，入于沙水，此是板積水也。 ○沙水又南入于帶水。 宋 孫穆《雞林類事》云：＂高麗國城，三面負山，北最高峻，有溪曲折貫城中，西南當下流，故地稍平衍。城周二十餘里，雖雜沙礫築之，勢亦堅壯。＂曲折之溪，是沙水也。徐兢《高麗圖經》云：＂開城府城，北據崧山，其水發源自崧山之後，北直子位，轉至艮方，委蛇入城，由廣化門，稍折向北，後從丙地，流出已上。自崧山之半，下瞰城中，左溪右山，後岡前嶺，林木叢茂，形勢若飮澗蒼虯。＂ ○385)《高麗史》云：＂毅宗聞，城東沙川 龍淵寺南，有石壁數仞，削立臨川，曰虎巖，流水渟滀，樹木蓊鬱。命內侍李唐柱等，構亭其側，名曰延福。奇花異草，列植四隅，以水淺不可舟，築堤爲湖，日汎舟酣宴，徹夜不止，群臣皆大醉，插花倒載而歸，或沈醉忘還，衛士怨怒。 卒致鄭仲夫之亂。＂【出〈世家〉】＂又恭愍朝，金元命爲鷹揚軍上護軍，率徒兵，修旻天寺薑池，鑿渠堰石，徑市北街引流，達于巡軍北橋，自言將以壓朝廷。＂【〈姦臣傳〉】 薑池之水，亦入于沙水者也。

---

384) 熊: 新朝本에는 '羆'로 되어 있다.
385) ○: 新朝本에는 빠져 있다.

帶水又西逕交河郡西, 入于洌口之海。

郡本句麗 泉井口縣, 新羅爲交河, 高麗及我朝因之。帶水·洌水至郡西相會, 爲祖江, 入于江華之海, 故郡取名焉。二水相會之口, 有烏島城,《備考》稱鰲頭城。《高麗史·地理志》云'交河郡有烏島城, 漢江·臨津下流, 會于此',《勝覽》云'烏島城在交河西七里'者, 是也。

《勝覽》云:"臨津之源, 出咸鏡道 安邊 防墻洞, 經伊川·安峽·朔寧, 至漣川縣西, 爲澄波渡。至麻田郡南, 與大灘合, 至積城縣北, 爲梨津。至長湍府東, 爲頭耆津, 至臨津縣東, 爲臨津渡, 東南爲德津。至交河縣北, 爲洛河渡, 過鳳凰巖, 至烏島城, 與漢水會。"○李重煥云:"永平江自東來,【砧川水】澄波江自北來, 合于麻田, 過積城, 爲七重河, 至長湍之南, 爲臨津。又西會于漢江, 爲豐德之昇天浦, 入于海也。"

《大東水經》 출간 실무자

책임교열 : 임홍태 김선주 박지윤 박승원 강지희 유연석 전현희 서대원
　　　　　임부연 강필선 김대중 전성건
기초조사 : 김보름 조한륜 박찬성 최여원 김현진 김정철 황성근
출간진행 : 박승원 송상형 김준우

定本 與猶堂全書 33
　　大東水經

초판 발행 2012년 12월 15일

발행처 (재)다산학술문화재단
　　　　주소 (137-070) 서울시 서초구 서초대로 248 나주정씨월헌회관 801호
　　　　전화 02-585-0484　팩스 02-585-0485　전자우편 tasan98@chol.com
보급처 도서출판 사암
　　　　전화 02-585-9548　팩스 02-585-9549　전자우편 saambooks@gmail.com
제작처 도서출판 소나무
　　　　전화 02-375-5784　팩스 02-375-5789　전자우편 sonamoopub@empas.com

ⓒ 다산학술문화재단, 2012

ISBN 978-89-91881-83-9　94140
ISBN 978-89-91881-50-1(전37권)

책값 : 20,000원